古典文獻研究輯刊

三九編

潘美月・杜潔祥 主編

第 19 冊

為功名而讀
——晚宋古文選本研究（上）

岑天翔 著

國家圖書館出版品預行編目資料

為功名而讀——晚宋古文選本研究（上）／岑天翔 著 -- 初版
-- 新北市：花木蘭文化事業有限公司，2024〔民113〕
目 4+174 面；19×26 公分
（古典文獻研究輯刊 三九編；第 19 冊）
ISBN 978-626-344-939-8（精裝）
1.CST：古文 2.CST：科舉 3.CST：研究考訂 4.CST：宋代
011.08   113009814

ISBN-978-626-344-939-8

古典文獻研究輯刊
三九編　第十九冊　　　　　　ISBN：978-626-344-939-8

為功名而讀
——晚宋古文選本研究（上）

作　　者　岑天翔
主　　編　潘美月、杜潔祥
總 編 輯　杜潔祥
副總編輯　楊嘉樂
編輯主任　許郁翎
編　　輯　潘玟靜、蔡正宣　美術編輯　陳逸婷
出　　版　花木蘭文化事業有限公司
發 行 人　高小娟
聯絡地址　235 新北市中和區中安街七二號十三樓
　　　　　電話：02-2923-1455／傳真：02-2923-1400
網　　址　http://www.huamulan.tw 信箱 service@huamulans.com
印　　刷　普羅文化出版廣告事業
初　　版　2024 年 9 月
定　　價　三九編 65 冊（精裝）新台幣 175,000 元　　版權所有・請勿翻印

為功名而讀
——晚宋古文選本研究（上）

岑天翔 著

作者簡介

岑天翔，一九九六年生，浙江慈溪人。二〇一四至二〇一八年就讀於華中師範大學文學院，期間赴澳門大學中國文學系交換留學。後就讀於臺灣大學中國文學系，於二〇二一年獲文學碩士學位。現為日本學術振興會特別研究員（DC2），大阪大學人文學研究科博士後期課程，主持日本學術振興會研究課題「南宋士大夫の內面と詩に関する研究——郷里との結びつきに着目して」（23KJ1429）。研習宋代文獻與文學之餘，亦愛好現地探訪文化史蹟。

提　要

　　本書在重建書籍生產及使用活動的歷史語境的基礎上，運用版本目錄學、西方書籍史等研究方法，對晚宋時期（1208～1279）的古文選本進行了綜合性的研究。

　　本書上編為「綜論編」，探討晚宋時期古文選本的興起緣由、生成機制、閱讀活動、知識體系，以及與理學的關係等問題。主要觀點如下：第一，古文選本中附加的評語及點抹符號實源自科舉考官評閱試卷的形式，並且在商業出版的助力下得以廣泛流行。第二，晚宋古文選本的編者出現身分下移的新動向，由此產生「純為舉業者設」的編輯目的及「彙編式」的生成機制；同時在書坊的商業化運作下其物質形態與文本內容亦頻遭改動，呈現出功利化的取向。第三，作為晚宋古文選本主要讀者的中下層士人形成一種閱讀習慣——即利用注解、評語、點抹符號等迅速與精準地理解文章主旨及精要處；這種功利化的閱讀方法對晚宋士人文化產生影響，形成了「讀書偷惰」、「學風惡化」等社會風尚。第四，從晚宋古文選本可以看出時人有關古文概念、編輯體例、文體分類、經典形塑、文章解說等方面認識的變化，晚宋古文之學趨向實用性、功利化發展。第五，晚宋時期以古文選本為代表的科舉參考書積極選錄及改編理學文本，這對理學的向下傳播起到正向作用，但同時也對理學造成傾向性篩選及思想轉化等影響。

　　本書下編為「個案編」，利用傳統版本學的研究方法，針對《文章正印》、《回瀾文鑑》兩部稀見晚宋古文選本進行個案研究。《文章正印》僅見臺北故宮博物院庋藏，屬「彙編式評點選本」，選文偏好宋人文章，尤其是選入大量南宋理學家的文章；在彙編前人評注時，尤為看重樓昉與呂祖謙的評點。該書與《古文集成》存在文獻因襲關係，既有保存宋人佚文、佚著的文獻價值，又有揭示晚宋理學文化與古文之學互滲情勢的重要意義。《回瀾文鑑》僅存三個版本，該書選文傾向於選錄南宋同時代的作家與作品；評點特色體現為標揭立意議論，尤重識見與新奇；注重揭示篇章結構、行文方法、造語修辭等，在宋代古文評點與文章學的發展脈絡中有著一定的意義。

　　附錄三篇則是利用南宋古文選本輯考楊萬里、胡銓、馬存等宋人佚文，以及王安石佚著《淮南雜說》的成果。

目

次

第壹章　緒　論

第一節　研究緣起

　　「古文」一詞，雖頗早見諸文獻，但早期多用以指稱上古時期區別於篆書的文字。〔註1〕以上古文字謄寫的經典，被稱之為「古文經書」，圍繞古文經書研習的學問被稱之為「古文學」或「古文經學」。〔註2〕概略言之，中唐以前，「古文」並不明確指向某一類文體或寫作風格。

　　至唐代中葉，韓愈（768～824）、柳宗元（773～819）開始使用具有文體意涵的「古文」一詞。〔註3〕當時甫經歷「安史之亂」的動蕩，社會的政治結構與倫理秩序面臨崩壞的危機。〔註4〕在文學領域，韓愈、柳宗元開始反思漢

〔註1〕 許慎《說文解字》言：「及宣王太史籀，著大篆十五篇，與古文或異。」見〔漢〕許慎著，〔清〕段玉裁注，許惟賢整理：《說文解字注》（南京：鳳凰出版社，2015年），卷15上，頁1311。

〔註2〕 如《漢書・藝文志》載：「古文《尚書》者，出孔子壁中。武帝末，魯共王壞孔子宅，欲以廣其宮，而得古文《尚書》及《禮記》、《論語》、《孝經》凡數十篇，皆古字也。」孔府壁中所出以古字書寫的經書即被稱為「古文經」。見〔漢〕班固撰，〔唐〕顏師古注，中華書局編輯部點校：《漢書》（北京：中華書局，1962年），卷30，頁1706。

〔註3〕 參見羅聯添：〈論唐代古文運動〉，收入氏著：《唐代文學論集》（臺北：學生書局，1989年），頁8～16。另，小野四平指出，中唐以前雖有獨孤及、梁肅等古文先驅，但並沒有一致而明確的文學理念，只能算零星的源頭。參見氏著：《韓愈と柳宗元——唐代古文序說》（東京：汲古書院，1995年），頁15～19。

〔註4〕 參見羅宗強：《隋唐五代文學思想史》（上海：上海古籍出版社，1986年），第六章第三節〈韓愈、柳宗元的文體和文風改革與理論建樹〉，頁234～273。另，葛兆光的《中國思想史》將「重建國家權威與思想秩序」作為韓愈、柳宗元文學復古運動的思想背景。參見氏著：《中國思想史第二卷：七世紀至十九世紀中國的知識、思想與信仰》（上海：復旦大學出版社，2013年），頁197～229。

魏六朝以降浮艷綺靡的文風，主張閱讀研習先秦兩漢的文章體式，倡復「古文」。〔註 5〕

　　雖然在韓愈、柳宗元去世之後，古文寫作的風尚曾一時止歇，但隨著北宋中期歐陽脩（1007～1072）主導的「古文運動」的再度展開，「古文」作為一種文體的價值與意義得以完全確立，圍繞古文閱讀與寫作而展開的關於作者修養、內容義理、社會功用及規格技法的論述，漸次形成專門的「古文之學」。古文自兩宋以後更是成為文壇寫作的主導文體，形塑了元明清近世文章的總體風貌，在中國文學演進的歷史上發揮了無遠弗屆的影響。〔註 6〕

　　值得注意的是，在「古文運動」大獲成功之後，南宋中後期社會間開始出現一種後人稱之為「古文選本」的書籍。該類書籍選錄前代及當世諸位名家的古文作品，同時附加有出自編者之手的注解、評語及點抹符號等。

　　作為一種新興的書籍形製，古文選本在南宋中後期的興起與廣泛流行，與當時的社會文化存在著緊密的聯繫。

　　首先，古文選本的興起是出於科舉應試與舉業教學的需要。自北宋唐庚（1070～1120）首倡「以古文為時文」，〔註 7〕至南宋，此說已經蔚為潮流。南宋舉子的一個普遍想法便是：透過古文作品習得時文的寫作技巧，進而糾偏轉

〔註 5〕 錢穆言「韓、柳之倡復古文，其實則與真古文復異」，敏銳地指出韓、柳之「古文」與先秦兩漢之「古文」存在差異。韓、柳名曰「倡復古文」，實是「發明古文」，即以「復古」為「革新」。參見錢穆：〈雜論唐代古文運動〉，收入氏著：《中國學術思想史論叢（四）》，《錢賓四先生全集》第十九冊（臺北：聯經出版有限公司，1998 年），頁 69。

〔註 6〕 關於唐宋「古文運動」的發展歷程與文學影響，除上引錢穆〈雜論唐代古文運動〉外，尚可參見何寄澎：《北宋的古文運動》（上海：上海古籍出版社，2011 年），頁 105～168。祝尚書：《北宋古文運動發展史》（北京：北京大學出版社，2012 年），頁 126～245。不過，何、祝二先生偏重從文學角度出發的討論，關於北宋「古文運動」與唐宋學術思想及社會文化的聯繫較少措意。關於這方面的討論，可參見余英時：《朱熹的歷史世界：宋代士大夫政治文化的研究》（北京：生活・讀書・新知三聯書店，2011 年），頁 36～64。朱剛：《唐宋「古文運動」與士大夫文學》（上海：復旦大學出版社，2013 年），頁 27～123。

〔註 7〕 「以古文為時文」的觀念，最早出自北宋唐庚。唐庚〈上蔡司空書〉曰：「而自頃以來，此道幾廢。場屋之間，人自為體，立意造語，無有法度。宜詔有司，以古文取士為法。所謂古文，雖不用偶儷，而散語之中，暗有聲調。其步驟馳騁之，皆有節奏。非但如今日苟然而已。」見〔宋〕唐庚：〈上蔡司空書〉，曾棗莊、劉琳主編：《全宋文》（上海：上海辭書出版社、合肥：安徽教育出版社，2006 年），第 139 冊，卷 3008，頁 310。

相因襲、冗弱軟腐之弊，以利場屋競勝。〔註8〕故而當時的舉子普遍將古文選本作為科舉考試參考書，而舉業教師亦將之作為教學所用的課本。正因如此，古文選本在南宋中後期的社會間擁有了龐大的閱讀受眾與市場需求，方才有興起與流行的空間。同時，古文選本自身的書籍形態亦與科舉考試密切相關，其中附加注解、評語及點抹符號的形式，最初便源自科舉試官在評閱試卷時附加的評語與點抹符號。

其次，南宋古文選本的流行是受到當時商業出版文化的推動。現存絕大多數南宋古文選本的版本，均是福建建陽地區書坊刊刻的版本，呈現出高度統一的書籍特徵，具有強烈的商業謀利的氣質。正是在建陽書坊商業出版模式的運作下，古文選本的編輯、出版以及閱讀等構成書籍的「交流迴路」，從而使得出版與流通的效率大大提升。在商業出版文化的推動下，古文選本完美地契合了當時中下層士人的閱讀需求，使得這種新興的書籍形製得以在當時士人群體間頗受歡迎，廣泛流行。

總之，南宋中後期的古文選本是科舉社會與商業出版共同作用下的產物。也正因如此，決不能簡單地將古文選本作為文學文本，孤立地看待，而是應該將之置於歷史語境之中，與科舉考試、書籍流通、商業出版等諸多要素聯繫起來，予以綜合地考量、研究。

此外，以歷史的眼光來看，可以發現南宋中後期興起的古文選本在中國文學演進的脈絡中有著重要的意義。作為「後古文運動」時代的產物，南宋古文選本在一定程度上可以被視作是中唐北宋「古文運動」激蕩後的思想沉澱，其將韓、柳、歐、蘇等古文大家的理論創設與寫作實踐進行成果總結後，向一般知識階層傳播、擴散。同時，古文選本作為一種獨立的書籍形製，在元明以降的近世社會中得到了承續。元明清時期不但湧現了數量更多、種類更為豐富的古文選本，而且隨著文化的下移與普及，還進入到鄉紳、地方士人等一般知識階層，甚至是尋常百姓的家庭之中。時至今日，諸如《唐宋八大家文鈔》、《古文辭類纂》、《古文觀止》等古文選本，依然是今人學習古文的參考書籍和書架

〔註8〕參見祝尚書：〈宋元文章學的基礎：時文以古文為法〉，收入氏著：《宋元文章學》（北京：中華書局，2013 年），頁 61～78。「以古文為時文」說發源自宋代，但至明代更為流行，內涵亦更為豐富；從明人的論說材料，亦有助於回溯宋代此說興起的緣由。關於明代「以古文為時文」說的研究，參見廓健行：〈明代唐宋派古文四大家「以古文為時文」說〉，收入氏著：《科舉考試文體論稿——律賦與八股文》（臺北：臺灣書店，1999 年），頁 189～222。

上的「常客」。

在這個演進脈絡中，南宋中後期作為上承北宋，下啟元明清近世的一個時段，具有特別的歷史意義。南宋中後期的古文選本，可以視作是中唐北宋的「古文運動」與元明清的「通俗古文學」之間的一個連結。其中關於「古文」的認識、編輯體例、文體分類、選文好尚、評點取向等，皆蘊含著豐富的文學文化意義，可以提供一個自北宋古文運動向近世思想文化演進的重要觀察角度。

圍繞南宋中後期的古文選本，近年來的學界已經有了一些討論。

但就研究對象與材料佔有而言，以往研究的時間範圍主要集中於南宋中期，研究對象則局限於《古文關鍵》、《崇古文訣》、《文章正宗》、《文章軌範》等四部常見的古文選本。至於晚宋時期的古文選本，如《新編諸儒批點古今文章正印》（以下簡稱「文章正印」）、《新刻諸儒批點古文集成前集》（以下簡稱「古文集成」）等多部重要的古文選本，尚未進入到研究者的視野之中。古文選本與古文之學至晚宋時期而發展出來的新的變化動向，也因此未獲得關注。這其間存在廣闊豐饒的研究空間，仍有待進一步的抉探。

就研究視角與方法進路而言，以往研究單純立足於文學史、文學批評的分野，將古文選本視作孤立的文學文本，單就文本而論文本，而對於文本生成的語境（Context）卻措意無多。這種「文本主義（Textualism）」傾向的方法進路，雖然以綿密的文本解讀與美學闡釋見長，在討論編選、評點體現的文學理念等面向上，多有創獲，但是因為忽視了歷史語境與社會文化脈絡，倘若局限於此，既無法準確認識古文選本的書籍性質、興起原因，亦無法探明古文選本與晚宋社會文化的連結以及在中國文學演進脈絡中的意義等問題。

本書希望在學界先行研究的基礎上，提出一些新的問題：

首先，為何是晚宋？晚宋具有如何的時代性格，在中國社會「近世轉型」的脈絡中有著如何的歷史意義？附加評點的古文選本，作為一種新興的書籍形製，如何在南宋中後期興起，進而在士人群體間廣為流行？

其次，在書籍史與閱讀史的視角下，晚宋時期古文選本的生成與流通，構成如何的「交流迴路」？古文選本的編輯者、出版者、閱讀受眾分別是哪些人？古文選本的編輯目的、出版活動以及閱讀活動分別呈現出如何的風貌？相比南宋中期，晚宋古文選本的編輯、出版以及閱讀的情況，呈現出如何的新趨向？

復次，在晚宋古文選本中，反映出當時人如何的「古文」概念，與唐北宋古文大家的「古文」概念有何不同？古文選本如何影響作家與文學作品經典化的過程？以及作為評點選本，在編次體例、文體分類、文章解說等方面，呈現出如何的特徵與新變？

最後，古文選本（以及其他科舉參考書）與晚宋時期思想文化，特別是與當時逐漸成為社會主流學說的理學之間，呈現出怎樣的關係性？從古文選本的角度觀察，理學如何向一般知識階層傳播、滲透，以及在此過程中發生如何的文本篩選及思想變容？

此外，除《古文關鍵》、《崇古文訣》等常見古文選本外，現今海內外尚存哪些晚宋古文選本？這些稀見古文選本的版本著錄、遞藏源流、編次體例等情況如何？這些古文選本具有如何的文獻價值與文化意義？

以上這些問題，是我在閱讀古文選本及晚宋史料時，始終徘徊在腦海的疑問，我希望在以下的各章節中針對這些疑問作出回答，藉此拓展與深化古文選本及南宋思想文化的研究。

第二節　文獻回顧

總體來說，南宋古文選本的研究仍是有待進一步拓深的研究領域。

在南宋古文選本研究領域，古代文學領域的研究者關注最早，用力最勤，取得了頗多的成績。故這部分的研究成果將是本節文獻回顧最主要的對象。

但不可諱言，現有的古代文學研究在研究對象與材料佔有等方面仍存在一定的局限與不足。相對而言，歷史學研究者圍繞宋代科舉、書籍與思想文化的研究，展現出了宏闊的學術視野與新的問題意識。因此，回顧歷史學領域的相關研究成果，整合不同學科的概念與方法，有助於突破既有研究的窠臼，對於晚宋古文選本研究的拓深具有重要的意義。故本節對這部分的研究成果將予以重點綜述。

另外，由於明清時期關於書籍刊刻、流通、閱讀的留存材料相對豐富，針對明清科舉考試用書與思想文化的研究，非但在起步時間上為最早，而且在數量與質量上都要超過宋元時期。本書討論的時間範圍雖聚焦於晚宋時期，但在視角與方法上接受了明清學界關於書籍史、閱讀史研究的影響。故以下對這部分的研究成果也將擇要予以綜述。

一、古文選本與評點的研究
（一）綜合研究

　　張秀惠的碩士論文《南宋古文評點研究》是較早關注南宋古文選本與評點的研究論著。〔註9〕該文主要討論了南宋古文選本的版本、選文特色、評點內容及其價值，但其研究對象局限於《古文關鍵》、《崇古文訣》、《文章正宗》、《文章軌範》等四部書。呂湘瑜的博士論文《通代古文評點選本研究》在宋代部分同樣選擇了以上四部書，研究思路與方法亦與之接近。〔註10〕

　　張智華的《南宋的詩文選本研究》，是較早系統討論南宋詩歌與文章選本的學術專書。〔註11〕該書既對《古文關鍵》、《崇古文訣》等古文選本的版本源流進行考辨，同時也闡述了南宋詩文選本的作用、特徵及文學觀念，南宋學術風氣的影響等議題。該書將古文選本的編輯者區分作「古文家」、「政治家」、「理學家」三種，似承自郭紹虞的論說框架而來。〔註12〕但這種區分與歷史實際難言相符，如呂祖謙（1137～1181）作為南宋理學大家，實難以簡單歸入「古文家」的名目之下。該書又因議題涉及較廣，限於篇幅，許多論說都未能完全展開，陳漢文的書評指出其在「編纂原則」、「編纂群體」等方面存在論述未盡之處。〔註13〕值得一提的是，該書附錄部分〈南宋部分詩文選本提要〉介紹了多種詩文選本的版本及館藏信息，雖是整理自各善本目錄，略顯簡略，但對於本書材料的蒐集仍多有裨益。

　　張秋娥的博士論文《宋代文章評點研究》，圍繞南宋古文選本中評點的類型、形態及價值進行了討論，〔註14〕其中針對諸種選本中的評語及點抹符號的形態與體例予以詳細的描述與分類，頗費工夫。張氏論著較之以往研究，蒐集古文選本的文獻較全，但關於臺灣所藏孤本文獻，如《文章正印》、《圈點龍川

〔註 9〕 張秀惠：《南宋古文評點研究》（臺北：政治大學中國文學研究所碩士學位論文，黃景進先生指導，1986 年）。

〔註 10〕 呂湘瑜：《通代古文評點選本研究》（新北：天主教輔仁大學中國文學系博士學位論文，王令樾先生指導，2007 年）。

〔註 11〕 張智華：《南宋的詩文選本研究》（北京：北京師範大學出版社，2002 年）。

〔註 12〕 郭紹虞《中國文學批評史》討論北宋的文論時，創設了「古文家」、「道學家」、「政治家」三分式的論說框架。參見郭紹虞：《中國文學批評史》（上海：上海古籍出版社，1979 年），頁 172～189。

〔註 13〕 陳漢文：〈評張智華《南宋的詩文選本研究》〉，《漢學研究》第 23 卷第 2 期（2005 年 12 月），頁 505～509。

〔註 14〕 張秋娥：《宋代文章評點研究》（武漢：武漢大學中國古典文獻學博士學位論文，羅積勇先生指導，2010 年），頁 1～223。

水心二先生文粹》（以下簡稱「龍川水心文粹」）等書仍未能納入討論。張氏的
論文主要集中於評點與文章作法等修辭學內容，至於選本的書籍形製及與晚
宋社會文化之連結，並非氏著主旨所在，故對這方面的討論較少。

　　此外，高津孝、吳承學等學者探討了古文選本及評點的起源與發展。〔註15〕
楊玉成從南宋市民文化的興起，考察劉辰翁（1232～1297）評點的閱讀策略與
評點性格，剖析他作為新類型批評家所具有的歷史意義。〔註16〕王基倫、蓋琦
紓等學者注重從古文選本中出現的評點語彙入手，抉探宋人的文學觀念以及
對文章寫作技法的認識。〔註17〕祝尚書針對宋元時期的文章學著述、文章學
理論進行了系統性的綜合研究，其中頗多涉及到南宋古文選本與文章學的討
論。〔註18〕近年，鞏本棟利用《古文關鍵》等三部代表性選本，高屋建瓴地論
述了南宋古文選本的編纂及其反映的文體學意義，特別是注意到古文選本中
思想學術與文學相互滲透和影響，以及文體的社會功能和作用受到重視和加
強等傾向，皆頗具啟發意義。〔註19〕

　　這些研究都極大地豐富了學界關於南宋古文選本及評點、文章學理論及
批評實踐等領域的認識，對於本書的框架建構與論說展開都有著頗為重要的
意義。

（二）個案研究

　　學界關於南宋古文選本的個案研究，主要集中於南宋中期成書的《古文關
鍵》、《崇古文訣》、《文章正宗》等三部選本。以下就三種選本的版本留存情況
稍作介紹，同時綜述目前學界相關的研究成果。

　　甲，《古文關鍵》。呂祖謙編輯的《古文關鍵》傳世版本頗多，中國國家圖書

〔註15〕〔日〕高津孝：〈宋元評點考〉，收入氏著，潘世聖等譯：《科舉與詩藝：宋代
　　　　文學與士人社會》（上海：上海古籍出版社，2013 年），頁 69～94。吳承學：
　　　　〈評點之興——文學評點的形成和南宋的詩文評點〉，《文學評論》，1995 年第
　　　　1 期，頁 24～33。
〔註16〕楊玉成：〈劉辰翁：閱讀專家〉，《國文學誌》第 3 期（1996 年 6 月），頁 199
　　　　～248。
〔註17〕王基倫：〈綱目與血脈——呂祖謙《古文關鍵》的評文觀點初探〉，收入氏著：
　　　　《宋代文學論集》（臺北：臺灣學生書局，2016 年），頁 361～399。蓋琦紓：
　　　　〈南宋古文評點的「關鍵」、「文法」與「文勢」之分析——以《古文關鍵》、《崇
　　　　古文訣》為中心〉，《淡江中文學報》第 38 期（2018 年 6 月），頁 81～112。
〔註18〕祝尚書：《宋元文章學》（北京：中華書局，2013 年），頁 1～438。
〔註19〕鞏本棟：〈南宋古文選本的編纂及其文體學意義——以《古文關鍵》、《崇古文
　　　　訣》、《文章正宗》為中心〉，《文學遺產》，2019 年第 6 期，頁 52～65。

館藏有宋刻本，較為通行的版本有四庫全書本、金華叢書本、叢書集成本、日本文化元年刊本等。吳承學較早便對該書的版本流傳、編選及評點形式、批評思想以及後世影響等進行了頗為全面的討論。〔註20〕另外，杜海軍、仇小屏、李建軍、葉文舉等學者都曾從不同角度圍繞《古文關鍵》展開討論。〔註21〕近年，鞏本棟的研究後出轉精，針對該書的成書過程、書首總論與正文的分合、書名「關鍵」的涵義等問題提出全新的見解，有著重要的學術意義。〔註22〕

乙，《崇古文訣》。樓昉編輯的《崇古文訣》有宋刊、元刊、明刊等多種版本，通行的版本為三十五卷本，海內外館藏頗富。關於該書的版本流傳，張智華、李由、王春燕等學者都曾有討論。〔註23〕其中以李由的研究最為精彩，解決了頗多此前學者疑而未絕的問題，推進了學界關於該書版本系統與文本面貌變動的認識。〔註24〕李建軍、于曉川則討論了該書的選文傾向、評點特色以及文章學理論等，闡明該書在古文選本及評點發展譜系中的價值。〔註25〕

丙，《文章正宗》。真德秀編輯的《文章正宗》有殘宋本、宋刻元明遞修本、元刻明修本、明刻本等多種。李弘毅、李學智等學者曾考述該書的版本、流傳情況。〔註26〕任競澤從文體學的角度入手，討論了該書「辭命、議論、敘

〔註20〕吳承學：〈現存評點第一書——論《古文關鍵》的編選、評點及其影響〉，《文學遺產》，2003 年第 4 期，頁 72～84。

〔註21〕杜海軍：〈《古文關鍵》研究〉，收入氏著：《呂祖謙文學研究》（北京：學苑出版社，2003 年），頁 154～181。仇小屏：《古文關鍵》文章論》（臺北：萬卷樓圖書公司，2010 年），頁 1～649。李建軍：〈現存評點第一書——呂祖謙《古文關鍵》〉，收入氏著：《宋代浙東文派研究》（北京：中華書局，2013 年），頁 508～531。葉文舉：〈「學歐平淡，不可不學他淵源」——論呂祖謙《古文關鍵》對歐文的選評及其文道觀〉，《南京師范大學文學院學報》，2020 年第 3 期，頁 70～80。

〔註22〕鞏本棟：〈《古文關鍵》考論〉，《文學遺產》，2020 年第 5 期，頁 44～53。

〔註23〕張智華：〈樓昉《崇古文訣》三種版本系統〉，《文獻》，2001 年第 3 期，頁 120～127。王春燕：〈樓昉《崇古文訣》版本考述〉，《中國典籍與文化》，2018 年第 4 期，頁 88～104。

〔註24〕李由：〈樓昉《崇古文訣》版本新考〉，《文獻》，2017 年第 4 期，頁 7～17。

〔註25〕李建軍：〈從文章點評到文學批評——樓昉《崇古文訣》〉，收入氏著：《宋代浙東文派研究》（北京：中華書局，2013 年），頁 565～587。于曉川：〈《崇古文訣》的「中和」文章觀〉，《文藝理論研究》，2015 年第 4 期，頁 200～208。

〔註26〕李學智：〈臺大藏宋版《西山先生真文忠公文章正宗》〉，《圖書館學刊》第 1 期（1967 年 4 月），頁 77～79。李弘毅：〈殘宋本《文章正宗》考述〉，《文獻》，2009 年第 1 期，頁 180～181。李弘毅：〈《文章正宗》的成書、流傳及文化價值〉，《西南師范大學學報》（哲學社會科學版），1997 年第 2 期，頁 110～114。

事、詩賦」的四分法，以及在中國古代文體分類史上的地位。〔註27〕漆子揚、馬智全通過考察編選體例與選文範圍，進而抉探該書體現的「尊王尊聖」、「重視禮制道德文學思想」、「經世致用」等文學思想。〔註28〕

　　相比之下，晚宋古文選本得到學界的關注遠遠不及南宋中期古文選本，相關的個案研究不僅數量較少，討論深度亦未盡如人意。以下就四種選本的版本留存情況稍作介紹，同時綜述目前學界相關的研究成果。

　　甲，《古文集成》。王霆震編輯的《古文集成》今存中國國家圖書館藏宋刊本及《四庫全書》本。宋刊本收入《中華再造善本》影印出版，《四庫全書》本亦方便易得，故得為學者所利用。該書的版本流傳及著錄情況，祝尚書《宋人總集敘錄》以及《中華再造善本總目提要》已經述及。〔註29〕侯體健曾對《古文集成》的性質與體例略作介紹，並利用此書輯考另一部南宋評點選本《古文標準》。〔註30〕

　　乙，《妙絕今古文選》。湯漢編輯的《妙絕今古文選》今存中國國家圖書館藏元刊本、明刊四卷本、明刊不分卷本及《四庫全書》本等。元刊本收入《中華再造善本》影印出版。明刊本海內外諸館藏本頗富，較容易得見。〔註31〕該書的版本流傳及著錄情況，亦可參考祝尚書《宋人總集敘錄》以及《中華再造善本總目提要》。〔註32〕至於該書的體例及選評特色等，尚未有專門的個案研

〔註27〕任競澤：〈真德秀《文章正宗》「四分法」在中國古代文體分類史上的地位〉，收入氏著：《宋代文體學研究論稿》（北京：商務印書館，2011年），頁58～79。

〔註28〕漆子揚、馬智全：〈從《文章正宗》的編選體例看真德秀的選學觀〉，《湖南大學學報》（社會科學版），2008年第2期，頁88～91。

〔註29〕祝尚書：《宋人總集敘錄（增訂本）》（北京：中華書局，2019年），頁276～280。中華再造善本工程編纂出版委員會編著：《中華再造善本總目提要·唐宋編》（北京：國家圖書館出版社，2013年），頁746～748。

〔註30〕侯體健：〈南宋評點選本《古文標準》考論〉，收入氏著：《士人身份與南宋詩文研究》（上海：復旦大學出版社，2018年），頁250～268。

〔註31〕以臺灣地區的收藏為例，臺北國家圖書館庋藏明嘉靖間贛郡蕭氏古翰樓刊不分卷本，同館另庋藏兩部明嘉靖四十二年衢州府重刻贛郡不分卷本，臺北故宮博物院庋藏明刊不分卷大字本。書目著錄見國家圖書館特藏組編：《國家圖書館善本書志初稿　集部四》（臺北：國家圖書館，1998年），頁323～324。故宮博物院編：《國立故宮博物院善本舊籍總目》（臺北：故宮博物院，1983年），下冊，頁1194。

〔註32〕祝尚書：《宋人總集敘錄（增訂本）》（北京：中華書局，2019年），頁309～319。中華再造善本工程編纂出版委員會編著：《中華再造善本總目提要·金元編》（北京：國家圖書館出版社，2013年），頁1283～1284。

究，但張海鷗、吳承學等學者的論文中略有論及。〔註33〕

丙，《文章百段錦》。方頤孫編輯的《文章百段錦》宋刊本佚失，今僅存四種明刊本。刊印最早的為明弘治刊本，見北京大學圖書館及中國國家圖書館庋藏。另有明嘉靖元年方鎰刊本，見中國國家圖書館及臺北國家圖書館庋藏。該書存世版本的館藏情況，可參見杜澤遜《四庫存目標注》。〔註34〕彭國忠、孔瑞曾對該書的體例及選評特色作出較為全面的論述。〔註35〕

丁，《文章軌範》。謝枋得編輯的《文章軌範》今存元刊本，現藏中國國家圖書館，《中華再造善本》影印出版。〔註36〕該書在明清時期改編重刊的版本甚夥，亦嘗流播海外，在日本等地翻刻出版，影響深遠。圍繞該書的相關研究較為豐富，祝尚書《宋人總集敘錄》曾對該書的版本及著錄情況進行介紹。〔註37〕李慧芳的碩士論文考察該書編選與評點的特色，進而與同時代古文選本加以比較，嘗試闡明該書的價值。〔註38〕鄧婉瑩、葉蕾圍繞該書的成書背景、編輯特色、版本流傳等問題進行了綜合性的研究。前者特別強調該書文化傳承功能與影響意義；後者則側重該書在後世的刊刻與改編，以及對日本漢文學的影響。〔註39〕

〔註33〕參見張海鷗：〈南宋古文選本中的文章學思想〉，收入氏著《宋代文章學與文體形態研究》（廣州：中山大學出版社，2018年），頁67～88。吳承學：〈宋代文章總集的文體學意義〉，收入氏著：《近古文章與文體學研究》（廣州：廣東高等教育出版社，2020年），頁27～51。

〔註34〕杜澤遜：《四庫存目標注》（上海：上海古籍出版社，2007年），第6冊，頁3599。

〔註35〕彭國忠：〈宋代文格與《黼藻文章百段錦》〉，《安徽大學學報》（哲學社會科學版），2013年第6期，頁31～38。孔瑞：《〈太學新編黼藻文章百段錦〉研究》（上海：華東師範大學古籍研究所碩士學位論文，方笑一先生指導，2015年），頁1～58。

〔註36〕該元刊本的版式特徵、遞藏源流等情況，參見中華再造善本工程編纂出版委員會編著：《中華再造善本總目提要・金元編》（北京：國家圖書館出版社，2013年），頁1284～1286。

〔註37〕祝尚書：《宋人總集敘錄（增訂本）》（北京：中華書局，2019年），頁429～436。

〔註38〕李慧芳：《謝枋得之散文及《文章軌範》研究》（桃園：中央大學中國文學系碩士學位論文，王次澄先生指導，2008年），頁1～207。

〔註39〕鄧婉瑩：《〈文章軌範〉研究──以其版本流傳和文化傳承功能為中心》（上海：復旦大學中國古代文學碩士學位論文，查屏球先生指導，2010年），頁1～123。葉蕾：《謝枋得〈文章軌範〉綜合研究》（南京：南京大學中國古代文學碩士學位論文，張伯偉先生指導，2011年），頁1～97。

上述四種晚宋古文選本的研究現狀雖稍顯薄弱，但關於書籍版本、體例等基本問題已經得到釐清。晚宋古文選本除以上四種外，尚有《文章正印》、《二十先生回瀾文鑑》（以下簡稱「回瀾文鑑」）二種，但素未獲學界重視，亦無專門的個案研究。因此，本書將在「下編　個案編」中針對《文章正印》和《回瀾文鑑》兩部晚宋古文選本展開個案研究。

二、科舉考試用書與思想文化的研究

中國史研究領域開始關注書籍、出版與思想文化，最初是受到西方史學界書籍史、閱讀史研究的影響。關於西方史學界書籍史、閱讀史研究的視角、方法以及取得的成果，學界相關的綜述已經頗夥，此處不再贅敘。〔註40〕

羅友枝（Evelyn S. Rawski）是西方中國學界較早注意到書籍與出版對於教育、文化影響的學者，她在研究中將「經濟與教育發展刺激而引起的書籍印刷事業的興起」視作中華帝制晚期時代特色的三個方面之一。〔註41〕爾後，高彥頤（Dorothy Ko）針對江南女性的研究中有相當部分涉及明末清初的印刷文化。〔註42〕何谷理（Robert E. Hegel）的研究分析了商業出版對插圖本小說閱讀造成的影響。〔註43〕賈晉珠（Lucille Chia）、包筠雅（Cynthia Joanne Brokaw）

〔註40〕可參張仲民：〈從書籍史到閱讀史——關於晚清書籍史／閱讀史研究的若干思考〉，《史林》，2007 年第 5 期，頁 151～180。秦曼儀：〈書籍史方法論的反省與實踐——馬爾坦和夏提埃對於書籍、閱讀及書寫文化史的研究〉，《臺大歷史學報》第 41 期（2008 年 6 月），頁 257～314。戴聯斌：《從書籍史到閱讀史：閱讀史研究的理論與方法》（北京：新星出版社，2017 年）。韋胤宗：〈閱讀史：材料與方法〉，《史學理論研究》，2018 年第 3 期，頁 109～117。李仁淵：〈閱讀史的課題與觀點：實踐、過程、效應〉，收入蔣竹山主編：《當代歷史學新趨勢》（臺北：聯經出版有限公司，2019 年），頁 71～114。

〔註41〕Evelyn S. Rawski. "Economic and Social Foundations of Late Imperial Culture". In *Popular Culture in Late Imperial China*, edited by David Johnson, Andrew J. Nathan and Evelyn S. Rawski, 3～33. Berkeley: University of California Press, 1985. 中譯本見〔美〕羅友枝著，黃靜華譯：〈帝制晚期文化的經濟及社會基礎〉，收入〔美〕伊沛霞、姚平主編：《當代西方漢學研究集萃：思想文化史卷》（上海，上海古籍出版社，2016 年），頁 287～320。

〔註42〕Dorothy Ko. *Teachers of the Inner Chambers: Women and Culture in Seventeenth-century China*. Stanford, CA.: Stanford University Press, 1994. 中譯本見〔美〕高彥頤著，李達生譯：《閨塾師——明末清初江南的才女文化》（南京：江蘇人民出版社，2005 年）。

〔註43〕Robert E. Hegel. *Reading Illustrated Fiction in Late Imperial China*. Stanford, CA.: Stanford University Press, 1996. 中譯本見〔美〕何谷理著，劉詩秋譯：《明清插圖本小說閱讀》（北京：生活・讀書・新知三聯書店，2019 年）。

則分別對福建建陽、四堡地區的商業出版、書籍流通展開了研究。〔註44〕周紹明（Joseph P. McDermott）以社會學的視角與方法，討論了書籍生產與流通的社會背景。〔註45〕近年來，何予明則從書籍生產和使用活動的歷史語境，更加深入地探討了明代非精英階層的書文化與「尋常閱讀」，〔註46〕這啟發了本書試圖探尋古文選本與晚宋中下層士人閱讀文化的問題意識。

由於中、西方的制度與文化傳統存在顯著差異，尤其是中國科舉取士制度的獨特存在，使得中、西方書籍史、閱讀史的研究呈現出不同的圖景；但從另一方面而言，圍繞科舉考試衍生書籍的研究，正是中國書籍史、閱讀史研究超越西方史學範式、開陳出新的學術生長點。

艾爾曼（Benjamin A. Elman）曾對帝制中國科舉制度與文化研究作出傑出貢獻，他關於科舉考試在政治、社會、文化層面具有「再生產」功能的觀點，一定程度上已經成為學界共識。〔註47〕艾爾曼也較早注意到科舉考試相關出版物的重要價值，利用這些材料，考察諸如史學、漢學與宋學等思想、知識在科舉考試中的呈現。〔註48〕艾爾曼從科舉考試用書的角度，觀察思想文化變遷的研究思路，在學界產生了深遠的影響，其後周啟榮、魏希德都延

〔註44〕 Lucille Chia. *Printing for Profit: The Commercial Publishers of Jianyang, Fujian (11th~17th Centuries)*. Cambridge, MA: Harvard University Press, 2002. 中譯本見〔美〕賈晉珠著，邱葵、鄒秀英、柳穎、劉倩、李國慶譯：《謀利而印：11至17世紀福建建陽的商業出版者》（福州：福建人民出版社，2019年）。Cynthia Joanne Brokaw. *Commerce in Culture: The Sibao Book Trade in the Qing and Republican Period*, Cambridge, MA: Harvard University Asia Center, 2007. 中譯本見〔美〕包筠雅著，劉永華譯：《文化貿易：清代至民國時期四堡的書籍交易》（北京：北京大學出版社，2015年）。

〔註45〕 Joseph P. McDermott. *A social history of the Chinese book: books and literati culture in late imperial China*. Hong Kong: Hong Kong University Press, 2006. 中譯本見〔美〕周紹明著，何朝暉譯：《書籍的社會史：中華帝國晚期的書籍與士人文化》（北京：北京大學出版社，2009年）。

〔註46〕 Yuming He. *Home and the World: Editing the "Glorious Ming" in Woodblock-Printed Books of the Sixteenth and Seventeenth Centuries*. Cambridge, MA: Harvard University Asia Center, 2013. 中譯本見〔美〕何予明：《家園與天下：明代書文化與尋常閱讀》（北京：中華書局，2019年）。

〔註47〕 〔美〕艾爾曼：〈中華帝國後期的科舉制度〉，收入氏著：《經學、科舉、文化史：艾爾曼自選集》（北京：中華書局，2010年），頁139~157。

〔註48〕 Benjamin A. Elman. "The Changing Role of Historical Knowledge in Southern Provincial Civil Examinations During the Ming and Ching." *Journal of Social Science and Philosophy* 5, no.1 (1992): 269~319. Benjamin A. Elman. *A Cultural History of Civil Examinations in Late Imperial China*. Berkeley: University of California Press, 2000. Pp. 460~520.

續了這一思路，且在各自的研究中對艾氏關於科舉與思想文化的觀點予以了回應。

周啟榮（Kai-wing Chow）的〈為功名寫作：晚明的科舉考試、出版印刷與思想變遷〉延續了艾爾曼的研究思路，但在觀點與論述上又有新的拓展。〔註49〕周氏在針對晚明科舉考試用書與思想變遷的討論中，修正了艾爾曼關於科舉考試在規訓精英上具有決定性作用的觀點，轉而強調在朝廷、士人及書坊與編輯者的場域中，書坊與編輯者具有的能動性以及能夠發揮的重要作用。周氏利用晚明書坊編輯的四書評注，指出書坊與專業作家通過對科舉參考書出版的控制，參與到形塑科舉考試的過程中，導致一些新的學說與觀點產生與流佈，創造出一個比較多元、包容的思想環境。周啟榮對於科舉、書坊與考試用書的互動關係，以及書坊及考試用書對於精英文化的衝擊與轉化的新思考，為本書問題意識的建構提供了頗多啟示。

此外，沈俊平以出版史的視角，考察了元、明的坊刻舉業用書。〔註50〕曹南屏以知識與書籍作為基本的視角，對士人群體、考試用書與晚清科舉變革的互動予以探究。〔註51〕涂豐恩、王一樵對於明清時期書籍與出版文化研究成果的全面回顧及批判性思考，亦頗值得參考。〔註52〕這些研究都從各自的視角，拓展與深化了科舉考試用書與思想文化的研究。

如果將視線聚焦於宋代科舉考試用書與思想文化的研究，由於研究資料的局限，取得的成績不如明清時期那般耀眼，但近年來亦湧現出不少值得關注的研究成果。

劉祥光的〈印刷與考試：宋代考試用參考書初探〉、〈宋代的時文刊本與考

〔註49〕 Kai-wing Chow. "Writing for success: Printing, examinations, and intellectual change in late Ming China". *Late Imperial China* 17, no.1 (1996): 120~157. 中譯本見〔美〕周啟榮著，楊凱茜譯：〈為功名寫作：晚明的科舉考試、出版印刷與思想變遷〉，收入〔美〕伊沛霞、姚平主編：《當代西方漢學研究集萃：思想文化史卷》（上海，上海古籍出版社，2016年），頁217~244。

〔註50〕 沈俊平：《舉業津梁：明中葉以後坊刻制舉用書的生產與流通》（臺北：臺灣學生書局，2009年）。沈俊平：〈元代坊刻考試用書的生產活動〉，《書目季刊》第44卷第2期（2010年9月），頁43~80。

〔註51〕 曹南屏：《閱讀變遷與知識轉型：晚清科舉考試用書研究》（北京：社會科學文獻出版社，2018年）。

〔註52〕 涂豐恩：〈明清書籍文化史的研究回顧〉，《新史學》第20卷第1期（2009年3月），頁181~215。王一樵：〈近二十年明清書籍、印刷與出版文化相關研究成果評述〉，《明代研究》第26期（2016年6月），頁165~198。

試文化〉等論文聚焦於宋代科舉考試用書與社會文化的研究。〔註53〕前者討論了宋代考試用參考書的起源、流行及高漲的市場需求，通過分析政府的態度、採取對策以及最後失敗的實情，特別是討論了時文印刷對於考試文化的影響，頗值得關注。後者則通過分析時文的編輯、刊印及舉子閱讀的過程，討論科舉制度與考試書籍生成之間的關聯，從而闡明時文在宋代社會中的意義與地位。劉氏關於南宋中後期社會文化與士人風尚的討論，對於本書論說的展開有著重要的意義。但他所討論的「考試用參考書」，主要是指考試工具書、時文選本等，未將古文選本納入其中，殊為遺憾。

魏希德（Hilde De Weerdt）的《義旨之爭：南宋科舉規範之折衝》延續了艾爾曼、周啟榮的思路，同時又展現出新的問題意識。〔註54〕魏氏將古文選本納入至南宋科舉用書的討論範圍內，考察科舉考試標準與思想文化的遞變，同時探討教師、書坊和舉子如何利用古文選本的編選決定考試內容和塑造文化影響。魏氏的研究拓展了學界關於古文選本的編輯、閱讀以及與社會文化的連結等外部元素的認識，使得南宋古文選本的研究有了層次上的突破。同時魏氏利用「文化場域」的概念，描述南宋中後期思想文化的遷轉脈絡：南宋中期古文之學與理學形成對立與競爭；至晚宋時期理學文化向古文之學滲透，古文選本開始收錄理學著述。〔註55〕但魏氏的關注點主要在科舉考試標準與思想文化的變遷，古文選本僅僅作為她論述觀點的史料，而非研究的對象與論述的主體，因此忽略了古文選本的編次體例、刊印特徵、附加評點、閱讀活動等書籍本身的豐富信息。同時作為歷史學者，魏希德未能關注古文選本呈現出的文學文化意義，如晚宋古文選本對於古文傳統的形塑與轉化，在編次體例、文章解說方面呈現出的通俗化、功利化的傾向，以及對於理學思想的篩選與轉化，等等。這些問題，正是本書希望進一步補充討論的議題。

此外，林巖利用「知識話語」的概念，描述南宋時期科舉、道學與古文之

〔註53〕劉祥光：〈印刷與考試：宋代考試用參考書初探〉，《政治大學歷史學報》第17期（2000年5月），頁57～90。劉祥光：〈宋代的時文刊本與考試文化〉，《臺大文史哲學報》第75期（2011年11月），頁35～86。

〔註54〕Hilde de Weerdt. *Competition over Content: Negotiating Standards for the Civil Service Examinations in Imperial China (1127~1279)*, Cambridge, MA: Harvard University Press, 2007. 中譯本見〔比利時〕魏希德著，胡永光譯：《義旨之爭：南宋科舉規範之折衝》（杭州：浙江大學出版社，2016年）。

〔註55〕Hilde De Weerdt. "Canon Formation and Examination Culture: The Construction of Guwen and Daoxue Canons". *Journal of Sung-Yuan Studies*, no.29 (1999): 91~134.

學三者之間各自相對獨立而又互相滲透、交織的知識話語體系，為南宋科舉與思想文化的發展走向提供了一種新的解釋。〔註 56〕林氏對晚宋理學與古文之學關係與發展脈絡的闡述，以及判斷南宋古文選本是「科舉社會的產物」的觀點，對本書的構思與立論都頗具啟發意義。

第三節　研究進路

　　本書將在既有研究的基礎上，進一步探討晚宋古文選本文獻與文化的議題。

　　首先，利用中國傳統版本目錄學的研究方法，考察《文章正印》、《回瀾文鑑》等幾部稀見且重要的古文選本，探討其版式特徵、書目著錄、序跋情況、遞藏源流、編次體例等。同時利用考驗字體、牌記、避諱、選文等方式，判定書籍的刊行時間、地點等信息，以及推論幾部書籍之間的文獻關係。此外利用文獻輯佚的方式，從這些晚宋古文選本中鉤沉出數十篇不為別集及《全宋文》收錄的宋人佚文，這些佚文可以作為新材料拓展宋代文學研究的既有議題，具有重要的文獻價值。總之是為晚宋古文選本與思想文化的論述，奠定一個充分而堅實的文獻基礎。

　　其次，借鑒西方書籍史、閱讀史研究的視角與方法，對晚宋古文選本的書籍形製、編輯、刊印、閱讀以及與晚宋社會文化的連結，予以充分觀照。傳統的文獻學研究，注重個別書籍的版本考證，但於書籍的流通、閱讀以及書籍背後的社會文化卻措意不多；傳統的文學研究，注重文本內部的美學闡釋，卻往往忽視文本與書寫載體、物質形態之間的關聯，將文本製作、生產、流通和閱讀的過程排除在研究視野之外。書籍史、閱讀史研究的視角與方法，正有助於我們在傳統的文獻研究與文學研究之外，拓展出新的學術生長空間。就本書晚宋古文選本的研究而言，書籍史研究的進路，也確實能夠提供一個良好的觀察視角和敏銳的分析工具。

　　西方學界關於書籍史的學科性質與理論方法仍存在一定的分歧，〔註 57〕但大體上以羅伯特‧達恩頓（Robert Darnton）的研究最具代表性。達恩頓提出「交流迴路（The Communications Circuit）」的概念，將書籍的編輯、出版、消

〔註 56〕林巖：〈南宋科舉、道學與古文之學：兼論南宋知識話語的分立與合流〉，《中山大學學報》（社會科學版），2013 年第 6 期，頁 14～24。

〔註 57〕相關爭論的綜述，參見戴聯斌：《從書籍史到閱讀史：閱讀史研究的理論與方法》（北京：新星出版社，2017 年），頁 54～55。

費、閱讀等多種環節納入至一個循環、閉合的迴路之中，認為書籍史要研究這個循環迴路中的每個環節（背後的人及活動），以及與當時政治經濟與社會文化之連結。〔註58〕

不過達恩頓的研究模式也遭受到一些批評，英美分析目錄學家批評達恩頓的模式最終討論的是書籍背後的社會和人，而非書籍本身；強調書籍對社會文化的影響，卻忽視書籍的承載文本與物質形態。尤其是麥肯錫（Donald F. McKenzie）「文本社會學（Sociology of Text）」的理論，有力地證明了書籍的物質形態在閱讀過程中，發揮著意義建構的重要作用，從而在書籍的物質形態、流傳以及生產與受容等領域，開闢出新的研究空間。〔註59〕作為年鑑學派第四代學者的羅杰·夏蒂埃（Roger Chartier）也強調書籍的物質形態之於閱讀活動及文本意義產生的影響與制約，同時注意到讀者在閱讀活動中的能動性與創造性，主張在「文本世界」與「讀者世界」的交互之間開展研究。〔註60〕

來自麥肯錫等分析目錄學家的挑戰，實際上拓展與豐富了書籍史的研究對象與方法進路，當下學界也一般將之視作書籍史領域的基本假設。〔註61〕故本書在研究過程中，論述重心主要在晚宋時期古文選本「交流迴路」中的編輯、出版、閱讀等環節，但同時力求呈現書籍物質形態在編輯、出版等環節的生成與變動，以及在閱讀環節的意義建構等內容。

復次，採取「下向」與「近世轉型」的研究視角，拓展舊有的問題論域，抉探研究對象所體現的歷史意義。

相比傳統專注於知識精英的思想研究，本書傾向於關注非精英的、一般的

〔註58〕 Robert Darnton. "What Is the History of Books?" *Daedalus* 111, no.3 (1982): 65~83.

〔註59〕 Donald F. McKenzie. *Bibliography and the Sociology of Texts*. New York: Cambridge University Press, 1999.

〔註60〕 參見〔法〕羅杰·夏蒂埃著，吳泓緲、張璐譯：《書籍的秩序：14 至 18 世紀的書寫文化與社會》（北京：商務印書館，2013 年），頁 87~101。

〔註61〕 參見戴聯斌：《從書籍史到閱讀史：閱讀史研究的理論與方法》（北京：新星出版社，2017 年），頁 56。另如韋胤宗在綜述書籍史與閱讀史的議題與理論時，也將麥肯錫等分析目錄學家的觀點納入其中。許雅惠在綜述了達恩頓與麥肯錫的觀點後，認為二人的方法代表書籍文化研究的兩種取向：書籍的外部研究與特定版本的內部研究，她在針對宋元《三禮圖》的版面形式與使用的個案研究中，也在一定程度上綜合了此兩種向度的研究取徑。參見韋胤宗：〈閱讀史：材料與方法〉，《史學理論研究》，2018 年第 3 期，頁 112。許雅惠：〈宋、元《三禮圖》的版面形式與使用──兼論新舊禮器變革〉，《臺大歷史學報》第 60 期（2017 年 12 月），頁 60~61。

士人群體的思想世界，更加接近於「思想文化史」的進路，即：關注文本與思想的社會文化背景，以及文本與思想產生後在社會中下階層間實踐與傳播的過程。葛兆光倡導開展一般知識、思想與信仰的歷史，而其中一項重要的研究進路便是「拓展思想史研究的材料範圍」。〔註62〕本書所論古文選本作為科舉考試用書，曾在中下層士人群體間廣泛流通與閱讀，正是思想文化史研究可以關注且著力研究的材料。〔註63〕隨著中唐北宋「古文運動」的展開，關於古文閱讀與寫作的理論與觀念得到高度標舉，同時也產生了韓、柳、歐、蘇等古文大家以及數量頗豐的古文作品。但這些精英式的思想觀念雖然被提出，但僅僅存在於少數上層士人的論述與閱讀空間中，並未在社會間發揮真正的影響作用。而南宋中後期的古文選本則反映了這些精英式的思想觀念如何進入到一般知識人的世界中，如何在社會中下階層間流通與傳播並最終成為一般性知識與思想的過程。以古文選本為觀察角度，可以看到這些思想在「向下傳播」的過程中，其本身也發生了轉化，在「古文」概念的認識、書籍編次的體例、文章技法的解說等方面，都呈現出許多新的、通俗化的動向。此外，古文選本與古文之學在一般知識階層間流行之際，也與作為當時主流學說的理學相互滲透和影響，甚至在一定程度上形塑了士人對理學的接受圖景。這些都是在「下向」的視角下所能發現的新現象、新問題。

　　同時，若從歷史的眼光出發，將這些變化置於「近世轉型」的整體圖景之中，則可以更進一步發覆其學術意義與研究價值。作為一種歷史分期觀點，學界普遍認為自南宋以降的中國社會面臨著一種結構性的「近世轉型」。〔註64〕尤其是在文學、思想文化領域，無論是文本內部的形式與內容，還是文本外部的生產、傳播和閱讀等機制，皆呈現出「通俗化」、「大眾化」、「商業化」等整體性的變化趨向。〔註65〕就晚宋古文選本而言，其反映出晚宋以降圍繞「古

〔註62〕葛兆光：〈什麼可以成為思想史的資料？〉，《中國思想史導論：思想史的寫法》（上海：復旦大學出版社，2013年），頁87～100。

〔註63〕正如王汎森所指出的：針對科舉考試用書的研究，將是「對傳統思想史視野的一種擴大」。王汎森：〈序〉，《思想是生活的一種方式：中國近代思想史的再思考》（北京：北京大學出版社，2018年），頁6。

〔註64〕關於中國社會的「近世轉型」與晚宋歷史意義的討論，詳見本書第貳章第一節〈晚宋的歷史意義〉。

〔註65〕關於這個問題，前人多有論及，但以龔宗傑的表述最為精要，其言：「（南宋以降）文學的「近世性」，以文學權力的分化和下移為主線，主要體現為：一是在市民意識和文化需求不斷增長的情況下，文學表現形式和內容的世俗化；二是

文」為中心的知識與論述，從「精英式」向「大眾化」、「通俗化」、「功利化」轉化的過程，可以說是古文選本與古文之學領域內所面臨的「近世轉型」。由此可以定位晚宋古文選本及其中所展現思想認識的歷史意義。

第四節　概念界定

一、關於「晚宋」概念的界定

在文學史的研究中，如果將某一王朝的文學文化作為整體進行觀照，往往失之含混。與之相對，如果針對時段進行分期，對不同階段的文學文化給予各自觀照，則將有助於推進研究走向精細與深化。

關於本書所論的「晚宋」，如果依政治體的結束為據，可將祥興二年（1279）作為「晚宋」的下限。此年宋軍在崖山海戰中徹底戰敗，陸秀夫（1237～1279）背負宋末帝趙昺跳海而亡，南宋作為一個政治體徹底覆滅。

至於「晚宋時期」的上限，歷史學界通常將之定作宋寧宗嘉定元年（1208），如張其凡、胡昭曦等皆主此說。〔註66〕從政治領域而言，在此之前，著名權相韓侂冑主導下的開禧北伐徹底失敗，韓氏本人亦在政爭中被函首送金。在此之後，史彌遠在政爭中脫穎而出，成為新一代的權相，開啟了他長達二十六年的專政。從文化領域而言，嘉定以後，理學士人在政治結構中逐漸佔據上風，理學作為國家意識形態的官學化進程持續展開，是影響中國以後近千年歷史的重要史事。

在中國古代文學研究界，學者也往往將嘉定元年（1208）作為「晚宋文學」起始的時間點。如王水照討論南宋文學的歷史分期時，即將開禧（1205～

隨著社會、經濟尤其是作為文化媒介的出版業的發展，文學生產、傳播和消費機制的商業化與多元化。」參見龔宗傑：〈途徑探索：作為研究方法的「近世性」〉，收入氏著：《明代文話研究》（北京：中華書局，2019年），頁27。

〔註66〕張其凡：〈試論宋代政治史的分期〉，收入鄧廣銘、王雲海等主編：《宋史研究論文集》（開封：河南大學出版社，1993年），頁354～370。胡昭曦：〈略論晚宋史的分期〉，《四川大學學報》（哲學社會科學版），1995年第1期，頁103～108。胡昭曦：〈關於晚宋史研究的幾個問題〉，收入氏著：《旭水齋存稿》（成都：四川大學出版社，2012年），頁11～23。不過關於該問題，李華瑞持有不同意見，轉而以嘉定十七年（1224）為限，但大致不差。參見李華瑞：〈關於宋代政治史的分期問題〉，收入氏著《宋史論集》（保定：河北大學出版社，2001年），頁69～80。

1207）作為收束南宋中前期文學的時間點，將嘉定元年（1208）以後的文學視作晚宋文學。同時論述該時期的文學特色稱：

> 自此以後七十多年（幾佔南宋時期的一半）成為一個中小作家騰喧齊鳴而文學大家缺席的時代。文學成就的高度漸次低落，但其密度和廣度卻大幅度上升。〔註67〕

　　侯體健在近年來一部頗有影響力的宋代文學研究著作中，聚焦於晚宋士人劉克莊個體的文學活動，但同時提煉出「文學世界」、「文學生態」等學術概念，針對晚宋時期的文學文化給予了整體的觀照。在研究中，侯氏亦將嘉定元年（1208）作為「晚宋文學」起始的標誌年，將之視作「文學史上一段徘徊猶豫，但又具有沉澱、反思性質，且於此中仍然孕育文學新變的特殊時期」。〔註68〕

　　要言之，本書大致接受學界將「晚宋時期」的上限定作宋寧宗嘉定元年（1208），下限定作宋末帝祥興二年（1279）的觀點。但同時必須指出，這僅能作為參考的「坐標」，而非界定明確的「時間點」。在學術研究的實際操作中，歷史分期永遠是一個糾結矛盾的難題。這是因為文學文化具有延續性的影響，其演進、發展總是漸變的，故而無法在歷史發展過程中劃定一個精準的「時間點」，周延地切分出若干「階段」。回歸到本書論述的課題，如部分古文選本的編纂難以確定具體時間；如部分嘉定以前編成的選本在嘉定以後重新刊行，再度發揮影響；再如宋末刊行的原本已經不存，僅能從元代的重編本中窺得大致面貌。以上在研究過程中遇到的具體問題，都促使本書在實際論述中將「晚宋時期」設定為一個較為動態、彈性的時間範圍。

二、關於「古文選本」概念的界定

　　古文選本是本書最主要的研究對象。此處嘗試針對「古文選本」的概念作出說明。簡而言之，本書將南宋中後期在社會間流行的選錄古文作品，同時書內附加注解、評語及點抹符號的文學總集，稱之為「古文選本」。

　　但關於概念的細部問題，仍可再作一些說明。首先，所謂「選本」應當屬於總集之一種。中國文學史上的「總集」，指彙集多家作品的詩文集，相對於收集一家作品的「別集」而言。最早的總集，可追溯至摯虞編輯之《文章流別

〔註67〕王水照：〈南宋文學的時代特點與歷史定位〉，收入氏著：《走馬塘集》（上海：復旦大學出版社，2016年），頁10。
〔註68〕侯體健：《劉克莊的文學世界——晚宋文學生態的一種考察》（上海：復旦大學出版社，2013年），頁26。

集》，〔註69〕故《隋書・經籍志》謂：

> 總集者，以建安之後，辭賦轉繁，眾家之集，日以滋廣，晉代摯虞，
> 苦覽者之勞倦，於是採摘孔翠，芟剪繁蕪，自詩賦下，各為條貫，合
> 而編之，謂為《流別》。是後文集總鈔，作者繼軌，屬辭之士，以為
> 罩奧，而取則焉。今次其前後，併解釋評論，總於此篇。〔註70〕

同時從《隋志》的記載中可知，摯虞編輯《文章流別集》，乃是源於當時眾家
別集紛繁雜出，為便於讀者翻覽之故。故自總集誕生之初，便具備了「採摘孔
翠，芟剪繁蕪」的特定性質。

《四庫全書總目》說得更加清晰，「總集類序」下言：

> 文籍日興，散無統紀，於是總集作焉。一則網羅放佚，使零章殘什，
> 並有所歸。一則刪汰繁蕪，使蕪稗咸除，菁華畢出。是固文章之衡
> 鑑，著作之淵藪矣。〔註71〕

可見文學總集同時具有「網羅放佚」、「刪汰繁蕪」的兩種功能，前者接近於
「總」，後者接近於「選」。

「選本」屬於「總集」之一類，在傳統目錄學著作中列於集部總集類下，
但選本的功能更偏於「選」的面向，即區別優劣，刪汰繁蕪。正是在這個「選」
的過程中，文學批評的意義往往得以突顯，故選本被視作中國古典文學批評方
法之一種，影響頗為深遠。〔註72〕

其次，關於「古文選本」的概念，仍有部分疑義有待釐清。自唐中葉韓愈、
柳宗元提出「古文」的概念，同時創作數量頗豐的古文作品以來，文學總集選
錄古文作品成為一種常態，如姚鉉（968～1020）《唐文粹》選錄韓、柳作品頗
豐。然而如《唐文粹》、《文苑英華》等總集，皆是詩文辭賦並選；專選古文作
品的總集，一直到南宋中期方才出現，一般將呂祖謙《古文關鍵》視作第一部

〔註69〕《晉書・摯虞傳》載：「撰古文章，類聚區分為三十卷，名曰《流別集》，各為
之論，辭理愜當，為世所重」。〔唐〕房玄齡等撰，中華書局編輯部點校：《晉
書》（北京：中華書局，1974年），卷51，頁1427。

〔註70〕〔唐〕魏徵、〔唐〕令狐德棻撰，中華書局編輯部點校：《隋書》（北京：中華
書局，1973年），卷35，頁1089～1090。

〔註71〕〔清〕永瑢等撰：《四庫全書總目》（北京：中華書局，1965年），卷186，頁
1685。

〔註72〕如魯迅曾言：「評選的本子，影響於後來的文章的力量是不小的，恐怕還遠在
名家的專集之上，我想，這許是研究中國文學史的人們也該留意的罷。」見魯
迅：〈選本〉，《集外集》，收入《魯迅全集》第七卷（北京：人民文學出版社，
2006年），頁137。

古文選本。

　　除了專選古文作品外，古文選本誕生之初就具備了特定的書籍形態：附刻注釋、評語及點抹符號。如呂祖謙編輯的《古文關鍵》，見陳振孫（1179～1262）《直齋書錄解題》著錄：「《古文關鍵》二卷，呂祖謙所取韓、柳、歐、蘇、曾諸家文標抹注釋。」〔註73〕所謂「標抹注釋」，可見陳振孫所見書內附有注釋、點抹符號等。現今所見的中國國家圖書館藏晚宋刻本《增注東萊呂成公古文關鍵》，確實可見書內附刻呂祖謙的題下評語、隨文批語，以及蔡文子的增注。〔註74〕這種特定的書籍形態，使得南宋的古文選本得以與《文選》、《宋文鑑》等傳統文章選本區分開來。

　　南宋以降，此類附刻注釋、評語及點抹符號的古文選本傳刻頗多。可見，古文選本作為一種新的、獨立的選本類型已經為世人所認可，這類書籍的編輯、出版也成為當時社會的風尚。

三、關於「中下層士人」概念的界定

　　本書在論述時，經常使用到「中下層士人」的概念，因此有必要對此概念略作說明。一言以蔽之，本書將「精英士人」與「庶民大眾」之間的社會階層稱之為「中下層士人」。

　　首先是「士人」的概念。科舉取士制度發展至宋代，在國家社會的諸層面產生了深刻影響。特別是因為科舉制度的存在，產生了數量龐大的讀書人群體，使得傳統「士農工商」的社會格局遭到衝擊。在宋代科舉社會的語境下，科舉及第者、曾經參加科舉者，以及接受科舉訓練而準備應試者，都被認為是區別於「庶民」的社會階層，即「士人階層」。〔註75〕換言之，在宋代，與科舉制度的關係成為了區別「士人」與「庶民」的標準。因為準備科舉考試，需要讀書業儒，故士人階層都具備了基本的識字能力與文化知識素養；他們的地位也得到國家層面的認可，在勞役、刑法方面享受一些特權。與之相對，在前近代社會，庶民大眾都普遍缺乏最基本的識字能力，不具備閱讀書籍的條件。

〔註73〕　〔宋〕陳振孫撰，徐小蠻、顧美華點校：《直齋書錄解題》（上海：上海古籍出版社，1987年），卷15，頁451。
〔註74〕　〔宋〕呂祖謙編，〔宋〕蔡文子增注：《增注東萊呂成公古文關鍵》（北京：北京圖書館出版社，2005年，《中華再造善本》影印中國國家圖書館藏宋刻本）。
〔註75〕　〔日〕近藤一成：〈南宋地域社会の科舉と儒学──明州慶元府の場合〉，收入氏著：《宋代中国科舉社会の研究》（東京：汲古書院，2009年），頁171。

其次，在士人階層內部又可細分作「精英士人」（或云「官僚士大夫」）與「中下層士人」。前者一般為科舉及第者且在後續改官晉升時較為順遂，得居高位。後者一方面包括尚未科舉及第的士人；另一方面也包括已經科舉及第，但在後續改官晉升時受阻，長期沉於下僚，身居低級官職的士人。

事實上，精英士人與中下層士人之間沒有嚴格的區分，亦無法舉出一個清晰明確的界限。但為方便討論，可簡單地以官職品階作為界定的標準。具體而言，以宋代散官品階中的「承務郎」為界，承務郎以上者為「京官」、「朝官」，身居此位的士人可稱之為「精英士人」或「官僚士大夫」。承務郎以下者，因未經吏部流內銓，時人稱為「選人」，多擔任如幕職州縣官等職位。這些低級地方官員，再加上尚未科舉及第的士人在內，皆可稱之為「中下層士人」。

士人內部的社會分層又造成等級化的文化品味。精英士人一般擁有較高等級的學術素養與文化品味，而高門檻與小眾的文化品味反過來又強化了他們作為精英的自我想像。中下層士人因為成長於「文化資本」貧乏的環境，具備較低等級的學術素養與文化品味，同時也傾向於大眾化、通俗化的內容。換言之，社會身分的分層與思想及文化品味之間存在一種隱微而牢固的對應關係。〔註76〕

本書著意討論的便是士人階層內部的中下層士人以及他們閱讀的書籍、所持的思想與文化品味等。

附圖一　宋代社會分層示意圖

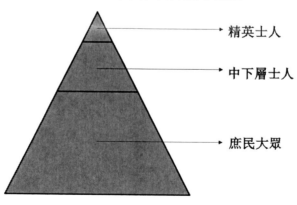

精英士人

中下層士人

庶民大眾

〔註76〕本書中這種關於社會身分與文化品味對應關係的認識，來自於布爾迪厄「文化資本」的理論。參見〔法〕布爾迪厄：〈文化資本與社會資本〉，收入氏著，包亞明譯：《文化資本與社會煉金術：布爾迪厄訪談錄》（上海：上海人民出版社，1997年），頁189～211。

上編　綜論編

　　本書的「綜論編」希望就晚宋古文選本的生成、閱讀及知識體系作出數個專題式的考察。

　　具體而言，本編以晚宋時期的諸種古文選本作為研究對象，首先，在重建晚宋歷史語境的基礎上，嘗試為古文選本在南宋中後期興起與流行的緣由提出一種新的解釋，同時闡明古文選本與晚宋社會文化之間存在的聯繫。

　　其次，利用書籍史、閱讀史的方法，嘗試考察古文選本在晚宋時期的「交流迴路（The Communications Circuit）」，具體包括古文選本的編輯、出版、閱讀活動等諸種環節；同時將之與南宋中期的古文選本進行比較，進而闡明古文選本在晚宋時期呈現出的變化趨向。

　　復次，從古文選本入手，討論晚宋時期以古文為中心的思想觀念，具體包括時人關於「古文」的認識，書籍編輯的體例，關於文體分類的認識，關於經典的認識，文章解說的取向，等等。同時與南宋中期的情況進行比較，闡明古文之學在晚宋時期的流轉與新變。

　　最後，稍擴大研究範圍，利用包括古文選本在內的多種科舉參考書，討論其在晚宋時期對於以朱子著述為首的理學文本的選錄及改編，具體包括傾向性的篩選、結構的破壞、施加文學性的評點等，試圖闡明作為當時主流思想的理學在進入科舉參考書後所發生的思想變容，並將這種思想變容置於元明以降文化下移的歷史進程中，對其意義進行發覆。

第貳章　科舉社會與商業出版：
晚宋社會與古文選本的
起源及流行

第一節　走向近世：晚宋的歷史意義

一、失落的晚宋研究

　　近代的學術名家，諸如嚴復、王國維、陳寅恪等人，紛紛以各自不同的表述，強調宋代在中國歷史發展中的重要性，肯認宋代文化的價值意義。如嚴復言：「若研究人心政俗之變，則趙宋一代歷史，最宜究心。中國所以成為今日現象者，為善為惡，姑不具論，而為宋人所造就，什八九可斷言也。」〔註1〕王國維言：「天水一朝，人智之活動與文化之多方面，前之漢唐、後之元明，皆所不逮也。」〔註2〕再如陳寅恪在〈論韓愈〉中指出：「綜括言之，唐代之史可分前後兩期，前期結束南北朝相承之舊局面，後期開啟趙宋以降之新局面，關於政治社會經濟者如此，關於文化學術者亦莫不如此。」〔註3〕又於〈鄧廣銘《宋史職官志考證》序〉中再次申論：「華夏民族之文化，歷數千載之演進，

〔註1〕嚴復：〈嚴幾道與熊純如書札節鈔〉，《學衡》第13期（1923年1月），頁12。
〔註2〕王國維：〈宋代之金石家〉，《靜安文集續編》，收入《王國維先生全集》第五冊（臺北：臺灣大通書局，1976年），頁1997。
〔註3〕陳寅恪：〈論韓愈〉，收入氏著：《金明館叢稿初編》（北京：生活・讀書・新知三聯書店，2001年），頁332。

造極於趙宋之世。」〔註4〕渡臺學者鄭騫亦指出：「唐宋兩朝，是中國過去文化的中堅部分。中國文化自周朝以後……到唐宋才算發展完成，告一段落，從南宋末年再往後，又都是從唐宋出來的。」〔註5〕

　　與以往「積貧積弱」的印象不同，最近三、四十年來，學界不斷有聲音提議破除固有認識，從新的角度重新審視宋代的歷史。〔註6〕但是平心而論，近年宋代研究的學術進展，主要集中於北宋時段。相比北宋，南宋因為蒙受靖康恥辱，艱難立國，政治版圖限縮於半壁江山，時刻面臨強大外敵的侵擾威脅，內部政治爭鬥紛擾不斷，權相專權，君主庸弱，難免使得研究者失去探究的興趣，導致南宋研究得不到足夠的重視，研究成果遠遠少於北宋。〔註7〕

　　早在上世紀八十年代，劉子健便指出「普通談宋史，難免頭重腳輕。詳於北宋，略於南宋」，〔註8〕而且疾聲呼籲學界應加強南宋的研究，關注南宋在中國歷史發展中的重要性與轉折性意義。但直至今日，南宋研究雖然相較以往有了一定的進展，卻仍未獲得應有的關注。若在南宋研究中進一步細分，相比南宋中前期的研究，晚宋的研究尤其受到忽視，長期處於邊緣化的地位。故黃寬重觀察後，得出結論：「檢視現有南宋史研究成果，仍明顯存在『重前期輕

〔註4〕陳寅恪：〈鄧廣銘《宋史職官志考證》序〉，收入氏著：《金明館叢稿二編》（北京：生活·讀書·新知三聯書店，2001年），頁277。

〔註5〕鄭騫：〈宋代在中國文化史上的定位〉，收入氏著：《永嘉室雜文》（臺北：洪範書店，1993年），頁285。

〔註6〕如李裕民、鄧小南等認為宋代「積貧積弱」的觀點，是近代中國學人在特定的、飽受列強欺凌的歷史環境，在強烈的民族主義情緒下歸納出來的，如今的學者應以更加平靜、切實、全面的心態重新審視宋代歷史。李裕民：〈宋代「積貧積弱」說商榷〉，收入氏著：《宋史考論》（北京：科學出版社，2009年），頁1～6。鄧小南：〈宋代歷史再認識〉，收入氏著：《朗潤學史叢稿》（北京：中華書局，2010年），頁493～496。另，關於近年來宋代研究相關成果的綜述，可參見包偉民：〈近四十年遼宋夏金史研究學術回顧〉，收入氏著：《走向自覺：中國近古歷史研究論集》（北京：中華書局，2019年），頁48～71。

〔註7〕據劉子健的觀察：「許多致力於研究宋史的學人，也多半喜歡北宋。從晚唐經過五代到北宋，有劃分大時代的基本改變，結束了千古以來的貴族社會，創建了士大夫領導的新秩序，氣象萬千。再看南宋，失地乞和，終於亡國，中興以後的君主，全部庸弱，權臣把持，層出不斷，官僚腐化，苛捐重稅，雖然議論不少，終乏長策。這種情況，令人掃興，也就不去探究。」〔美〕劉子健：〈略論南宋的重要性〉，收入氏著：《兩宋史研究彙編》（臺北：聯經出版有限公司，1987年），頁79～80。

〔註8〕〔美〕劉子健：〈背海立國與半壁山河的長期穩定〉，收入氏著：《兩宋史研究彙編》（臺北：聯經出版有限公司，1987年），頁38。

後期』的現象。」〔註9〕

　　這一方面大概是晚宋因為政治、經濟、文化諸領域弊病叢生，最終導致為異族所滅的亡國歷史，無法引起部分研究者的興趣。另一方面是因為史料本身帶來的限制，晚宋時期缺少類似《續資治通鑑長編》、《建炎以來繫年要錄》般編輯精當的通史著述，而《宋史全文》、《宋季三朝政要》等宋末史書雖可資利用，但由於出自民間書坊，故存在文獻、史實上的諸多問題；另如士人文集等材料則又繁雜與瑣碎，若欲研究利用則頗費工夫。故張其凡、趙冉在整理與回顧二十世紀以來晚宋史的研究論著後，指出存在「史料的整理與發掘尚待突破」、「晚宋內政和人物研究還需加強」等問題與不足。〔註10〕

　　總而言之，在整個的宋代研究中，晚宋研究可以說是「失落」的一環。

二、中國社會的「近世轉型」

　　晚宋研究的加強，既依賴於文獻、史事的考訂，同時亦需理論視角上的更新。

　　日本學者內藤湖南自二十世紀一〇年代，提出「唐宋變革論」的學說。該學說後於二十世紀五〇年代，經宮崎市定等人得到進一步的發展與完成，在歐美、日本及兩岸學界均產生重要而深遠的影響。〔註11〕

　　「唐宋變革論」，是內藤湖南基於其獨特的廣義文化史觀，針對中國歷史分期與時代性格作出的宏觀概括，以他本人的言語作最簡要的概述便是：「唐代屬於中世的末段，而宋代則是近世的發端，其間包含著從唐末到五代的過渡期，因此唐代和宋代在文化性質上有著明顯的差異」。〔註12〕

〔註9〕黃寬重：〈「嘉定現象」與南宋政治、社會研究芻議〉，收入氏著：《藝文中的政治》（臺北：臺灣商務印書館，2019年），頁80。

〔註10〕張其凡、趙冉：〈二十世紀以來晚宋史研究回顧與展望〉，《中國史研究動態》，2012年第4期，頁28～35。

〔註11〕張廣達總結內藤學說的影響，言：「在今天，海外研究唐宋元明清的學者很少不是以唐宋變革為預設而進行研究工作的。」參見張廣達：〈內藤湖南的唐宋變革說及其影響〉，收入氏著：《史家、史學與現代學術》（桂林：廣西師範大學出版社，2008年），頁57～133。

〔註12〕關於「唐宋變革論」的具體內容，可以參看〔日〕內藤湖南：〈概括性的唐宋時代觀〉，收入氏著，林曉光譯：《東洋文化史研究》（上海：復旦大學出版社，2016年），頁103～111。張廣達：〈內藤湖南的唐宋變革說及其影響〉，收入氏著：《史家、史學與現代學術》（桂林：廣西師範大學出版社，2008年），頁57～133。柳立言：〈何謂「唐宋變革」〉，收入氏著：《宋代的家庭與法律》（上海：上海古籍出版社，2008年），頁3～44。

在「唐宋變革論」的研究範式下,研究者關注唐宋變革期(中唐至北宋)的政治、社會、經濟、文化等面向的斷裂與變革,從而在唐、宋時代性格的比較研究中,把握中國社會從「中古」轉向「近世」的歷史脈動。

隨著學界針對傳統「唐宋變革論」的反思與拓展,近年來出現了新的變化趨向,歐美與日本學界相繼提出了「兩宋轉向說」、「宋元明轉型說」、「宋元變革論」等新的研究範式。

最早揭櫫兩宋轉向課題的學者是美國宋史學家劉子健。劉氏首先認為北、南兩宋存在重大的差異,〔註13〕進而強調南宋之於中國歷史發展的轉折性意義,提出「中國近八百年來的文化,是以南宋為領導的模式,以江浙一帶為重心」。〔註14〕同時,將「背海立國的形勢」、「君主和代理權相的獨斷」、「包容政治的控制」、「理學的興起與下滲」等作為「南宋的文化模式」的特點。〔註15〕

受到劉子健關注兩宋之間差異的啟發,郝若貝(Robert Hartwell)、韓明士(Robert Hymes)關於兩宋的社會轉型與精英地方化作出了精彩的研究,在學界產生了更加深遠的影響。特別是韓明士將撫州的精英作為研究對象,認為從北宋到南宋,撫州精英們的家族策略開始從全國轉向地方,積極參與地方防務、社會救濟以及宗教生活等地方活動。〔註16〕在「地方轉向」視角的影

〔註13〕 劉子健認為:「一般講宋史,動輒稱為兩宋,容易誤以為南宋延續北宋,並無多大的差異,不需要重視。其實不然。」〔美〕劉子健:〈略論南宋的重要性〉,收入氏著:《兩宋史研究彙編》(臺北:聯經出版有限公司,1987年),頁79。

〔註14〕 〔美〕劉子健:〈略論南宋的重要性〉,收入氏著:《兩宋史研究彙編》(臺北:聯經出版有限公司,1987年),頁80。

〔註15〕 參見〔美〕劉子健:〈略論南宋的重要性〉,收入氏著:《兩宋史研究彙編》(臺北:聯經出版有限公司,1987年),頁79～85。此外,在另一部重要的學術著作中,劉先生從思想文化的角度分析了北南宋的差異,認為相比北宋士大夫傾向於從事外在的政治制度的改革,南宋士大夫在本質上轉向內在以個人的道德完善為首要的思想追求,但我認為此一描述其實有待商榷,不如文中所引之精準。參見〔美〕劉子健著,趙冬梅譯:《中國轉向內在:兩宋之際的文化轉向》(南京:江蘇人民出版社,2002年)。

〔註16〕 參見 Robert Hartwell. "Demographic, Political and Social Transformation of China, 750~1550". *Harvard Journal of Asiatic Studies,* no.42 (1982): 365~442.中譯本見林巖譯:《750～1555年中國的人口、政治與社會轉變》,《新宋學》第三輯(上海:上海人民出版社,2014年),頁333～360。Robert Hymes, *Statesmen and Gentlemen: The Elite of Fu-Chou, Chiang-Hsi, in Northern and Southern Sung.* New York: Cambridge University Press, 1986.學界關於兩宋之間「地方轉向」

響下，南宋地方家族以及中下層士人作為研究對象，開始進入研究者的視野之中。

在劉子健、郝若貝、韓明士等人研究的影響下，史樂民（Paul Jakov Smith）與萬志英（Richard von Glahn）以二〇〇三年主編《中國歷史上的宋元明轉型》論文集為契機，正式提出了「宋元明轉型」的課題。〔註17〕據史樂民的自述，該學說嘗試進一步將「南宋元明」綜合為一個歷史流變的階段，關注北南宋之間存在的差異，以及南宋建立的社會經濟文化模式之於元明社會發展的影響。〔註18〕該學說具有濃厚的區域研究色彩，受到施堅雅「區域體系理論」與日本學界「地域社會論」的啟發，選擇在「南宋元明」時段內較為穩定與連續發展的江南地區，集中討論了南宋以降江南形成的地域特徵。〔註19〕

受到日本學界「唐宋變革論」潛移默化的影響，以及歐美學界「兩宋轉向說」、「宋元明轉型說」的啟示，近年來旅日學者王瑞來提出「宋元變革論」的課題。「宋元變革論」同樣將視線聚焦於江南地區，同時在士大夫政治研究的基礎上，討論了南宋至元的士人流動與社會轉型問題，強調南宋後期的科舉競爭造成「員多闕少」的情勢，使得大量科舉登第後的士人滯留於選人等低級官

（localist turn）學說的批評意見，可參看 Lee Sukhee. *Negotiated Power: The State, Elites, and Local Governance in Twelfth- to Fourteenth-Century China.* Cambridge, MA: Harvard University Asia Center, 2014.以及〔美〕柏文莉著，劉雲軍譯：《權力關係：宋代中國的家族、地位與國家》（南京：江蘇人民出版社，2015 年）；包偉民：〈精英們「地方化」了嗎？──試論「地方史」研究方法與韓明士的《政治家與紳士》〉，收入氏著：《走向自覺：中國近古歷史研究論集》（北京：中華書局，2019 年），頁 170～194。

〔註17〕Paul Jakov Smith and Richard von Glahn. edit, *The Song-Yuan-Ming Transition in Chinese History.* Cambridge, MA: Harvard University Press, 2003.

〔註18〕用史樂民的話語表述即：「對於廣泛運用各種研究方法的宋史學者而言，南遷不僅是領土的變化，它還標誌著中國政權結構和精英類型、傾向、政治遠見的重大改變。儘管大多數史學家都把它看作唐宋轉型的最後一幕，但有一些學者已試著把南宋認定為歷史發展新階段的開始，其社會、政治、文化的發展線索貫穿元朝，甚至延伸到了明清（郝若貝，1982；劉子健，1988；謝康倫、韓明士，1993）。這種假說與我們的觀點是一致的，我們認為南宋的建立就是宋元明過渡的開端。」見〔美〕史樂民：〈宋元明過渡問題〉，收入〔美〕伊沛霞、姚平主編：《當代西方漢學研究集萃：中古史卷》（上海：上海古籍出版社，2016 年），頁 252。

〔註19〕如史樂民所言：「我們就不妨把宋、元、明過渡看作是唐、宋轉型時期那些最重要的社會、經濟、文化發展趨勢在江南的地域化。」見〔美〕史樂民：〈宋元明過渡問題〉，收入〔美〕伊沛霞、姚平主編：《當代西方漢學研究集萃：中古史卷》（上海：上海古籍出版社，2016 年），頁 254。

僚的層面，進而逐漸疏離於主流政治之外，流向地方基層社會，引領了社會轉型；元代長期停廢科舉，更為促進了此種趨勢，最終匯流形成明清以來強勢的地方鄉紳社會。〔註20〕

以上數種理論的學術背景、方法進路、論述內容，或許存在差異，但它們存在一個共同點：都強調了南宋（尤其是南宋中後期）的重要性，以及將南宋與元、明視作一個綜合的歷史流變的階段，進行貫通式的分析研究。相比傳統範式下的研究關注自唐代至宋代社會發展的斷裂與變革，當下學界轉而更加關注自南宋至明代的社會、經濟及文化等面向的延續性發展。換言之，即關注中國如何走向「近世」的問題。如此一來，南宋作為開啟「中國近八百年來的文化」的時段，歷史意義得到前所未有的關注。而晚宋時期作為連結南宋與元、明的時段，其重要性亦得到了特別的彰顯。

因為只有在充分研究晚宋社會文化基礎上，方有可能從整體意義上理解南宋時代的歷史圖景，從而與北宋的情況比較分析，得見兩宋的差異之所在。同時，只有將晚宋置於「南宋元明」的綜合歷史階段中，分析比較與南宋前中期，以及與元明社會文化的因襲與流轉，方有可能準確地握自南宋至元、明社會轉型的歷史脈動。

因此，在中國社會「近世轉型」的理論範式之下，晚宋研究作為「失落」的一環，方有可能被重新發見。

三、晚宋社會文化中的「近世性」

從王朝興衰史的視角出發，自嘉定元年（1208）至祥興二年（1279），晚宋的七十餘年，在邊事外交領域，經歷了從宋金對峙、聯蒙滅金，至蒙元崛起的轉變，在「端平入洛」失敗之後，面對強悍的草原征服者，戰事多方不利，宋廷從抵抗逐漸走向覆滅。〔註21〕在社會經濟領域，邊事未熄，內叛卻頻起，導致稅收銳減，政府財政出現危機，社會間的楮貨貶值，物價高漲，通貨膨脹

〔註20〕參見王瑞來：〈從近世走向近代：宋元變革論述要〉，收入氏著：《近世中國：從唐宋變革到宋元變革》（太原：山西教育出版社，2015 年），頁 189～214。另參王瑞來：《士人走向民間：宋元變革與社會轉型》（桂林：廣西師範大學出版社，2023 年）。

〔註21〕學界關於宋末內政與邊事的通貫式研究，實在乏善可陳，稍可提供參考的是胡昭曦：《宋理宗　宋度宗》（長春：吉林文史出版社，1996 年）。張金嶺：《宋理宗研究》（北京：人民出版社，2008 年）。

問題嚴峻。〔註22〕在政治領域，史彌遠、史嵩之、賈似道等人在權相韓侂胄之後相繼專政，擅權用事，專任憸壬，特別是自「濟王案」的紛擾後，政治風氣尤其惡化，和戰、邊防等議題最終都淪為政爭，各陣營之間互相攻訐，漫無休止。〔註23〕諸多領域叢生的弊病，最終導致宋王朝為異族所滅。從王朝興衰史的視角下，作為走向亡國易代的最後一段歷史，晚宋的歷史意義不免遭到遮蔽。

　　但是若從「近世轉型」的視角出發，晚宋的社會文化醞釀了諸多「近世性」的因素，上承南宋中前期，下啟元明清的近世社會，在中國社會「近世轉型」的脈絡中具有重要的歷史意義。

　　晚宋社會文化的「近世性」因素體現在諸多方面，遠非本書的篇幅足以覆蓋。但如果一定要稍作總結的話，晚宋社會的「近世性」或許體現出一些共同特徵：首先是文化生產與接受主體身分的下移，與之相應而興起的是通俗的文化需求與文學趣味，以及其間流動的功利取向與商業氣質。

　　這種「近世性」的特徵在思想與文學領域表現得最為明顯，以下分述之。

　　首先，在思想文化領域體現為理學的向下傳播與通俗化轉換。在晚宋時期，理學思想被確立為國家意識形態。旋即，理學文化開始了向下傳播與通俗化轉換的進程，其間自然包括授徒講學、家訓儀禮、先賢祠等多種途徑。〔註24〕尤其值得注意的是，得益於科舉命題與商業出版的助力，晚宋時期出現了《朱子語類大全》、《類編諸儒性理文錦》、《類編標注文公先生經濟文衡》等種類豐富的理學通俗讀本。晚宋大儒歐陽守道言：「今書肆之書易得，有銅

〔註22〕全漢昇認為宋末通貨膨脹引起的物價高漲對於民眾、軍人及政府都有非常惡劣的影響，將之視作南宋覆滅的重要原因之一。見全漢昇：〈宋末的通貨膨脹及其對於物價的影響〉，收入氏著：《中國經濟史論叢》（香港：新亞研究所，1972年），頁325～368。以及參考張金嶺：《晚宋時期財政危機研究》（成都：四川大學出版社，2001年），頁42～190。

〔註23〕參見黃寬重：《晚宋朝臣對國是的爭議：理宗時代的和戰、邊防與流民》（臺北：臺灣大學文學院，1978年），頁1～172。方震華：〈破怨氣與回天意──濟王爭議與南宋後期政治（1225～1275）〉，《新史學》第27卷第2期（2016年6月），頁1～38。

〔註24〕關於書院教育、先賢祠建設與理學在地方社會的擴張與傳播，參見 Walton, Linda A. *Academies and Society in Southern Sung China*. Honolulu: University of Hawaii Press, 1999: 173~198; Neskar, Ellen G. *Politics and Prayer: Shrines to Local Former Worthies in Sung China (960~1279)*, Cambridge, MA: Harvard University Asia Center, 2001.

錢數百即可得語錄若干家，取視之，編類整整，欲言性，性之言千萬，欲言仁，仁之言千萬」，〔註25〕即是描述了當時理學通俗讀本盛行於世的情況。雖然歐陽守道詆之為「俗化一大厄」，但若跳脫精英士人的立場與偏見來看，此處所謂的「俗化」意味著「通俗化轉換」，這實現了理學文化向中下層士人及平民階層的擴展與傳播，最終形塑了晚宋以降近世中國非精英階層的生活與思想世界。

其次，在文學文化領域體現為創作主體的身分下移與文學生產、閱讀的通俗化轉換。首先頗為易見的是，在晚宋至元的社會間，詞曲、戲劇、話本、講史小說等通俗文類的興起，福建建陽的商業書坊刊印了頗多此類書籍。〔註26〕論者往往將之視作明清近世社會的通俗文學盛行的先聲。內藤湖南在討論宋代作為「近世」的文化表徵時，列舉文學領域的證據稱：

> 曲自宋至元之間發達起來，從歷來形式短小的抒情之作，變為形式複雜的戲劇。在文辭上也不再以多用典故的古語為主，變為以俗語作自由的表現。因此之故，貴族性文學就驟然一變，朝向庶民性文學的方向發展了。〔註27〕

詞曲、小說等新興的通俗文類，從原先由詩文主導下的文學格局中，得以突圍與創生，代表了中下層士人與平民階層的文學趣味進入到社會主流之中，顯然是文學領域通俗化轉換的一個最為顯著的表徵。

〔註25〕〔宋〕歐陽守道：〈送黃信叔序〉，曾棗莊、劉琳主編：《全宋文》（上海：上海辭書出版社、合肥：安徽教育出版社，2006 年），第 346 冊，卷 8005，頁 388。晚宋類似的材料尚有不少，如羅大經《鶴林玉露》載：「近時講性理者，亦幾於舍六經而觀語錄。甚者將程、朱語錄而編之若策括策套，此其於吾身心不知果何益乎！」袁桷：〈送陳長山序〉載：「數十年來，朱文公之說行，祠宇徧東南。各以四書為標準，毫杪擿抉，於其所不必疑者而疑之，口誦心臆，孩提之童，皆大言以欺世。故其用功少，而取效近。」〔宋〕羅大經撰，王瑞來點校：《鶴林玉露》（北京：中華書局，1983 年），卷 6，頁 333。〔元〕袁桷著，楊亮校注：《袁桷集校注》（北京：中華書局，2012 年），卷 23，頁 1190。

〔註26〕〔美〕賈晉珠著，邱葵、鄒秀英、柳穎、劉倩譯：《謀利而印：11～17 世紀福建建陽的商業出版者》（福州：福建人民出版社，2019 年），頁 141、177。

〔註27〕〔日〕內藤湖南：〈概括性的唐宋時代觀〉，收入氏著，林曉光譯：《東洋文化史研究》（上海：復旦大學出版社，2016 年），頁 110。聞一多在〈文學的歷史動向〉中亦有類似的表述，他從小說與戲劇興起的角度，作出論斷稱：「中國文學史的路線南宋起便轉向了，從此以後是小說戲劇的時代了」。參見聞一多：〈文學的歷史動向〉，《神話與詩》，收入《聞一多全集》第一冊（北京：生活・讀書・新知三聯書店，1983 年），頁 201。

　　當然若僅僅以「文體的代變」作為論斷文學的歷史發展與整體圖景的方式，顯然失之簡略。〔註28〕因此，學者亦嘗試從傳統文類內部的變化趨向，探討文學通俗化的問題。吉川幸次郎在論中國詩史時，便敏銳地指出：

> （晚宋）這些詩人的出身，或是城裏的商人，或是鄉下的地主，大多數是平民，不是官吏。從此以後，通過元、明、清各代，文學藝術的欣賞、創作、整理或保護等活動，便由少數的書生官僚階級，轉入所謂布衣階級的手裏，逐漸在民間普遍起來。假如用奇特的說法，南宋末期就是文學活動民主化的開始。〔註29〕

吉川幸次郎認為至晚宋時期，在詩歌領域出現了創作主體身分下移的現象，同時與之相應，在詩學思想與詩歌表現形式等方面呈現出通俗化的傾向。吉川氏以他貫通的視角，將之視作「在中國文學史上，代表著一些極為重要的、不可忽略的新發展」，〔註30〕顯然是真知灼見。近年來，內山精也在該論斷的基礎上，以宋末江湖詩人作為主要對象，進一步討論了晚宋詩人的身分下移與詩歌創作通俗化的傾向。內山氏明確地指出這在詩歌領域反映了中國文學的「近世轉型」。〔註31〕

　　吉川氏與內山氏的討論限於詩歌領域，而在另一大傳統文類的古文領域，圍繞古文選本與古文之學，中國文學的「近世轉型」呈現出如何的面貌？這是本書關注的核心問題，也將在後面章節中著力探討。

　　綜論之，作為連結南宋與元明近世社會的時段，晚宋時期在思想與文學

〔註28〕內山精也認為：「這個說法只強調了因新興樣式的出現而引起的新陳代謝，尚未具體展示出各種樣式的『世俗化』（『通俗化』）進程」，「一味注目於新興樣式，以樣式的新陳代謝來描寫文學的『世俗化』，這一通行的文學史敘述法，是對近世模態的確立操之過急，包含了遮蔽另一方面巨大事實的危險性。」參見〔日〕內山精也：〈宋詩能否稱為「近世」文學〉，收入氏著，朱剛、張淘、劉靜等譯，慈波校譯：《廟堂與江湖：宋代詩學的空間》（上海：復旦大學出版社，2017年），頁217。關於以「文體的代變」作為文學史敘述模式的反思，可參見沈松勤：〈「宋詞一代之勝說」釋疑〉，收入氏著：《唐宋詞社會文化學研究》（杭州：浙江大學出版社，2007年），頁309～322。

〔註29〕〔日〕吉川幸次郎著，鄭清茂譯：《宋詩概說》（臺北：聯經出版有限公司，2012年），第六章第一節，頁211。

〔註30〕〔日〕吉川幸次郎著，鄭清茂譯：《宋詩概說》（臺北：聯經出版有限公司，2012年），第六章第一節，頁211。

〔註31〕〔日〕內山精也：〈宋詩能否稱為「近世」文學〉，收入氏著，朱剛、張淘、劉靜等譯，慈波校譯：《廟堂與江湖：宋代詩學的空間》（上海：復旦大學出版社，2017年），頁215～234。

領域漸次展開了通俗化的進程，最終開啟了元明近世社會思想與文學發展的新格局，有著「近世性」的歷史意義。

那麼，這些文化現象是如何產生的呢？可以說皆是在晚宋社會特定語境下的產物，尤其是與晚宋的科舉社會與商業出版存在著密切的關係。

創作主體的身分下移，其背後成因是晚宋科舉社會與士人的階層分化。激烈的科舉競爭，造成了數量龐大的落第士人與不事科舉士人，由於社會經濟與土地政策的變遷，幕府力量與士人社會網絡的形成等原因，〔註32〕這些無法穩居鄉里的士人，奔走江湖、四處干謁，形成了特定的生活方式與詩學取向，是宋末江湖詩人群體（即吉川所謂「布衣階級詩人」）的主要來源。〔註33〕

文學的通俗化轉換，同時仰賴於晚宋商業出版的助力。江湖詩人的興起與流行，離不開臨安書商陳起的串聯鼓吹與書籍編刻。晚宋商業出版的運作模式，創造了易於書籍流通的環境，同時建陽書坊編刻了詩選、詩格、類書等種類豐富的作詩入門書籍，一方面適應了晚宋作詩群體擴大的新趨向，另一方面促進了詩學的通俗化轉換。〔註34〕

質言之，科舉社會與商業出版作為晚宋的歷史語境，該時期諸多文化現象的興起與發展皆與之有著密切的聯繫。故以下圍繞科舉社會與商業出版二者對晚宋社會展開「深描」，在重建歷史語境的基礎上，探討本書研究對象古文選本的起源及流行等問題。

〔註32〕 參見史偉：《宋元之際士人階層分化與詩學思想研究》（北京：人民文學出版社，2013 年），頁 63～96。

〔註33〕 關於「江湖詩人」與「江湖詩風」的概念以及相關的研究，參看侯體健：〈「江湖詩派」概念的梳理與南宋中後期詩壇圖景〉，收入氏著：《士人身份與南宋詩文研究》（上海：復旦大學出版社，2018 年），頁 13～38。張健：〈江湖與廟堂之間：晚宋詩歌的邊緣化與詩人的游士化〉，收入氏著：《宋代文學論考》（北京：中華書局，2019 年），頁 161～200。

〔註34〕 吉川幸次郎討論宋末《三體詩》、《詩人玉屑》等書的刊印與流行時，將之與平民階層的文學興趣的高漲相聯繫。吉川先生指出：「《三體詩》可說以民間詩人為對象的啟蒙手冊，足見當時需要這類集子的讀者，已經越來越多。」在這之後，內山精也針對宋末商業出版與詩歌「近世化」的論題，作出了更為全面與深入的論述。參見〔日〕吉川幸次郎著，鄭清茂譯：《宋詩概說》（臺北：聯經出版有限公司，2012 年），第六章第六節，頁 223～225。〔日〕內山精也：〈宋代刻書業的發展與宋詩的「近世化」現象〉，收入氏著，朱剛、張淘、劉靜等譯，慈波校譯：《廟堂與江湖：宋代詩學的空間》（上海：復旦大學出版社，2017 年），頁 235～279。

第二節　科舉社會與商業出版：晚宋的歷史語境

一、晚宋的科舉社會

科舉考試與文官掄才制度的建立，是中國社會「近世轉型」的一個重要面向。在內藤湖南的論述中，北宋以降科舉出身的官僚士大夫取代六朝隋唐的門閥士族，成為政治運作的主體，即作為「唐宋變革」的一個重要面向。〔註35〕

但在社會層面，宋代科舉制度產生的更大影響在於製造了數量龐大的科舉士人群體，衝擊了傳統「四民社會」的格局。日本學者近藤一成認為，在宋代根據與科舉制度的關係程度，構成了新的「士庶」關係，形成了「科舉社會」：

> 居於最上層的科舉及第者以及科舉應試者與自稱有應試能力之人，
> 被認為是區別於庶民的士人，正是他們構成了不同於庶民層的「士
> 人層」社會，即科舉社會。〔註36〕

科舉考試，以及圍繞科舉考試的價值觀念、知識結構、生活方式等，使得從事考試的士人，與庶民階層區隔開來，形成了獨特的群體意識與身分認同。

但科舉社會的形成不是一蹴而就的。從時間上而言，科舉考試代表的價值觀念與生活方式為世人完全接受，存在著一個漸次展開的過程；從地域上而言，全國各個區域參與科舉的情況存在明顯差異，「士人階層」形成的進展情況也都各不相同。

在宋代科舉社會的形成過程中，北宋晚期蔡京（1047～1126）的科舉、學校政策起了重要的作用。蔡京執政期間，推行了以學校教育代替科舉考試的人才選任政策，而為了邀集科舉應試者，給予了地方官學的學生各種身分特權。近藤一成認為，這導致全國地方官學的學生數量激增，據他推測在宣和三年（1121）前後達到了三十萬人的學生規模。儘管蔡京的科舉、學校政策最終失敗，但給予地方官學學生的特權在改變形式後，一直延續到南宋社會，從而促成了士人階層的顯現。〔註37〕蔡京學校政策影響的流風所及，科舉社會

〔註35〕參見〔日〕內藤湖南：〈概括性的唐宋時代觀〉，收入氏著，林曉光譯：《東洋文化史研究》（上海：復旦大學出版社，2016年），頁103～111。

〔註36〕〔日〕近藤一成：〈南宋地域社會の科舉と儒學——明州慶元府の場合〉，收入氏著：《宋代中國科舉社會の研究》（東京：汲古書院，2009年），頁171。

〔註37〕〔日〕近藤一成：〈蔡京の科舉・學校政策〉，收入氏著：《宋代中國科舉社會の研究》（東京：汲古書院，2009年），頁92～120。

與士人階層進入南宋以後得到持續的發展。

（一）高度成熟的科舉社會

自南宋始，一直持續到至蒙元南侵導致南宋覆滅，其間科舉社會持續發展，從未絕斷。這一發展情勢，可以從各地區解額的持續增加予以推知，原因是解額的增加代表當地士人群體的擴增。如近藤一成曾利用日本東福寺藏《輿地圖》拓本所載〈諸路州府解額〉，根據南宋以降吉州地區解額的增加，推定當地士人群體持續擴增的軌跡。〔註38〕這種發展趨勢持續至晚宋時期，科舉社會已經呈現相當成熟的樣態，這主要表現在以下三個方面。

第一，表現為晚宋時期空前龐大的科舉士人群體。理論上而言，在宋代只要科舉及第即可釋褐為官，這對於世人展現出前所未有的巨大吸引力。如晚宋人余炳所述：「詔書一下，四海鼓舞；上登科甲，九族光彩。人知其足喜也。」〔註39〕反之，則如黃公度（1109～1156）所言：「閩於江右，文風尤盛，莆於七閩又其最盛處也。士非以科第進者，同時輩往往嗤鄙之。」〔註40〕

南宋以降，抱持著自科舉入仕的願景，越來越多的人投入到參與、準備科舉考試的隊伍之中，科舉士人的數量至晚宋時期達到了極點。根據美國學者賈志揚（John W. Chaffee）的研究與統計，十一世紀的考生人數在二至三萬人左右，至十二世紀初，考生人數已接近八萬人，而到十三世紀中葉的南宋晚期，科舉考生的人數已經達到四十萬人以上。〔註41〕何忠禮推算的晚宋舉子人數則要更多。何氏以「解額三千人，二百人解一人」的思路，推斷晚宋時期一科的應舉士人可能達六十萬人。〔註42〕

但不論是賈志揚所謂「四十萬人」，抑或是何忠禮推算的「六十萬人」，都僅僅是兩年一科正式應試的舉子數量。光是如此，便足以令人瞠目，若將正準

〔註38〕〔日〕近藤一成：〈宋代中国の科挙社会と解額──南宋吉州の場合〉，《歷史學研究》第 977 號（2018 年 11 月），頁 44～54。

〔註39〕〔宋〕余炳：〈貢士莊記〉，曾棗莊、劉琳主編：《全宋文》（上海：上海辭書出版社、合肥：安徽教育出版社，2006 年），第 343 冊，卷 7926，頁 214～215。

〔註40〕〔宋〕黃公度：〈送鄭少齊赴官嚴州序〉，《知稼翁集》（臺北：臺灣商務印書館，1983 年，景印文淵閣四庫全書本），卷下，頁 58a。

〔註41〕〔美〕賈志揚：《宋代科舉》（臺北：東大圖書公司，1995 年），頁 56。伊沛霞（Patricia Buckley Ebrey）的估算與賈志揚的數據大致相當，亦認為晚宋時期應舉人數在四十萬人左右。〔美〕伊沛霞著，趙世瑜、趙世玲、張宏豔譯：《插圖劍橋中國史》（濟南：山東畫報出版社，2001 年），頁 106。

〔註42〕何忠禮：《南宋科舉制度史》（北京：人民出版社，2009 年），頁 285。

備考試的士人、自科舉出仕的士人、落第不仕的士人等一併計算，數量可能將在此基礎上再翻上數番。可見，單從數量上而言，晚宋時期已經形成了一個空前龐大的科舉士人階層，成為了政治運作、社會統治與文化生產的主體。

第二，表現為晚宋社會科舉價值的普遍接受。士人參與科舉考試，並非僅是一次簡單的考試行為而已，而是連帶著長時間、一系列的準備過程。若欲在考試中取得成績，除了具備最基本的識字與寫作能力外，尚需掌握高水平的儒家典籍與行政知識，以及接受系統的舉業作文訓練，這就要求應試者花費大量的時間精力，以及具備相當的經濟水平。

如果說南宋中前期，包括理學家在內的部分群體仍對參加科舉抱以負面的態度，認為理學與科舉不相容；那麼至晚宋時期，科舉考試的價值觀念則已經得到社會各階層的普遍接受。文天祥（1236～1283）在為吉州一地的貢士莊撰寫的〈吉州州學貢士莊記〉中言：

> 惟進士科，使四方寒畯操觚而進，付得失於外有司，而定高下於殿陛之親擢，公卿大夫繇此其選。……予嘗謂今世惟科舉一事為有天道行焉。〔註43〕

深受理學影響的文天祥，認為科舉考試「有天道行焉」，極大地肯認了科舉的意義與價值，代表了晚宋世人的普遍想法。另外，晚宋「朱學嫡脈」的王柏（1197～1274）亦言：「今之士，捨科舉之外，無他學也」，〔註44〕將科舉作為唯一且至上的學問職志與人生選擇，可見科舉的價值觀念已經為時人普遍接受。

尤其是南宋中後期以降，科舉價值真正滲透入地域社會。葉適（1150～1223）晚年曾回憶稱：「余久居水心村落，農蓑圃笠，共談隴畝間。有士人來，多言場屋利害破題工拙而已。」〔註45〕可見，即使是在頗為偏僻的永嘉鄉村，亦不乏科舉考試的影響力。科舉考試與場屋作文相關的內容，成為了鄉居士人共同談論、普遍關心的話題。

據舒岳祥（1219～1298）〈重建台州東掖山白蓮寺記〉的記載，晚宋時期，

〔註43〕〔宋〕文天祥：〈吉州州學貢士莊記〉，曾棗莊、劉琳主編：《全宋文》（上海：上海辭書出版社、合肥：安徽教育出版社，2006 年），第 359 冊，卷 8319，頁172。
〔註44〕〔宋〕王柏：〈答何師尹〉，《魯齋集》（臺北：臺灣商務印書館，1983 年，景印文淵閣四庫全書本），卷 17，頁 12b。
〔註45〕〔宋〕葉適：〈題周子實所錄〉，劉公純、王孝魚、李哲夫點校：《葉適集》（北京：中華書局，2010 年），卷 29，頁 603。

在偏僻鄉下山間的民廬田舍，設置有專門供赴考舉子行經休憩的館舍。更有甚者，在當時鄉下的寺廟，僧人為了牟利，竟然也設置館舍延納舉子，同時還設置書肆，販賣專門供科舉考試所用的參考書籍：

> 余童冠以應鄉舉，過臨海、寧川兩界之嶺，曰桐巖，日晏則息宿於白蓮莊，至此過嶺，可半矣。地勢稍盤礴，有民廬田舍，設館堵庭以延納舉子。其倚山臨路，乃白蓮寺之莊宇也。炊黍未熟，舉子亦得而遊息焉。其主莊僧頗好事，設為書肆，凡舉業之所資用、學者之所宜有者，皆籤揭而度列之。〔註46〕

晚宋的地方家族因而願意接受士人的價值觀念，從原先務農、經商，轉而接受科舉士人的生活方式，期冀仕進為官，收穫聲望與利益。晚宋士人的傳記中，多可覓得此類例證。更有甚者，在徽州休寧縣的陳村，一整個村子的子弟都專注為科舉讀書，時人陳櫟（1252～1334）如此描述道：

> 方陳氏人物盛時，……讀書者比屋，各家之老，遇風月良夜，杯酒相敘，飲罷步街上聽子弟弦誦聲，自邨首至尾，聲東西相震，以是快愜為樂事。每歲秋賦終場，可讀之卷幾七十。〔註47〕

可見在晚宋時，為科舉而讀書的價值已經滲透至地域基層社會，引導世代業農的家族轉向科舉讀書。

晚宋士人袁采（約1140～1195）在為家族撰寫的家訓《袁氏世範》中提及：

> 士大夫之子弟，苟無世祿可守，無常產可依，而欲為仰事俯育之計，莫如為儒。其才資之美，能習進士業者，可以取科第、致富貴。〔註48〕

可見地方家族普遍轉向士人的價值觀念與生活方式，遵循「讀書─科舉─出仕」的進路，接受科舉所需的文化教育與考試訓練。業儒與習進士業，已經成為晚宋士人的首要選擇與家族發展策略。

〔註46〕〔宋〕舒岳祥：〈重建台州東披山白蓮寺記〉，曾棗莊、劉琳主編：《全宋文》（上海：上海辭書出版社、合肥：安徽教育出版社，2006年），第353冊，卷8163，頁29。

〔註47〕〔元〕陳櫟：〈雜識〉，李修生主編：《全元文》（南京：江蘇古籍出版社，1998年），第18冊，卷578，頁303～304。另參考劉祥光：〈中國近世地方教育的發展──徽州文人、塾師與初級教育（1100～1800）〉，《中央研究院近代史研究所集刊》第28期（1997年12月），頁21。

〔註48〕〔宋〕袁采：〈子弟當習儒業〉，《袁氏世範》（臺北：新文豐出版公司，1985年，叢書集成新編本），頁154。另參考〔日〕古林森廣：〈南宋の袁采『袁氏世範』について〉，收入氏著：《中国宋代の社会と経済》（東京：國書刊行會，1995年），頁63～85。

第三，表現為科舉文化的廣泛流佈。科舉考試在培養了數量龐大的科舉士人外，而且廣泛而深刻地進入當時人的社會生活之中，形成了包括語言、禮儀、建築在內普遍流佈的科舉文化。

晚宋社會的城市間，在在可見科舉文化的象徵，如城市中的坊表的命名往往與科舉相關，用以表彰地方上舉業有成就的士人；學校建築物的命名，同樣表達出科第的象徵意義，具有鼓勵學生追求舉業成就的作用。〔註 49〕此外，城市中矗立著作為科舉文化最具體象徵的貢院，科舉考試前後存在複雜的禮儀，地方社會資助舉人赴考，以及由此產生了諸如貢士莊的科舉產業，等等。〔註 50〕

同時科舉考試形塑了士人的行為方式與思想觀念，對於士人心態產生了深遠的影響，刺激產生了與「夢」、「神」及「科名前定」等相關的「科舉故事」，在南宋小說集《夷堅志》中頗可見此類文本。〔註 51〕另外，激烈的科舉競爭與登第的不確定性，進而推動了士人參與卜算的風氣與風水文化的發展。在晚宋時期，有關科第與風水文化的連結表現得尤為明顯，如晚宋漳州龍巖縣學、長泰縣學都曾為了科第成績而遷建校舍，以期風水庇佑。〔註 52〕

總之，無論是從科舉士人的龐大數量，還是科舉價值的普遍肯認，抑或是科舉文化的廣泛流佈，可以認為晚宋時期的科舉社會已經相當成熟。

（二）科舉競爭與考試用書

晚宋科舉社會的另一面，是極其激烈的科舉競爭。南宋以降的科舉應試人數逐年增加，最終在晚宋時期達到極點，但相比之下，科舉考試的錄用員額

〔註 49〕參見梁庚堯：〈士人在城市：南宋學校與科舉文化價值的展現〉，收入劉翠溶、石守謙主編：《經濟史、都市文化與物質文化：第三屆國際漢學會議論文集歷史組》（臺北：中央研究院歷史語言研究所，2002 年），頁 265～326。

〔註 50〕參見〔美〕賈志揚：《宋代科舉》（臺北：東大圖書出版公司，1995 年），頁 231～270。

〔註 51〕祝尚書：〈科名前定：宋代科舉制度下的社會心態〉，收入氏著：《宋代科舉與文學考論》（鄭州：大象出版社，2006 年），頁 363～382。吳錚強：《文本與書寫：宋代的社會史——以杭州、溫州等地為例》（北京：社會科學文獻出版社，2019 年），頁 6～58。

〔註 52〕梁庚堯認為：「有關科第現與風水關聯的事例，雖然自北宋以來就已經出現，卻以到南宋晚期最為常見。上述漳州龍巖縣學、長泰縣學和鄒家青雲峰書院，包括官私學校在內的例子，都發生在南宋末年的咸淳年間，講法也愈來愈複雜，顯然這種心態隨時間的推移，愈演愈盛。」見梁庚堯：《宋代科舉社會》（臺北：臺灣大學出版中心，2015 年），頁 262。

卻未隨之明顯增加。南宋科舉考試錄用採取「定額制」，〔註53〕就作為地方初
級考試的解試而言，政府對於各州軍解試的錄取員額作出了明確的規定，雖然
宋廷曾數次下詔增加某些州軍的解額，〔註54〕然而非但沒有緩解科舉競爭的
壓力，反而使得競爭的激烈程度增加了。

南宋中期，科舉考試之難的問題已經突顯，《宋史‧選舉志》載光宗紹熙
時，「寒士於鄉舉千百取一之中，得預秋薦」。〔註55〕至晚宋時期情勢進一步加
劇，形成了極其激烈、殘酷的科舉競爭。例如《嘉定赤城志》就記載了晚宋科
舉競爭的情況，該書卷四「貢院」條云：「以今終場數繩之，幾於千取其一，
蓋與溫、福等州，最號人盛員窄處。」〔註56〕另外，主要活動於晚宋時期的徐
經孫（1192～1273）曾作〈福州鹿鳴宴〉言：「鹿鳴今日宴佳賓，六萬場中一
百人。」〔註57〕意謂六萬人參加考試，僅一百人得到錄用。這些記載表明，在
晚宋科場，由於應試人數的增加與錄用員額的固定，導致了「六百取一」、「幾
於千取其一」等激烈的競爭情勢。

宋人將舉行科舉考試的試院被稱之為「棘闈」。這最初是因為唐宋試院常
以荊棘圍蔽，以杜絕傳遞出入之弊。〔註58〕但在宋人的語境中，此稱呼同時

〔註53〕 宋代科舉考試自宋初太宗朝開始規定取解人數，採以終場人數為基準的「比例
制」，藉以管控錄取人數，之後比例或高或低，但原則未變。至真宗朝放棄「比
例制」，改採新的「定額制」，即規定各州軍的錄取員額。「定額制」一直實施
至南宋末年。直至度宗朝，方才改回「比例制」，但時近宋末，實際上產生的影
響有限。參見周愚文：〈宋代科舉報考人數與錄取人數失衡問題因應對策之分
析〉，《教育研究集刊》第58輯第3期（2012年9月），頁105～138。

〔註54〕 例如《建炎以來繫年要錄》載：「（紹興二十六年四月）戊子詔增溫州解五人，
台、婺州各三人。靜江府、明、處、湖、衢、嚴、福、徽、秀、汀、賓、融州
各二人。以三郡終場二百人以上始解一人。而靜江府及諸州百人始解一人也。
其四川諸州，令漕司取會，視此數而增之。」見〔宋〕李心傳：《建炎以來繫
年要錄》（北京：中華書局，1988年），卷172，頁283。以及參見林巖：〈宋
代科舉競爭：一個區域分析的角度〉，《新宋學》第三輯（上海：上海人民出版
社，2014年），頁75。

〔註55〕 〔元〕脫脫等撰，中華書局編輯部點校：《宋史》（北京：中華書局，1985年），
卷156，頁3639。

〔註56〕 〔宋〕陳耆卿：《嘉定赤城志》（臺北：臺灣商務印書館，1983年，景印文淵
閣四庫全書本），卷4，頁604。

〔註57〕 〔宋〕徐經孫：《矩山存稿》（臺北：臺灣商務印書館，1983年，景印文淵閣
四庫全書本），卷4，頁41。

〔註58〕 《古今事文類聚》前集「仕進部」謂：「武德以來，禮部閱試之日，皆嚴設兵
衛，薦棘圍之。」趙翼《陔餘叢考》「棘闈」條謂：「貢院四圍重牆皆插棘。所

也隱喻了科舉的激烈競爭以及通過考試之艱難。〔註59〕在如此的情況下，「如何通過『棘闈』」，「如何能在科舉考試中取得優異成績」，成為晚宋士子普遍關心、思考的話題。

接受傳統教育，熟讀儒家經典，固然是重要的進路，但在晚宋科舉社會中，這不足以幫助舉子在競爭激烈的考場中脫穎而出，跨越「棘闈」。於是，舉子們在傳統的經典研習方法之外，試圖尋得一種專門應對科舉考試的學問路徑，時人稱之為「科舉學」或「科舉之學」。〔註60〕

晚宋士人的「科舉之學」，專注於賦、論、策、經義等考試文體的研習與訓練，由此舉子得以明悉考試文體的程式要求，精準掌握寫作場屋文章的技巧。晚宋士子凡欲出仕見用者，無不須研習「科舉之學」，故宋末元初的趙孟頫（1254～1322）在〈第一山人文集序〉中言：

> 宋以科舉取士，士之欲見用於世者，不得不繇科舉進，故父之詔子，
>
> 兄之教弟，自幼至長，非程文不習，凡以求合於有司而已。〔註61〕

為了配合「科舉之學」的研習，進一步輔助舉子準備科舉考試，時文選本、經史節本、科考類書等考試用書便應運而生了。在考試競爭的刺激下，這類科舉參考書，由於貼合命題熱點、翻檢便易、訓練速效等功利性特點，受到士子們極大的歡迎，在當時有著龐大的需求市場。

岳珂（1183～1243）《愧郯錄》記載：

> 自國家取士場屋，世以決科之學為先，故凡編類條目、撮載綱要之

以杜傳遞出入之弊。」見〔宋〕祝穆編：《古今事文類聚》（臺北：臺灣商務印書館，1983年，景印文淵閣四庫全書本），前集，卷26，頁3b。〔清〕趙翼：《陔餘叢考》（北京：中華書局，1963年），卷28，頁590。

〔註59〕〔美〕賈志揚：《宋代科舉》（臺北：東大圖書出版公司，1995年），頁231。

〔註60〕晚宋時人經常提及「科舉學」一詞，已經成為當時的通行用語。如黃震在為廣德縣尉趙遠撰寫墓誌銘時，借其子之口言：「吾父幼嘗割股活其母，長魁國子監，以雜犯黜，遂棄科舉學。鴻禧任之官，強而受，受逾年即棄官歸。」宋末遺民鄧牧為其友謝翱作傳時言：「謝君名翱，字皋父，延平人。蚤事科舉學，有志當世。」見〔宋〕黃震：〈廣德縣尉趙君墓碣〉，《黃氏日抄》（臺北：臺灣商務印書館，景印文淵閣四庫全書本，1983年），卷97，頁1b。〔宋〕鄧牧：〈謝皋父傳〉，《伯牙琴》（臺北：臺灣商務印書館，景印文淵閣四庫全書本，1983年），頁13b。另參考林巖：〈宋季元初科舉存廢的文學史意義〉，《中國文化研究所學報》第61期（2015年7月），頁133～135。

〔註61〕〔元〕趙孟頫著，錢偉彊校點：《趙孟頫集》（杭州：浙江古籍出版社，2012年），卷6，頁172。

書，稍可以便檢閱者，今充棟汗牛矣。……今此等書遍天下，百倍
經史著錄，蓋有不勝其禁且毀者。〔註62〕

正是因為宋代以科舉取士，士子熱衷研習「決科之學」以求入仕捷徑，故而社
會間科舉考試用書盛行。據岳珂的描述，「充棟汗牛」、「遍天下」、「百倍經史
著錄」、「不勝其禁且毀者」云云，足可見在當時這類書籍種類與數量之多。

劉克莊（1187～1269）〈黃孝邁長短句〉言：「今士非黃策子不暇觀，不敢
習。」〔註63〕另於〈方教孺繹〉言：「惟今之士，誦黃冊子。」〔註64〕宋代書
坊往往將中試舉子的程文彙編刊印，供讀書人研習，該種書籍因外觀多為黃
色，故有「黃冊子」之稱。〔註65〕根據劉克莊的記載，可知在晚宋時期，閱讀
與研習科舉參考書，已經成為十分流行的社會風尚，是晚宋士人生活中不可或
缺的一部分。

科舉參考書之於中下層士人的意義，乃是在晚宋激烈的科舉競爭中為他
們提供了一條向上流動的可能通路。

科舉考試競爭的開放性與公平性，曾是學界爭論的焦點議題。何炳棣、柯
睿格曾就科舉考試與社會流動作出重要論述。〔註66〕而郝若貝、韓明士則在
其後發表了與之迥然對立的意見。〔註67〕如何回應這一充滿爭議且重要的學

〔註62〕〔宋〕岳珂撰，朗潤點校：《愧郯錄》（北京：中華書局，2016年），卷9，頁
123。

〔註63〕〔宋〕劉克莊著，辛更儒箋校：《劉克莊集箋校》（北京：中華書局，2011年），
卷106，頁4425。

〔註64〕〔宋〕劉克莊著，辛更儒箋校：《劉克莊集箋校》（北京：中華書局，2011年），
卷139，頁5576。

〔註65〕葉適〈科舉〉謂：「蓋昔之所謂俊乂者，其程試之文往往稱於世俗，……而鄉曲
之賤人，父兄之庸子弟，俯首誦習謂之『黃策子』者，家以此教，國以此選，命
服之所貴者，乃人之所輕。」見〔宋〕葉適著，劉公純、王孝魚、李哲夫點校：
《水心別集》卷13，收入《葉適集》（北京：中華書局，2010年），頁798。

〔註66〕何炳棣、柯睿格等人根據進士登科錄，認為科舉考試擁有面向社會全部階層
的開放性，而且為宋代以降的社會帶來了高度的流動性，中下層士人能夠憑
藉科舉競爭，出仕為官得以進入上層社會，實現社會階層的躍升。見 Edward.
A. Kracke. Jr. Region, "Family and Individual in the Chinese Examination System".
In *Chinese Thought and Institutions*, edited by John K. Fairbank, 251~268. Chicago:
University of Chicago Press, 1967.以及 Ping-ti Ho. *The Ladder of Success in
Imperial China: Aspects of Social Mobility*, 1368~1911. New York: Columbia
University Press, 1962.

〔註67〕郝若貝、韓明士等人認為宋代科舉考試並非完全向各階層開放，實則成為精
英士人家族壟斷地位與權力的工具。他們指出柯、何只將注意力集中於父方

術議題，以及如何理解宋代士人在科舉競爭中的能動性？我一定程度上認同郝若貝、韓明士提出的宋代科舉考試並非面向社會全部階層開放，無法為宋代社會提供高度流動性的觀點。一方面，宋廷對於參與科舉的應試者仍有諸種的限制。〔註68〕另一方面，正如近藤一成所言：「宋代士人為了參加科舉考試，必須研習高水平的古典學，這就需要以一定的學習能力與經濟實力作為前提。」〔註69〕準備、參與科舉考試，需要先行投資巨大的時間、精力與金錢；特別是科舉競爭所需的文化資源，遠非一般的清寒家族所能負擔，而僅有少數精英家族能夠提供給其子弟，其間隱含著參與競爭的限制與封閉性。〔註70〕故而雖然明面上所有階層的士子都有機會參與科舉考試，但就實際而言，精英家族與貧士家族之間構成了不對等的競爭關係。

　　但是因應不平等的競爭關係，出身底層的貧士亦有發揮能動性（Agency）、實現階層躍升的機會。在這個過程中，科舉參考書作為貧士的「求進之具」，發揮著至關重要的意義。南宋以降商業出版的發展與書籍市場的擴張，使得各類考試參考用書廣泛流通，極大降低了其獲取難度。對於希望參與科舉競爭的中下層士人而言，相比傳統經史教育所需的巨大投入，科舉參考書只需花費較少的金錢便可以買到，亦即低廉的成本能夠收穫豐厚的回報。書中提供豐富的範文以及時文寫作的技巧，能夠幫助中下層士子不遜色於精英士人的子弟，在科舉考試中贏得競爭。

　　晚宋的陽枋（1187～1267）曾對自己的學生們言：

　　　　賢輩欲獵科第，則師之時文可也。若欲求孔門顏子貧而樂、曾子詠

　　　　直系的狹隘性，提出精英階層實際通過婚姻關係、黨派活動以及蔭補等形式，始終維繫著他們的地位，從而指出宋代統治階級在其構成上是相當穩定的，否定了科舉之於社會流動的重要性。見 Robert Hartwell. "Demographic, Political and Social Transformation of China, 750~1550". *Harvard Journal of Asiatic Studies*, no.42 (1982): 365~442. 以及 Robert Hymes. *Statesmen and Gentlemen: The Elite of Fu-Chou, Chiang-Hsi, in Northern and Southern Sung*. New York: Cambridge University Press, 1986.

〔註68〕宋代科舉考試對於應試者資格的限制規定，參見〔美〕賈志揚：《宋代科舉》（臺北：東大圖書出版公司，1995 年），頁 82～100。

〔註69〕〔日〕近藤一成：〈南宋地域社會の科舉と儒學——明州慶元府の場合〉，收入氏著：《宋代中国科舉社會の研究》（東京：汲古書院，2009 年），頁 171。

〔註70〕參見〔美〕艾爾曼著，劉曉藝譯：〈科舉考試與帝制中國晚期的政治、社會與文化〉，收入〔美〕伊沛霞、姚平主編：《當代西方漢學研究集萃：思想文化卷》（上海：上海古籍出版社，2016 年），頁 153～186。

而歸胷中氣象，則當熟看《語》、《孟》、《中庸》、《大學》，以求其

至。〔註71〕

其所言十分明確，若欲科舉登第，僅僅通過閱讀時文就可以實現，無須接受《語》、《孟》等儒家經典的系統教育。這便消彌了精英家族與貧士家族間不對等的競爭關係。

晚宋劉克莊（1187～1269）〈題永嘉黃仲炎文卷〉言：「書坊黃冊誘兒童，朝取封侯夕拜公。」〔註72〕劉黻（1217～1276）〈和紫陽先生感興詩二十首〉亦言：「區區黃冊子，所事惟奪魁。」〔註73〕「朝取封侯夕拜公」，固然是誘騙兒童的誇張之辭，但其中也流露出晚宋人的共識：無需藉助父輩的社會及文化資源，只要認真閱讀、研習科舉參考書，便有機會在科舉考試中「奪魁」。

總而言之，科舉參考書在很大程度上降低了社會中下層士人參與科舉競爭的門檻與難度，挑戰了精英階層通過婚姻、教育等方式維繫地位與權力的穩定結構。換言之，各類考試參考書的流通與閱讀，使得原本向精英士人傾斜的科舉競爭的開放性與公平性，得到了一定的矯正與平衡。這一點前人往往沒有注意到，但確是科舉參考書受到非精英士人的極大歡迎，以及能夠在社會一般階層間廣為流行的重要原因。

綜論之，以古文選本為代表的科舉參考書，在晚宋士人的生活世界中佔據著舉足輕重的地位，尤其是受到中下層士人的歡迎。在科舉競爭的語境下，科舉參考書由於翻檢簡便、訓練速效以及價格低廉、獲取容易的特點，挑戰了精英士人之於科舉競爭的壟斷，為底層士人向上流動提供了一種新的可能，因此成為中下層士人參與科舉競爭的首要選擇。

二、晚宋的商業出版

科舉考試參考書的興起與廣泛流行，存在「接受端」與「生成端」兩方面的刺激因素。在「接受端」，如上文論述由於科舉考試與競爭的緣故，士子對於科舉參考書的需求持續上漲。除此之外，在「生成端」，科舉參考書的流行

〔註71〕〔宋〕陽枋：〈紀年錄〉，《字溪集》（臺北：臺灣商務印書館，1983 年，景印文淵閣四庫全書本），卷 12，頁 7b。

〔註72〕〔宋〕劉克莊著，辛更儒箋校：《劉克莊集箋校》（北京：中華書局，2011 年），卷 13，頁 771。

〔註73〕〔宋〕劉黻著，陳光熙點校：《劉黻集》（上海：上海科學院出版社，2006 年），頁 602。

亦仰賴於晚宋時期雕版印刷技術的普及與商業出版模式的發展。

（一）印刷術與商業出版

中國書籍雕版印刷技術的產生時間在唐代開元年間，直接淵源為佛教密宗信仰的流播與捺印佛像技術的傳入。〔註74〕雕版印刷技術最初應用於佛教經書，爾後由宗教轉入世俗，開始印製天象曆法、婚喪禮儀等日用書籍，以及韻書、字書等童蒙小學書籍。〔註75〕至五代後唐，馮道等奏議國子監校正板刻《九經》，〔註76〕雕版印刷技術進入到儒家文化的核心領域，開始印製儒家經典。

但是北宋景祐三年（1036），當歐陽脩貶謫夷陵時，尚是「欲求《史》、《漢》一觀，公私無有也」。〔註77〕歐陽脩的切身經歷，反映出北宋初期士人獲取書籍仍十分不易。不過到了北宋中期，這一情況有了明顯的改觀。隨著印刷術的普及，書籍得以較為廣泛地流通，士人獲取書籍的難度逐漸降低。迨至下一個世代的蘇軾（1036～1101）撰寫〈李氏山房藏書記〉時，李公擇（1027～1090）已經可以在地處偏僻的廬山五老峰下，建起藏書九千餘卷的

〔註74〕關於中國書籍雕版印刷技術起源時間及社會原因，前人異說紛出，但以今人辛德勇所說截斷眾流，最為精準。參見辛德勇：〈論中國書籍雕版印刷技術產生的社會原因及其時間〉，收入氏著：《中國印刷史研究》（北京：生活・讀書・新知三聯書店，2016年），頁3～288。辛德勇的觀點，源自日本學者藤田豐八、禿氏祐祥及中國學者向達，故一併參考〔日〕藤田豐八著，池田宏編：《劍峯遺草》（東京：國書刊行會，1974年），頁1～12。〔日〕禿氏祐祥：《東洋印刷史序說》（京都：平樂寺書店，1951年）。向達：〈唐代刊書考〉，《唐代長安與西域文明》（北京：生活・讀書・新知三聯書店，1957年），頁117～135。

〔註75〕錢基博謂：「夫唐代版刻，始於佛典，而其漸推及儒術。」美國學者卡特亦認為佛教是促成印刷術產生與發展的最重要的推動力，「在印刷術進步的悠久歷史中，無論何種語文或在任何國家，其最初的印刷，幾乎無不和神聖經典或和世界三大宗教之一的神聖藝術有關。中國最早的印刷，即為佛經和佛教圖像。」參見錢基博：《版本通義》（臺北：臺灣商務印書館，1985年），頁5。〔美〕卡特著，吳澤炎譯：《中國印刷術的發明和它的西傳》（北京：商務印書館，1957年），頁33～35。

〔註76〕王應麟《玉海》載：「長興三年二月，令國子監校正《九經》，以西京石經本抄寫刻板，頒天下。四月，命馬縞、陳觀、田敏詳勘。」沈括《夢溪筆談》載：「板印書籍，唐人尚未盛為之，自馮瀛王始印《五經》已後，典籍皆為板本。」參見〔宋〕王應麟撰，武秀成、趙庶洋校證：《玉海藝文校證》（南京：鳳凰出版社，2013年），卷9，頁405。〔宋〕沈括撰，金良年點校：《夢溪筆談》（北京：中華書局，2015年），卷18，頁174。

〔註77〕事見〔宋〕張舜民：〈與石司理書〉，曾棗莊、劉琳主編：《全宋文》（上海：上海辭書出版社、合肥：安徽教育出版社，2006年），第83冊，卷1814，頁286。

藏書室。而蘇軾更是直言「近歲市人轉相摹刻諸子百家之書，日傳萬紙，學者之於書，多且易致如此」，已經在感歎書籍過剩的世況了。〔註78〕可見時過境轉，至北宋中期，書籍的印刷與流通已經開始改變士人生活與社會文化的面貌。

書籍的刊印與流通，在進入南宋之後，得到進一步的發展，尤其是到了南宋中後期，書籍刊印達到了極盛的局面。張秀民針對北、南兩宋的刻書地點進行了細緻的考察，指出北宋刻書地點可考者不過三十餘處，而南宋則近二百處。〔註79〕這表明南宋時期雖然國家版圖限縮，但刻書地點在數量上卻有極大的擴展，分佈密度極高。

宿白根據南宋四部目錄書的對比與分析，認為「南宋前後期的差異至為明顯」，而南宋晚期刻本書激增和刊書地點擴展的現象尤為明顯。〔註80〕此外，宿白特別指出：「前期刊本書籍以經史兩類為主；後期子集兩類急劇增加，集類激增尤為顯著。」〔註81〕本書所論之古文選本，正是作為集部書籍，在南宋後期得到了大規模的刊行。

總而言之，肇始於唐代的雕版印刷技術，至晚宋時期得到更為廣泛、普遍的應用，促進了包括古文選本在內書籍的刊行及流通，使得士人接觸、擁有這些書籍的困難程度極大地降低。〔註82〕由於書籍獲取極其便易，至晚宋時期，時人對於書籍的認識以及閱讀觀念也發生了變化：書籍不再被視作珍稀罕見、

〔註78〕〔宋〕蘇軾著，孔凡禮點校：〈李氏山房藏書記〉，《蘇軾文集》（北京：中華書局，1992年），卷11，頁359。

〔註79〕張秀民：《中國印刷史》（上海：上海人民出版社，1989年），頁93～94。

〔註80〕宿白：〈南宋刻本書的激增和刊書地點的擴展——限於四部目錄書的著錄〉，收入氏著：《唐宋時期的雕版印刷》（北京：文物出版社，1999年），頁106。

〔註81〕宿白：〈南宋刻本書的激增和刊書地點的擴展——限於四部目錄書的著錄〉，收入氏著：《唐宋時期的雕版印刷》（北京：文物出版社，1999年），頁110。朱迎平也強調了南宋以後集部書籍刊印的興盛，認為：「南渡以後，文集刊印舉步不前的局面迅速改觀，並後來居上，成為整個刻書產業中最有活力的部分。」參見朱迎平：《宋代刻書產業與文學》（上海：上海古籍出版社，2008年），頁136。

〔註82〕不過也有學者針對該論點提出疑義，如井上進、周紹明等人認為：到16世紀中後期的明代，印刷術的使用才真正在中下士人階層普及，書籍生產成本與書籍價格才明顯降低，士人擁有書籍的難度和書籍缺乏的狀況才得到改善。參見〔日〕井上進：《中国出版文化史：書物世界と知の風景》（名古屋：名古屋大學出版會，2002年），頁234～250。〔美〕周紹明著，何朝暉譯：《書籍的社會史——中華帝國晚期的書籍與士人文化》（北京：北京大學出版社，2009年），頁69。

文化精英所獨有之物。牟巘（1227～1311）〈至樂齋記〉言：「藏書之家，所少非書，而讀書者常少。無它，書易得而不知其為可樂。」〔註83〕在牟巘所處的時代，書籍泛濫，極易獲得，時人甚至因此失去了擁有書籍、閱讀書籍的樂趣。羅璧《羅氏識遺》「成書得書難」條引蔡氏語曰：「摹印便而書益輕，後生童子習見以為常。」〔註84〕在當時，書籍已經成為後生童子習見為常的事物，書籍使用活動的語境發生了重大變動。

至晚宋時期，除了書籍刊印種類及數量的擴增，另有一項新的社會文化因素正在醞釀與生成，從根本上影響了後世書籍文化的面貌──即商業出版的崛起。

「商業出版」，是指以商業牟利為主要目的，旨在市場銷售與流通的出版活動，區別於國子監、地方州軍等主導的「官方刻書」，個人出資及旨在流播後世的「私家刻書」，信徒募資及旨在宣導勸善的「宗教刻書」等。〔註85〕商業出版的主體為書坊、書肆，故又可稱之為「坊本」、「坊刻」。

商業出版起源於北宋中葉，但到南宋得到空前發展。〔註86〕尤其以福建建陽地區的書坊刻書最為著名，數量種類最為豐富，流通最為廣泛，影響最為深遠。〔註87〕祝穆《方輿勝覽》在建寧府的「圖書行四方」條下載：「麻沙、

〔註83〕〔宋〕牟巘：〈至樂齋記〉，曾棗莊、劉琳主編：《全宋文》（上海：上海辭書出版社、合肥：安徽教育出版社，2006年），第355冊，卷8233，頁375。

〔註84〕〔宋〕羅璧：《羅氏識遺》（北京：中華書局，1991年，影印叢書集成初編本），卷1，頁2。按：羅璧，字子蒼，號默耕，生卒年不詳，但一般認為是宋末元初之人，故《羅氏識遺》應大致能反映宋末社會間書籍流通之情況。

〔註85〕葉德輝〈書林清話敘〉謂：「書籍自唐時鏤版以來，至天水一朝，號為極盛，而其間分三類，曰官刻本，曰私宅本，曰坊行本。」葉氏將書籍刻印分作「官刻」、「私刻」、「坊刻」三類的觀點，頗為精要，為學界所普遍接受；但宗教刻書與以上三類仍存在較大差異，似應另獨立為一類。參見〔清〕葉德輝著：《書林清話》（北京：中華書局，1957年），頁3。

〔註86〕可參考〔美〕賈晉珠著，邱葵、鄒秀英、柳穎、劉倩譯：《謀利而印：11～17世紀福建建陽的商業出版者》（福州：福建人民出版社，2019年），頁86。

〔註87〕《福建古代刻書》謂建陽刻書：「從數量上比則以坊刻為最盛，居全省全國之首。」張秀民《中國印刷史》列舉建陽、建安書坊牌號可考者共三十七家，並稱：「自宋至明建寧書坊之多，一直為全國之冠。」參見謝水順、李珽：《福建古代刻書》（福州：福建人民出版社，1997年），頁87。張秀民：《中國印刷史》（上海：上海人民出版社，1989年），頁88～91。另，關於福建建陽地區的商業出版，賈晉珠作出了全面而深入的研究，是瞭解該領域絕好的閱讀材料。參見〔美〕賈晉珠著，邱葵、鄒秀英、柳穎、劉倩譯：《謀利而印：11～17世紀福建建陽的商業出版者》（福州：福建人民出版社，2019年），頁85～101。

崇化兩坊產書，號為圖書之府。」〔註88〕劉克莊〈建陽縣廳續題名〉載：「兩坊（指麻沙、崇化）墳籍大備，比屋絃誦。」〔註89〕

但在南宋中期，商業出版的特徵尚未完全成型，商業化程度尚未十分徹底。日本學者井上進認為，十二世紀後期的南宋，無論是在輕視商人和經商行為的士大夫階層，還是在嚴格辨別義利的道德學者階層，商業出版雖得到了一定程度的認可，但仍是一種並未徹底商業化的存在。〔註90〕

一直要到晚宋時期，商業出版模式才可稱得上是完全成熟，書坊刻印方才達到極盛的局面。從存世數量而言，留存至今可以得見的宋代坊刻書籍中，以刻印於晚宋時期的版本數量為最多。

從商業特徵而言，晚宋建陽地區的坊刻書籍在紙墨使用、外觀形製、編次體例、文本內容等方面，形成了諸如竹紙灰墨、小開本、版面緊密、附刻牌記、使用俗字、字體橫細豎粗且瘦長等具有高辨識度的特徵，清晰地體現出商業謀利的傾向，呈現出較為徹底的商業化。

從書籍種類而言，晚宋坊刻書籍的種類日漸擴展，尤其顯示商業出版的活躍。晚宋建陽地區的商業書坊編刻了諸如字書、醫籍、日用類書、通俗小說等坊刻書籍。

科舉考試參考書便是晚宋商業出版書籍中頗為重要的一類。目前留存由建陽書坊刊印科舉參考書的種類十分豐富，就我所見，至少有以下五種：一者，如《切韻》、《禮部韻略》等考試工具書；二者，如《纂圖互注毛詩》、《纂圖互注毛詩禮記》、《少微家塾點校附音通鑑節要》等經史典籍的節本、改編本；三者，如《歷代制度詳說》、《永嘉八面鋒》、《羣書會元截江網》等科考類書；四者，如《精選皇宋策學繩尺》、《論學繩尺》、《十先生奧論》等時文選本；五者，便是本文所論以《迴瀾文鑑》、《文章正宗》、《古文集成》、《文章百段錦》為代表的考試用古文選本。〔註91〕

〔註88〕〔宋〕祝穆撰，〔宋〕祝洙增訂，施和金點校：《方輿勝覽》（北京：中華書局，2003年），頁181。

〔註89〕〔宋〕劉克莊著，辛更儒箋校：《劉克莊集箋校》（北京：中華書局，2011年），卷89，頁3801。

〔註90〕〔日〕井上進：《中国出版文化史：書物世界と知の風景》（名古屋：名古屋大學出版會，2002年），頁158。

〔註91〕劉祥光、許媛婷的研究有列舉其中幾類，但並不全面。參見劉祥光：〈印刷與考試：宋代考試用參考書初探〉，《政治大學歷史學報》第17期（2000年5月），頁59～63。許媛婷：〈南宋時期的出版市場與流通空間——從科舉用書

（二）坊刻書籍與其閱讀受眾

「謀利而印」是商業出版最核心的特徵，商業出版為了謀利的目的，勢必因應市場需求調整出版活動。這引導我們忍不住去思考，在晚宋時期，這些由商業書坊刊印出版的書籍，它們的閱讀受眾是誰？該群體與商業出版書籍呈現出怎樣的關係性，他們為何、如何使用商業出版書籍？

陸游（1125～1210）《老學庵筆記》中有一則關於建陽刻麻沙本的材料，經常為學界徵引：

> 有教官出易義題云：「乾為金，坤又為金，何也？」諸生乃懷監本易
> 至簾前請云：「題有疑，請問。」教官作色曰：「經義豈當上請？」
> 諸生曰：「若公試，固不敢。今乃私試，恐無害。」教官乃為講解大
> 概。諸生徐出監本，復請曰：「先生恐是看了麻沙本。若監本，則坤
> 為釜也。」教授皇恐，乃謝曰：「某當罰。」〔註92〕

這則材料記述了由建陽麻沙本中文字錯訛所引發的一件可笑軼事。與該故事類似的版本，尚見於葉夢得（1077～1148）《石林燕語》、朱彧《萍州可談》等書，可見該故事流傳甚廣，頗為時人的談資。該故事的語言與行文敘述間充滿著戲謔的意味，反映出的是站在精英文化立場的故事記錄者，面對質量不佳的麻沙本書籍所展露出來的鄙夷與不屑，以及針對麻沙本書籍閱讀受眾的譏諷。

毫無疑問，晚宋時期商業書坊刊印的書籍確實存在著諸多「庸陋」之處，如：校勘不精而脫文訛字頻出，大量使用俗字，隨意刪節改易書籍形式與內容，杜撰偽託書籍的作者，等等。〔註93〕時人針對麻沙本的批評亦頗常見於文獻。葉夢得《石林燕語》除了記載上引「誤坤為釜」的故事外，亦嘗直接評論建陽刊本，稱：「今天下印書，以杭州為上，蜀本次之，福建最下」，「福建多以柔木刻之，取其易而速售，故不能工。福建本幾徧天下，正以其易成故

及醫藥方書的出版談起〉，《故宮學術季刊》第 28 卷第 3 期（2011 年春），頁 114～122。

〔註92〕〔宋〕陸游撰，李劍雄、劉德權點校：《老學庵筆記》（北京：中華書局，2019 年），卷 7，頁 94。

〔註93〕建陽地區刻書亦不乏精校精刻的版本，本書所列「庸陋」之處，只是就時人的一般認識與普遍印象而言。刊印之精美者，參見〔美〕賈晉珠著，邱葵、鄒秀英、柳穎、劉倩譯：《謀利而印：11～17 世紀福建建陽的商業出版者》（福州：福建人民出版社，2019 年），頁 122～127。

也。」〔註94〕在承認建陽刊本「幾遍天下」、廣泛流通的事實後,將其詆之為「最下」、「不能工」的書籍版本。

南宋張淏《雲谷雜記》卷四「刊書擅改字」條云:「近時閩中書肆刊書,往往擅加改易,其類甚多,不能悉紀。……將來謬亂書傳,疑誤後學,皆由此也。」〔註95〕周煇(1126~1198)《清波雜志》亦云:「若麻沙本之差舛,誤後學多矣。」〔註96〕張、周二人都不約而同地指出建陽刊本在校勘不精、擅改內容等方面的闕失,對閱讀建陽刊本導致影響士人學風、貽誤後學表達了憂慮。

這樣的材料尚有很多,如蘇詡〈欒城集跋〉謂:「太師文定欒城公集刊行於時者,如建安本,頗多缺謬,其在麻沙者尤甚。」〔註97〕朱熹(1130~1200)在〈答沈叔晦〉中曾批評建陽刊印呂祖謙文集,言:「麻沙所刻呂兄文字真偽相半,書坊嗜利,非閒人所能禁。」〔註98〕黃榦(1152~1221)〈答林公度〉言:「但司馬公《書儀》難得善本,而建本尤多錯誤。」〔註99〕莊夏(?~1217)〈東觀餘論跋〉亦載:「語及《東觀餘論》,夏恨建本訛闕不可讀。」〔註100〕

從時人的批評中,我們可以得知由於建陽坊刻書籍(麻沙本)中存在諸多的訛誤闕謬,故而不會成為精英士人們閱讀的首要選擇。換言之,精英士人與坊刻本書籍受眾之間,存在著閱讀習慣與文化趣味上的歧異。基於這個認知,本書嘗試依據社會身分針對讀者群體作出細部的劃分,提煉出「精英士人」與「中下層士人」一組相對的概念,用以描述讀者群體的組成結構。〔註101〕從

〔註94〕〔宋〕葉夢得撰,宇文紹奕考異,侯忠義點校:《石林燕語》(北京:中華書局,1984年),卷8,頁116。

〔註95〕〔宋〕張淏撰,張宗祥校錄:《雲谷雜記》(北京:中華書局,1958年),卷4,頁69。

〔註96〕〔宋〕周煇撰,劉永翔校注:《清波雜志校注》(北京:中華書局,1994年),卷8,頁334~335。

〔註97〕〔宋〕蘇詡:〈欒城集跋〉,〔宋〕蘇轍著,陳宏天、高秀芳點校:《蘇轍集》(中華書局,1990年),附錄,頁1366。

〔註98〕〔宋〕朱熹:〈答沈叔晦〉,曾棗莊、劉琳主編:《全宋文》(上海:上海辭書出版社、合肥:安徽教育出版社,2006年),第248冊,卷5555,頁45。

〔註99〕〔宋〕黃榦:〈答林公度一〉,曾棗莊、劉琳主編:《全宋文》(上海:上海辭書出版社、合肥:安徽教育出版社,2006年),第288冊,卷6545,頁165。

〔註100〕〔宋〕莊夏:〈東觀餘論跋〉,曾棗莊、劉琳主編:《全宋文》(上海:上海辭書出版社、合肥:安徽教育出版社,2006年),第287冊,卷6521,頁192。

〔註101〕這是在「具備基本識字能力,擁有一定文化知識」的士人群體內部作出的劃分,在士人群體以外尚有可稱之為「庶民大眾」的群體,他們未擁有基本的文化知識,甚至不具備識字能力,但一定條件下,如通過閱讀書籍中的插圖、

而進一步，將精英士人主導下的閱讀活動稱之為「精英閱讀」，與之相對的，將中下層士人的閱讀活動稱之為「一般閱讀（Ordinary Reading）」。

在「精英閱讀」與「一般閱讀」的概念下，我認為葉夢得、張淏、周煇等人的批評稱不上公允，其實是一種基於精英士人立場的偏見。如果我們轉而從一種非精英士人的立場來看，則可以認為：晚宋時期出現了一個日漸擴大的由中下層士人組成的讀者群體，他們需要的並非是精校精刻、版面疏朗、字大如錢、毫無錯訛、裝幀精美的書籍；他們需要的僅僅是內容大致正確、足以有效傳達信息的書籍。相比之下，對於中下層士人而言，最為關鍵、重要的因素乃是低廉的書籍價格。而正是建陽地區出版者積極創新、運營商業出版的模式，降低了刊刻成本與書籍價格，使得當時即使是貧士都能夠購買、閱讀。換言之，商業出版書籍以低廉的價格，換取了中下層士人在書籍質量問題上的妥協與諒解。

建陽地區商業出版書籍的種類與內容，也可以與中下層士人的閱讀取向與文化趣味得到一一的對應。醫籍與日用類書，滿足了中下層士人日常生活與社交活動的使用需求；講史平話與通俗小說類書籍，契合了中下層士人通俗化的文化趣味；科舉考試參考書，與傳統的「讀書為己」與「博觀精研」的思想格格不入，但卻有助於中下層士人在晚宋激烈的科舉競爭中有機會脫穎而出，故受到了極大的追捧。同時，商業出版書籍中常見的注解音釋、名家評語，以及點抹符號等「副文本」，也精準地捕捉到中下層士人在字詞訓詁、文意理解、行文技巧等知識結構上的不足，為他們提供了閱讀學習上的輔助。

可以說，建陽商業出版書籍完美地契合了非精英士人的閱讀需求，這也是建陽坊刻本能夠在全國範圍內廣泛流通，「幾遍天下」，頗受市場歡迎的最主要原因。從這個意義上而言，晚宋時期的商業出版在中國傳統的、精英導向的出版文化之外，開拓出一種新的、通俗導向的文化空間，下啟晚明商業出版與通俗閱讀的「盛世」，有著不可忽視的文化價值與歷史意義。

針對閱讀受眾的層次作出區分，提煉出「精英閱讀」與「一般閱讀」的相對概念，可以一定程度上解釋困擾學界的問題：面臨諸多精英士人的嚴厲批評，為何「麻沙本」仍能在晚宋社會廣泛流行，經久不衰？箇中原因就在於坊

版畫等，「庶民大眾」也有機會成為「讀者」。何予明在討論明代的通俗書籍與讀者時，在「讀書」以外另發明了「識書」的概念，用以描述這部分「庶民大眾」的閱讀活動，可供參考。參見〔美〕何予明著譯：《家園與天下：明代書文化與尋常閱讀》（北京：中華書局，2019 年），頁 1～25。

刻書籍的讀者社群並非是持有高古典雅文化趣味與博觀精研閱讀習慣的精英士人，而是吸引了社會間更為廣大的中下層士人群體，完美契合了他們的閱讀需求。以上準確定位了晚宋商業出版書籍的讀者社群，為討論古文選本的產生流行以及閱讀活動，奠定了研究的基礎。

第三節　古文選本的起源與流行

前文頗為詳細地闡明了晚宋的歷史意義，討論了晚宋的科舉社會與商業出版的歷史語境。之所以不避繁贅地討論晚宋的社會環境，乃是基於這樣的認識：人與書籍作為個體分子，無不懸綴在社會的意義網絡之上；晚宋的古文選本及其編者、出版者與讀者社群，身處晚宋科舉社會與商業出版的歷史語境中，自然無可避免地受到社會環境的影響。甚至可以說古文選本及所附評點的起源與流行，完全是埋置於晚宋社會文化脈絡下的產物。

基於這個認識，我們將在重建晚宋科舉社會與商業出版的歷史語境的基礎上，重新審視古文選本起源與流行的問題。

一、前人的研究與拓展的空間

文學總集類的書籍起源甚早，至西晉時摯虞便已撰就《文章流別集》，〔註102〕是目前可考最早的文章總集。古文選本亦承續中國文學總集的編纂脈絡而來。

但我們之所以將南宋時出現的專門彙選古文作品的選本，視作一種獨立的書籍類型，明確地稱之為「古文選本」，箇中原因就在於這類書籍形成了新的、獨特的編輯體例：附刻注釋、評語及點抹符號。故而得以與《文選》、《唐文粹》、《宋文鑑》等傳統文章選本區分開來。

因此，討論古文選本起源的問題，其中最關鍵的是搞清楚附加注釋評語及點抹符號的編輯體例是如何產生與發展的。換言之，「古文評點選本如何產生」的問題，可以化約為「評點（評語與點抹符號）如何產生」的問題。

正因如此，近年來學界針對古文選本及評點起源的問題，給予了廣泛的關注。目前也已經積累了頗多的研究成果，針對狹義的評點，形成了一些基本的

〔註102〕《晉書·摯虞傳》載：「撰古文章，類聚區分為三十卷，名曰《流別集》，各為之論，辭理愜當，為世所重」。見〔唐〕房玄齡等撰，中華書局編輯部點校：《晉書》（北京：中華書局，1974年），卷51，頁1427。

認識，如：兼具評語與點抹符號的形式，產生於南宋時期；現存最早的評點古文選本是呂祖謙編選《古文關鍵》，等等。〔註103〕

　　但正如本書所言，古文選本的產生並非孤立的文化現象，《古文關鍵》的評點亦非「憑空而來」，古文選本及評點產生的原因，是進一步需要探尋的問題。關於這一問題，學界仍有較大分歧。

　　吳承學認為：「文學評點形式是在多種學術因素的作用之下形成的。這主要有古代的經學、訓詁句讀之學、詩文選本注本、詩話等形式的綜合影響」，「評點的符號，則是在古代讀書句讀標誌的基礎上進一步發展起來的」。〔註104〕祝尚書則進一步提出：「始於北宋末的科舉策論、經義的程序化，是南宋評點興起的歷史契機，而詩賦程序、『江西詩派』詩文論則是評點家的參照模式和評論方法。」〔註105〕

　　前輩學者的研究都側重於強調評點是多種學術因素綜合作用下的產物，將與評點存在聯繫的各種文化傳統都納入討論之中，全面周延之餘，但卻使人困惑：何者才是南宋時期評點產生的關鍵因素，或者說是直接動因？這個問題仍值得我們進一步思考，本書擬對此作出更加細部的討論。

二、古文選本評語起源問題新探

　　日本學者高津孝和林巖基於晚宋科舉社會的語境，針對古文評點選本起源的直接動因提出了新的觀點，頗具啟發意義。高津孝著重強調了科舉考試對於評點起源的作用，認為：「評點是伴隨南宋時代的古文選本——科舉考試參考書——發展起來的。」〔註106〕這個描述應該是符合歷史實際的。

　　同時，林巖針對該問題進一步提出了新的觀點：

　　南宋古文選本的大量出現以及採用圈點標抹、附加批語之評點方式

〔註103〕　相關研究如吳承學：〈評點之興——文學評點的形成與南宋的詩文評點〉，《文學評論》，1995 年第 1 期，頁 24～33。後收入氏著：《近古文章與文體學研究》（廣州：廣東教育出版社，2020 年），頁 52～74。〔日〕高津孝：〈宋元評點考〉，收入氏著，潘世聖等譯：《科舉與詩藝：宋代文學與士人社會》（上海：上海古籍出版社，2013 年），頁 69～94。

〔註104〕　吳承學：〈評點之興——文學評點的形成與南宋的詩文評點〉，《文學評論》，1995 年第 1 期，頁 24～33。

〔註105〕　祝尚書：〈南宋古文評點緣起發覆——兼論古文評點的文章學意義〉，收入氏著：《宋代科舉與文學考論》（鄭州：大象出版社，2006 年），頁 284～301。

〔註106〕　〔日〕高津孝：〈宋元評點考〉，收入氏著，潘世聖等譯：《科舉與詩藝：宋代文學與士人社會》（上海：上海古籍出版社，2013 年），頁 92。

的使用，明顯受到了科舉時文選本流行的影響。我們甚至可以說，南宋的古文之學之所以會以這樣的形態出現，完全是「科舉社會」的一個產物。〔註107〕

林巖據以立論的材料是南宋姚勉（1216～1262）《雪坡集》中收錄殿試對策後所附的考官評語：

> 初考　議論本於學識，憂愛發於忠誠。洋洋萬言，得奏對體。一上　臣經孫
>
> 覆考　以求士以文不若教士以道立說，一筆萬言，水湧山出，盡掃拘拘謵謵之習。張、程奧旨，晁、董偉對，賈、陸忠言，皆具此篇矣。一上　臣良貴
>
> 詳定　規模正大，詞氣懇切。所答聖問八條，皆有議論，援據的確，義理精到，非講明理學、該博傳記者，未易到此。奇才也，宜備掄魁之選。臣焴　臣彬之　臣夢鼎

這則材料記錄的是姚勉殿試對策試卷經「初考」、「覆考」、「詳定」三次閱卷後，考官分別寫下的評語。這些考官評語的內容、措辭，與今日所見南宋古文選本中的評語頗為一致。林巖推測：「現存南宋古文選本的評語形式，有可能是效法了科場時文選本的批語方式，至少是有所借鑒。」〔註108〕

關於古文選本評語直接源自科舉考官的論點，我希望在姚勉《雪坡集》材料的基礎上，再補充一組相關的材料，即南宋時文選本《論學繩尺》中收錄的考官評語。

《論學繩尺》一書由宋末魏天應選編、林子長箋解，收錄南宋科場試論程文（試卷）百餘篇。〔註109〕該書文首的評語多題為「批云」，或出自編者之

〔註107〕林巖：〈南宋科舉、道學與古文之學：兼論南宋知識話語的分立與合流〉，《中山大學學報》（社會科學版），2013 年第 6 期，頁 18。

〔註108〕林巖：〈南宋科舉、道學與古文之學：兼論南宋知識話語的分立與合流〉，《中山大學學報》（社會科學版），2013 年第 6 期，頁 19。

〔註109〕《論學繩尺》成書於宋末，約於開慶元年、景定四年、咸淳四年接續刊行，至明代又曾多次重刊。日本靜嘉堂文庫藏《批點分格類意句解論學繩尺》，先前學界認為該本為「元刊」，但據慈波最新的研究，該本經近人作偽，實為明成化五年刻本。故如今可見該書版本當以明刊本為最早，除靜嘉堂藏本，尚有內閣文庫藏本、日本蓬左文庫藏本、北京大學圖書館藏本、復旦大學圖書館藏本等。另有文淵閣四庫全書本，底本乃是明成化五年刻本，但多有刪削改竄，本非善本，但因明刻本多為館藏孤本，一時難以得見，故暫時採用四庫本，幸不影響本章結論。關於《論學繩尺》的成書、刊刻問題，以慈波的

手，暫不討論。但有少數文章的評語題為「考官批云」，顯示來源自科場考官。如彭方迴〈帝王要經大略〉的文前評語為：「考官批云：說有根據，造辭老蒼。較之他作，氣象大段不同，真可為省闈多士之冕。」〔註110〕繆烈〈孝武號令文章如何〉的評語為「考官批云：議論正大，文勢發越，可謂傑特之作。」〔註111〕丘大發〈三聖褒表功德〉的評語為「考官批云：議論高，行文熟，用事詳贍，筆力過人。」〔註112〕

至於吳君擢〈唐虞三代純懿如何〉，文前評語言：「考官歐陽起鳴批云：文字出入東萊，議論法度嚴密，意味深長，說得聖人本心出，深得論體，可敬可服。」〔註113〕明確提示了該則評語的來源是考官歐陽起鳴評閱試卷時的批語。關於歐陽起鳴，生卒年及事行皆不詳，但見《淳熙三山志》載：「嘉熙二年戊戌周坦榜」，「歐陽起鳴，字以韶，閩縣人。」〔註114〕可知歐陽起鳴乃是南宋嘉熙二年（1238）進士。〔註115〕劉克莊為丁宋傑撰寫的墓誌銘中提及：「別頭考官歐陽起鳴，得宋傑賦擊節，始擢第，然其年五十七矣。」〔註116〕這則材料顯示：歐陽起鳴確實曾於寶祐元年（1253）出任科舉考官。〔註117〕故而認為

研究最為全面深入，參見氏著：〈《論學繩尺》版本再探〉，《文學遺產》，2015年第 4 期，頁 94～102。

〔註110〕〔宋〕魏天應編選，〔宋〕林子長箋解：《論學繩尺》（臺北：臺灣商務印書館，1983 年，景印文淵閣四庫全書本），卷 1，頁 22a。

〔註111〕〔宋〕魏天應編選，〔宋〕林子長箋解：《論學繩尺》（臺北：臺灣商務印書館，1983 年，景印文淵閣四庫全書本），卷 1，頁 35b。

〔註112〕〔宋〕魏天應編選，〔宋〕林子長箋解：《論學繩尺》（臺北：臺灣商務印書館，1983 年，景印文淵閣四庫全書本），卷 2，頁 12b。

〔註113〕〔宋〕魏天應編選，〔宋〕林子長箋解：《論學繩尺》（臺北：臺灣商務印書館，1983 年，景印文淵閣四庫全書本），卷 2，頁 1b。

〔註114〕〔宋〕梁克家纂修：《淳熙三山志》（北京：中華書局，1990 年，宋元方志叢刊影印明崇禎十一年〔1638〕刻本），卷 32，頁 8127 下欄。

〔註115〕明代刊有《論範》，舊題「元進士歐陽起鳴撰」，《四庫全書》據以收錄，實則誤宋人為元人。見〔清〕永瑢等撰：《四庫全書總目》（北京：中華書局，1965年），卷 174，頁 1546。

〔註116〕〔宋〕劉克莊著，辛更儒箋校：《劉克莊集箋校》（北京：中華書局，2011 年），卷 164，頁 6389。

〔註117〕所謂「別頭考官」，是指主持別頭試的考官，宋代規定若有親屬在本州任官等情況，為避免舞弊，舉子須另行參加特別設置的迴避考試，即為「別頭試」。《續資治通鑑長編》載：「崇政殿說書賈昌朝言：『舉人有親戚仕本州，或為發解官，及侍父祖遠官。距本州二千里，宜敕轉運司選官類試，以十率之，取三人。』……故降是詔。自是諸路始有別頭試。」參見〔宋〕李燾撰，上海師範大學古籍整理研究所、華東師範大學古籍整理研究所點校：《續資治通

書中評語是源自他擔任考官時評閱舉子試卷的批語，應當是十分合理的。

要言之，《論學繩尺》的編者選錄舉子的試論程文時，將當時部分考官的批語一併編入書中。如果針對這些批語加以分析，可以發現其與南宋古文選本中評語的形式及內容頗為相似，除以上所列舉數條外，另如批林執善〈聖人備道全美〉時提到「首尾相照應」、「常山蛇之勢」，〔註118〕皆是古文選本中常見的評點術語。這些都顯示出宋代科舉考官評閱試卷時的批語與古文選本中的評語之間的親緣性。

雖然姚勉殿試對策與歐陽起鳴任考官，都已是晚宋理宗朝寶祐年間，距離呂祖謙編輯第一本古文選本《古文關鍵》已經過去八十年。〔註119〕但可以推想考官在舉子試卷後附上批語的行為，並非是理宗朝才產生的，而是有著較早的淵源，與南宋中後期古文評點的興起存在著密切的關聯。

不過，古文選本的評點形式兼具「評」與「點」，即評語與點抹符號。姚勉文集與《論學繩尺》的材料，至多只能回應古文評點中評語的來源，至於點抹符號究竟是如何產生的，則仍需進一步討論。正如林巖自述：「至於那些圈點標抹的標記符號是否也直接源於時文選本，則有待新證據的發現。」〔註120〕這個問題正是本書著意解決的。

三、古文選本點抹符號起源問題新探

事實上，點抹符號的來源是否與科舉考試相關，或許是更為重要的問題。〔註121〕因為文章的品評起源甚早，而成熟的評點符號確是直至南宋才產生的

鑑長編》（北京：中華書局，2004年），卷120，「景祐四年」條，頁2821。關於別頭試的情況，另可參看梁庚堯：《宋代科舉社會》（臺北：臺灣大學出版中心，2015年），頁6～18。祝尚書：《宋代科舉與文學》（北京：中華書局，2008年），頁113～156。

〔註118〕〔宋〕魏天應編選，〔宋〕林子長箋解：《論學繩尺》（臺北：臺灣商務印書館，1983年，景印文淵閣四庫全書本），卷1，頁15b。

〔註119〕呂祖謙《古文關鍵》的成書時間，依鞏本棟的意見，定為乾道九年（1173）冬。參見鞏本棟：〈《古文關鍵》考論〉，《文學遺產》，2020年第5期，頁48。

〔註120〕林巖：〈南宋科舉、道學與古文之學：兼論南宋知識話語的分立與合流〉，《中山大學學報》（社會科學版），2013年第6期，頁19。

〔註121〕需要說明的是，本節討論的是文學評點意義上的點抹符號，而非一般行文句讀意義上的句讀符號。後者如岳氏《相臺書塾刊正九經三傳沿革例》言：「監、蜀諸本皆無句讀，惟建本始仿館閣校書式，從旁加圈點，開卷瞭然，於學者為便，亦但句讀經文而已。」此處雖稱「圈點」，但實則是書中附刻用以標示語意停頓或完結的「句讀點」，岳氏認為這種形式源出自建陽刻書，是效仿館

新元素。故吳承學指出「評點之特色首在於『點』，即點抹標誌」，「這正是評點之所以與傳統文學批評不同的主要形式特色」。〔註122〕這是頗具見地的。因此南宋古文選本中點抹符號的來源，應該是討論評點興起問題的關鍵所在。

此處引述清代曾國藩（1811～1872）〈《經史百家簡編》序目〉的一則材料：

> 梁世鍾嶸、劉勰之徒，品藻詩文，褒貶前哲，其後或以丹黃識別高
> 下，於是有評點之學。……試官評定甲乙，用朱墨旌別其旁，名曰
> 圈點。後人不察，輒仿其法以塗抹古書，大密圈點，狼藉行間。……
> 圈點者，科場時文之陋習也，而今反以施之古書。〔註123〕

曾國藩認為評點之學源自鍾嶸（？～518）、劉勰（465～532？）的詩文品評，此說發端於章學誠（1738～1801）。章氏《校讎通義》謂：「評點之書，其源亦始鍾氏《詩品》、劉氏《文心》。然彼則有評無點；且自出心裁，發揮道妙；又且離詩與文，而別自為書，信哉其能成一家言矣。」〔註124〕但正如章氏所言，鍾嶸、劉勰的詩文品評「有評無點」，與後世的評點之學顯非一事，故不取其說。

但曾氏隨後指出，圈點塗抹源自科場試官評定名次時施加的符號，且當時試官普遍採用朱筆、墨筆別異的形式；試官評卷的形式進而影響到時文評點，而最終被施之於古文評點。曾氏的說法頗為新奇，有一定的啟發意義。但畢竟曾氏作為清人，去南宋有數百年之久，他的說法是否符合南宋中後期古文選本中點抹符號起源的歷史實際，仍有待進一步的考察。

閣校點古書的格式。參見〔宋〕舊題岳珂：《刊正九經三傳沿革例》（北京：中華書局，1985 年，影印叢書集成初編本），頁 13。〔日〕高津孝：〈宋元評點考〉，收入氏著，潘世聖等譯：《科舉與詩藝：宋代文學與士人社會》（上海：上海古籍出版社，2013 年），頁 71。附帶說明的是，《相臺書塾刊正九經三傳沿革例》在明清以降的公私書目中皆題為南宋岳珂所作，但近人研究認為應是元初宜興岳浚的著作，與岳珂無涉。參見張政烺：〈讀《相臺書塾刊正九經三傳沿革例》〉，收入氏著：《文史叢考》（北京：中華書局，2012 年），頁 313～340。翁同文：〈相臺岳氏九經三傳刻梓人為岳浚考〉，收入宋史座談會編：《宋史研究集》第十一輯（臺北：國立編譯館，1979 年），頁 489～504。

〔註122〕吳承學：〈現存評點第一書——論《古文關鍵》的編選、評點及其影響〉，《文學遺產》，2003 年第 4 期，頁 72～84。該文後收入氏著：《近古文章與文體學研究》（廣州：廣東教育出版社，2020 年），頁 75～93。

〔註123〕〔清〕曾國藩編：《經史百家簡編》（光緒十七年〔1891〕求實齋叢書本），書首，頁 1a。

〔註124〕〔清〕章學誠撰，葉瑛校注，靳斯點校：《校讎通義》（北京：中華書局，1985年），卷 1，頁 958。

關於這個問題，我發現了一條新材料，對於解釋南宋時期評點符號的來源，以及闡明其與科舉考試之關係，具有重要的意義。這條新材料見於《附釋文互注禮部韻略》五卷書後所附的《韻略條式》一卷。該書收入《四部叢刊續編》，據書前的影印說明，底本是常熟瞿氏鐵琴銅劍樓藏宋刊本。

《韻略條式》中收錄一份紹興五年九月八日頒布的關於貢舉考試內容的敕命，後附有〈紹興重修貢舉令〉與〈紹興重修通用貢舉式〉兩則材料，茲節錄相關於下：

〈紹興重修貢舉令〉

諸春秋義題聽於三《傳》解經處出。

諸試卷犯不考者，具事因送封彌所。覆視同，即以元試卷及具鄉貫姓名送考試院所，先次黜落，仍曉示。

諸考校試卷並分五等，逐等分上中下。

諸舉人試卷犯點抹者，五點當一抹，五抹降為下。

〈紹興重修通用貢舉式〉

試卷犯不考：犯名諱　文理紕繆　詩賦不識題

⋯⋯

試卷犯點抹

抹：文理叢雜　文意重疊　誤用字　脫三字　文意不與題相類　詩賦重疊用事　詩賦不對　詩賦屬對偏枯　小賦四句以前不見題　賦壓官韻無來處　賦全用古人一聯語　賦第一句與第二句末用平聲不協韻　賦側韻第三句末用平聲　賦初入韻用隔句對第二句無韻　賦少十字　論策經義連用本朝人文集十句　詩全用古人一句　詩疊用兩句　詩用隔句對　論少二十字

點：錯用一字　脫一字　誤一字　賦少五字　論少十字　詩疊用一字〔註125〕

這則材料是關於南宋科舉考官閱卷時的規定。根據上引材料可知，南宋科舉考試閱卷時，考官將舉子試卷中的紕漏錯誤分作「犯不考」與「犯點抹」二種。

「犯不考」即試卷中的重大錯誤，具體有犯名諱、文理紕繆、詩賦不識題

〔註125〕〔宋〕佚名編：《韻略條式》，《附釋文互注禮部韻略》（上海：商務印書館，1934年，四部叢刊續編影印常熟瞿氏鐵琴銅劍樓藏宋刊本），書後，頁17b～21a。

等種類，凡在試卷中發現一例，舉子便將直接遭黜落。「犯點抹」則指小型錯誤，分「點」與「抹」二類，「點」有錯用一字、脫一字、誤一字等，「抹」有文理叢雜、文意重疊、誤用字、脫三字等。考官若在舉子試卷中發現此類情況，便會以「點」、「抹」的符號在試卷中予以標示，並且最後統計「點」、「抹」符號的數量，據以論定舉子優劣。舉子的試卷將分作五等，逐等分作上、中、下，而五個「點」相當於一「抹」，如果經統計後舉子試卷中達到五個「抹」的話，則會將該舉子降為「下等」。由是可見，在南宋科舉考試中，考官將施加「點」、「抹」作為一種評閱試卷、判定優劣的方式。

　　關於宋代考官評閱試卷時使用點抹的情況，我們還可以從其他史籍中找到一些相互參證的材料。如《續資治通鑑長編》「大中祥符八年三月癸卯」條載：

> 上御崇政殿覆試，多所黜落；又疑所點抹者或未當，命宰相閱視之。
>
> 旦曰：「考官過為艱難，公在其中矣。」〔註126〕

這裡所言「所點抹者」，即如〈紹興重修通用貢舉式〉所言，指考官在閱卷過程中將舉子試卷中紕漏不當之處以點抹的形式予以標示。這是真宗朝大中祥符八年（1015）三月的記載，可見南宋科舉考試施加「點」、「抹」以評閱試卷的作法，其來有自，淵源甚早。

　　另，《宋會要輯稿》「選舉二二」條謂：

> （紹熙三年）八月三日，禮部侍郎倪思言：「太學解試，考官選自朝廷，無事關防。惟是外處考官，所差未必一一得人，其怠惰者厭文卷之多，其輕率者有忽略之意，至有謾取數卷應數，其餘或不加點抹，或妄批一兩字於卷首，而初未嘗過目者。士子程文或不幸而遭之，雖是優長，不免黜落。……乞下諸處試院，命考官精加考校，雖是落卷，必須批抹所以落之之由。」〔註127〕

倪思（1147～1220）提及當時存在某些怠惰、不負責任的考官評閱試卷時「或不加點抹」，導致出現考試不公的現象，於是他乞請令考官精加考校，凡是黜落的試卷必須將黜落原因以點抹的形式予以標示。倪思所言雖是針對太學解

〔註126〕〔宋〕李燾撰，上海師範大學古籍整理研究所、華東師範大學古籍整理研究所點校：《續資治通鑑長編》（北京：中華書局，2004 年），卷 84，頁 1920。

〔註127〕〔清〕徐松輯：《宋會要輯稿》（北京：中華書局，1957 年），「選舉二二」，頁 4600 下欄～4601 上欄。

試而言，但與上引〈紹興重修貢舉令〉、〈紹興重修通用貢舉式〉中的規定相符，可互為參證，可以推想這種以點抹來評閱試卷的方式，應是當時各類科舉考試通行的手法。

這些「犯點抹」類似於現代考試中所謂的「扣分項」。而據〈紹興重修通用貢舉式〉，在其所述的情況中，既有單純針對形式紕漏的，如「錯用一字」、「脫一字」、「誤一字」等；亦有涉及文意、文理與寫作技巧的優劣的，如「文理叢雜」、「文意重疊」、「文意不與題相類」、「詩賦屬對偏枯」等。

特別值得注意的是，根據〈紹興重修通用貢舉式〉中的規定，考官在利用「點」、「抹」評閱試卷時，其實已經涉及到針對文章立意、說理優劣的判定，但只不過是將劣處、不當處予以標示。而試卷中這些被標示的部位，其實是閱卷過程中考官會特別關注的部分，如賦的前四句、論的「冒子」等。〔註128〕場屋試卷中的這些部位既是舉子容易犯錯、扣分的部分，同時也可以說是舉子有機會在競爭者中脫穎而出，獲得考官青睞的部分。

本書認為這種考官評閱試卷時利用「點」、「抹」符號進行標示的行為，很可能就是《古文關鍵》等古文選本利用點抹符號評點文章的直接起源。

在南宋中後期科舉社會的語境下，激烈的科舉競爭，迫使士子思考如何在考場中取得優異成績。可以推想的是，在南宋中後期科舉考試結束後，那些得中高第者的試卷，會很快流出，經商業書坊之手，彙編成冊，刊刻出版，在舉子間廣泛閱讀、流通。如《四朝聞見錄》載：「試〈聖人備道全美論〉，至今舉子誦之。有《林省元文衡事鑑》行於世。」〔註129〕可見林執善於開禧元年（1205）省試得中第一後，他省試時的作品即被書坊刊刻，在舉子間頗受歡迎。〔註130〕

新科進士的試卷成為應試舉子參考、學習的重要文獻；同時在南宋中後期商業出版的語境下，這些試卷又輾轉以科舉參考書的形式得到刊刻與流通。在

〔註128〕 參見祝尚書：〈論宋代科舉時文的程式化〉，收入氏著：《宋代科舉與文學考論》（鄭州：大象出版社，2006年），頁210～232。

〔註129〕 〔宋〕葉紹翁：《四朝聞見錄》（北京：中華書局，1989年），丙集，頁98。

〔註130〕 關於這方面的具體研究，可參見林巖：〈宋代科舉考試與印刷業關係考論〉，《北宋科舉考試與文學》（上海：上海古籍出版社，2006年），附錄，頁258～285。劉祥光：〈印刷與考試：宋代考試用參考書初探〉，《政治大學歷史學報》第17期（2000年5月），頁59～63。劉祥光：〈宋代的時文刊本與考試文化〉，《臺大文史哲學報》第75期（2011年11月），頁43～47。

這個書籍的「交流迴路」中，編輯者（選家、評者）很自然地會「學習」（實際上是反用其意）考官們評閱試卷的方式，利用「點」、「抹」符號，將這些優秀程文中立意傑出、說理精當的部分標示出來，供舉子們學習揣摩，目的在於提示舉子引起注意、避免犯錯，從而寫出符合考官要求的文章。

　　要言之，南宋考官在評閱試卷時使用點抹符號的方式，促使商業書坊在編輯刊印舉子程文之時加以效仿，最終影響了古文評點選本的形成。呂祖謙的《古文關鍵》是目前所存最早的一部評點選本，被稱作為「評點第一書」。〔註131〕呂祖謙主要活躍於孝宗朝，《古文關鍵》被認為成書於乾道九年（1173）。〔註132〕呂祖謙《古文關鍵》使用評點的形式是受到紹興以後考官評閱試卷方式的影響，這從時間上來說是有可能的。

　　此外，高津孝在對比《古文關鍵》諸種宋刻本的圈、點、抹等符號的情況後，提出南宋評點符號產生的次序是先有點抹，之後才再增加了圈。〔註133〕《四庫全書總目》撰《蘇評孟子》提要謂：「呂祖謙《古文關鍵》、樓昉《迂齋評注古文》亦皆用抹，其明例也。謝枋得《文章軌範》、方回《瀛奎律髓》、羅椅《放翁詩選》始稍稍具圈點，是盛於南宋末矣。」〔註134〕同樣是主張先有抹、後有圈點的發展序次。這正與科舉考試中考官評閱試卷時使用點抹符號的情況相符。

　　呂祖謙《古文關鍵》論文最重文章的立意，其〈總論看文字法〉第一條便是「看大槩主張」，〔註135〕書中也多次出現「主意」、「大意」等批語，這即是強調作文時應注重整體的立意。《古文關鍵》中的「抹」，大多是施於綱目關鍵與文意轉換處，這亦是重視文章立意的一種體現。一定程度上來說，《古文關鍵》評點符號展示的閱讀取向，與考官評閱試卷時的取向較為一致。

　　此外，《宋會要輯稿》「選舉三」條載：

　　實元二年十一月四日，翰林學士丁度等言：準詔詳定侍讀學士李淑

〔註131〕 吳承學：〈現存評點第一書──論《古文關鍵》的編選、評點及其影響〉，《文學遺產》，2003 年第 4 期，頁 72～84。
〔註132〕 鞏本棟：〈《古文關鍵》考論〉，《文學遺產》，2020 年第 5 期，頁 48。
〔註133〕 〔日〕高津孝：〈宋元評點考〉，收入氏著，潘世聖等譯：《科舉與詩藝：宋代文學與士人社會》（上海：上海古籍出版社，2013 年），頁 72。
〔註134〕 〔清〕永瑢等撰：《四庫全書總目》（北京：中華書局，1965 年），卷 37，頁 307。
〔註135〕 〔宋〕呂祖謙：〈看古文要法〉，《古文關鍵》，收入黃靈庚主編：《呂祖謙全集》第十一冊（杭州：浙江古籍出版社，2008 年），卷首，頁 1。

言：昨充殿試詳定官，切見初考用朱，覆考用墨，等第下計點抹數
誤書等第，眾官參詳，小有差錯，只令用印。〔註136〕

這裏的「計點抹數」，即閱卷後統計「犯點抹」的數量，並依此評定等第。值得注意的是，由這則材料可知，宋代考官評閱試卷時，為了區分初考與覆考，在試卷中分別以朱筆、墨筆進行點抹標示。也就是說，一份經過考官評閱後的試卷，應同時具有朱筆、墨筆的點抹符號，這與後世的評點文本極為類似。

以往學者論及評點符號起源受古人讀書方法的影響，常舉《魏略》記載董遇「朱墨別異」的讀書方法作為例證，〔註137〕認為這是後世「五色圈點」的濫觴。〔註138〕但必須指出的是，《魏略》同時記載：「由是諸生少從遇學，無傳其朱墨者。」〔註139〕即是說，在董遇去世後，他所謂「朱墨別異」的讀書法便失傳了。三國時期董遇的讀書方法，是否對近千年以後的宋人評點起源產生影響，是存在疑義的。但宋代科舉考試中，考官以朱筆、墨筆點抹標示試卷的形式，卻是真實存在的，很可能為同時代的評點家模仿。

《程氏家塾讀書分年日程》卷二記錄了黃榦（1152～1221）針對《四書》的點抹符號，是有記載較早的不同顏色的符號，其中有「紅中抹」、「紅旁抹」、「紅點」、「黑抹」、「黑點」等。〔註140〕這與上述考官所用朱墨點抹的形式頗為相似，可作為參證。

這種以不同顏色分別圈點的形式，在後世更是影響深遠。最著名的自然是歸有光（1507～1571）、方苞（1668～1749）等以「五色圈點」評點《史記》。清人錢泰吉（1791～1863）《曝書雜記》載：

〔註136〕〔清〕徐松輯：《宋會要輯稿》（北京：中華書局，1957年），「選舉三」，頁4271下欄。

〔註137〕《三國志》卷三十注引《魏略》載：「初，遇善治老子，為老子作訓注。又善左氏傳，更為作朱墨別異。人有從學者，遇不肯教，而云『必當先讀百遍』。言『讀書百遍而義自見』。」〔晉〕陳壽撰，〔南朝宋〕裴松之注，中華書局編輯部點校：《三國志》（北京：中華書局，1982年），卷13，頁420。

〔註138〕吳承學提出：「董遇『朱墨別異』的閱讀方法，就是後人『五色圈點』濫觴。」參見吳承學：〈評點之興──文學評點的形成與南宋的詩文評點〉，《文學評論》，1995年第1期，頁25～26。後收入氏著：《近古文章與文體學研究》（廣州：廣東教育出版社，2020年），頁52～74。

〔註139〕〔晉〕陳壽撰，〔南朝宋〕裴松之注，中華書局編輯部點校：《三國志》（北京：中華書局，1982年），卷13，頁420。

〔註140〕〔元〕程端禮：《程氏家塾讀書分年日程》（北京：中華書局，1985年，影印叢書集成初編本），卷2，頁25～26。

> 震川評點《史記》，自為例意。略云：硃圈點處，總是意句與敘事好
> 處。黃圈點處，總是氣脈。硃圈點者人易曉，黃圈點者人難曉。黑
> 擲是背理處，青擲是不好要緊處，硃擲是好要緊處，黃擲是一篇要
> 緊處。〔註141〕

綜論之，南宋中後期古文選本及評點的興起，固然有經學章句、讀書句讀
等諸多文化傳統的影響，但更直接、關鍵的作用因素則應當是科舉考試。具體
而言：評點中的「評」來源於考官閱卷後所附的評語，評點中的「點」則來源
於考官評卷時的點抹符號。

四、科舉社會、商業出版與古文選本的流行

在探明古文選本與評點的起源問題後，我們再簡單歸納下古文選本在南
宋中後期社會間流行的原因。古文選本的評語與點抹符號，直接來源自科舉考
官評閱試卷的形式，顯示出古文選本作為「科舉社會的產物」的特徵；而古文
選本之所以在士人群體間廣泛流行，深受歡迎，箇中原因亦與科舉社會的語境
密切相關。

首先，科舉社會的成立與士人階層的擴大，使得古文選本擁有了龐大的受
眾。前文述及宋代科舉入仕的強大吸引力，使得越來越多的人接受「讀書—科
舉—出仕」的生活模式。同時結合學校的興立、教育的普及與知識的傳佈，使
得社會間形成了龐大的讀書人群體。〔註142〕這些讀書人群體都是古文選本的
潛在受眾，因應他們對於教育需求的增加，有助於理解文章辭意的古文選本在
社會間的接受度及流行範圍亦不斷擴增。

其次，隨著科舉考試的競爭激烈化，研習包括古文選本在內的科舉參考
書成為舉子場屋競勝的重要手段，得到極大的歡迎。隨著應試人數的不斷增
加，南宋後期的士人面臨著強大的科舉競爭的壓力。「如何超越同輩，在科舉

〔註141〕〔清〕錢泰吉撰、馮先思整理：《曝書雜記》（北京：中華書局，2020 年），
　　　　卷中，頁 88～89。但歸有光、方苞的評點多不存世，今可易見者有王拯《歸
　　　　方評點史記合筆》，惟王拯所刻為節錄墨刊本，點抹符號及其顏色皆用文字表
　　　　示。參見〔清〕王拯：《歸方評點史記合筆》（哈佛大學燕京圖書館藏清光緒
　　　　元年〔1875〕刻本）。
〔註142〕例如，劉祥光在針對南宋徽州地域的個案研究後，就得出「南宋期間識字率
　　　　在急速升高」的結論。參見氏著：〈中國近世地方教育的發展——徽州士人、
　　　　塾師與初級教育（1100～1800）〉，《中央研究院近代史研究所集刊》第 28 期
　　　　（1997 年 12 月），頁 39。

考試中取得優異成績」，成為當時士子普遍關心、思考的話題。舉子們逐漸探尋得一種專門應對科舉考試的學問路徑，時人稱之為「科舉學」或「科舉之學」，研讀科舉參考書乃是其中重要的一環。特別是在「以古文為時文」的觀念影響下，有助於學習場屋作文技巧、提高考試成績的古文選本，受到了極大的歡迎。

同時，南宋後期古文選本的流行，不應忽略另一項社會文化因素，即是前文揭櫫的晚宋商業出版的發達。我們目前所見幾乎所有晚宋古文選本，皆是由建陽地區的商業書坊刊刻出版的。這其間固然存在文獻流傳、闕佚的因素，但也確切地說明了古文選本與晚宋建陽地區商業出版之間的密切聯繫。

首先，商業書坊採取的生產與銷售模式，加快了古文選本出版與流通的效率。如前文所述，建陽地區的商業書坊通過革新書籍刻印生產的模式，如使用本地出產的竹紙等原料、降低書籍校勘品質、增加書籍的印刷次數等，有效地降低了書籍的刊印成本與銷售價格。低廉的價格使得書籍得以在更廣大的中下層士人群體間流通。商業書坊追求「薄利多銷」的經營策略，通過不斷增加書籍刊印的種類與數量，謀求商業利潤。南宋岳珂言：「建陽書肆方日輯月刊，時異而歲不同，以冀速售，而四方轉致傳習。」〔註143〕正是這種「速售」的經營模式，使得古文選本的流通效率極大地提高，當時士人獲得古文選本的難度也極大地降低，最終達到「四方轉致傳習」，社會間廣泛流行的局面。

其次，商業書坊設計的書籍形式與內容，吸引兜攬了古文選本的購買者。建陽商業出版的古文選本普遍附有刊記，宣傳該書內容豐富、校勘精良、有利科舉等，起到了廣告的作用，一定程度上促使了讀者購買。另者，書坊設計了「類編」、「增注」、「纂圖」、「諸儒批點」等體例，豐富多樣，滿足了讀者的差異化需求，不同的讀者都能找到適合自己的古文選本。同時，商業書坊緊跟科舉考試的命題風尚，因應場屋的最新動向而調整古文選本的內容，這對那些為功名而讀的舉子們而言，無疑極具吸引力。

要言之，晚宋時期的科舉社會決定了古文選本龐大的市場需求，商業出版又加快了書籍生產與流通效率，使得時人獲得古文選本的難度降低。正是在科舉社會與商業出版的歷史語境下，古文選本得以在更大的範圍內流通、閱

〔註143〕〔宋〕岳珂撰，朗潤點校：《愧郯錄》（北京：中華書局，2016年），卷9，頁123。

讀，在晚宋的社會間風靡一時。〔註144〕

　　當然，科舉社會、商業出版與古文選本之間的連結，體現在編輯、出版、閱讀等諸多環節，以上所論僅是揭櫫大端，關於古文選本的編輯、出版及閱讀的情況，將在第參章中予以具體論述。

〔註144〕劉祥光分析南宋時文稿的產生與流行時，作出以下判斷：「市場決定了時文稿的產生」，「時文稿基本上和科舉考試、讀書人口增長，以及印刷術的普及有密切關係。由於這幾個條件恰巧碰在一起，印時文稿的生意便急速增長。」這個論斷可以與本書所論古文選本在南宋流行的原因相參照。參見劉祥光：〈時文稿：科舉時代的考生必讀〉，《近代中國史研究通訊》第22期，頁50。

第參章　編輯、出版及閱讀：晚宋古文選本的書籍史考察

　　針對南宋中後期的古文選本，學界給予了一定的關注，但前輩學者的研究在洞見之餘，亦有未見之處。首先，以往研究未能充分拓展材料範圍，研究對象局限於《古文關鍵》、《崇古文訣》、《文章正宗》等南宋中期的古文選本，未能注意到南宋晚期古文選本發展的新動向。由於缺少了晚宋古文選本的重要一環，以致於無法勾連元明古文選本，建構起「南宋—元—明」通貫式的古文選本發展譜系。其次，以往研究大多依循「版本—選文—評點」的傳統進路，雖針對古文選本的選評特色、文學思想等內部元素，有了較為深入的認識，但關於古文選本在物質層面的形態，編選與出版的生成過程，以及社會流通後產生的影響等外部元素，則缺少關注，尚有較大的研究空間。

　　本章嘗試利用書籍史、閱讀史的研究方法，考察晚宋時期古文選本編輯、出版、閱讀等環節構成的「交流迴路」，同時探討書籍物質形態在編輯、出版等環節的生成與變動，以及之於閱讀環節的意義建構等內容。

第一節　晚宋古文選本的編輯

　　書籍史的理論要求研究者關注書籍生成與流通的諸種環節。在這個循環、相互作用的「交流迴路」中，首先需要關注的是書籍生成與流通的端點——書籍的編輯以及參與編輯的人。

一、編者的身分與群體來源

在晚宋古文選本的「交流迴路」中，編者、選家往往隱匿於書籍身後，但卻在書籍的體例創設、選文去取以及評點旨趣等方面，發揮著極為重要的作用。

論及古文選本的編者，首先需要追問的是編者的身分，包括他們從屬的社會階層，持有的知識結構與文化趣味等內容，這些都會影響到他們參與書籍編輯的工作。以下針對幾部晚宋時期新編的古文選本的編者，作一較為細緻的考察。

臺北故宮博物院藏《文章正印》，是一部珍貴的宋刻孤本，該書相對保留了較多的編者信息。該書書首的序文顯示主要編輯者為劉震孫，書後的跋文則表明廖起山亦對編輯工作作出了貢獻。劉震孫、廖起山二人完全不見任何史傳、筆記、方志等文獻著錄。〔註1〕該書卷端題作：「通直郎簽書武安軍節度判官廳公事劉震孫類編，迪功郎新饒州州學教授廖起山校正。」根據題銜可知，劉震孫曾任武安軍簽判，這是一個級別較低的地方基層官職。〔註2〕

該書的另一位編輯者廖起山曾任饒州州學教授，書後的跋文提及他曾「館其西塾，與纂輯之意」，〔註3〕可知他曾是劉震孫家中的私塾教師。廖起山以私塾教師的身分，參與《文章正印》的編輯工作，這一情況頗值得關注，有助於解釋晚宋古文選本編輯者群體的來源，後文將具體討論。

中國南京圖書館皮藏之《回瀾文鑑》，同樣是一部宋刻孤本。該書卷端題作：「承奉郎連州簽判虞祖南承之評次，幔亭虞夔君舉箋注。」可知該書的編者為虞祖南與虞夔。虞祖南曾擔任連州簽判，這是一個與劉震孫類似的地方基層官職。虞夔的名前僅題籍貫，而無官職題銜，故推測他應未擔任過任何官職。

〔註1〕 南宋另有一劉震孫，字長卿，號朔齋，北宋名臣劉摯之後，與劉克莊、林希逸等人有交往。祝尚書《宋人總集敘錄》認為《文章正印》的編者即此劉震孫。此說恐不確。此劉震孫於咸淳三年任知建州、福建轉運司轉運使，並於咸淳四年去世，故與咸淳九年刊印《文章正印》，題銜僅為武安軍簽判的劉震孫絕非同一人。

〔註2〕 檢《宋代登科總錄》，未見「劉震孫」之名，惟有一「劉震」，乃南康軍建昌人，咸淳四年登進士第，見（正德）《南康府志》載錄，未知是否為同一人。參見龔延明、祖慧編著：《宋代登科總錄》（桂林：廣西師範大學出版社，2014年），第12冊，頁6506。〔宋〕陳霖纂修：《南康府志》（上海：上海古籍書店，1972年，《天一閣藏明代方志選刊》影印明正德十五年〔1520〕刻本），卷6，頁36a。

〔註3〕 〔宋〕廖起山：〈後序〉，〔宋〕劉震孫編：《新編諸儒批點古今文章正印》（臺北故宮博物院藏南宋咸淳九年〔1273〕刻本），卷末，頁2a。

　　中國國家圖書館藏宋刻《古文集成》卷端題「盧陵王霆震亨福選編」，可知該書的編者是王霆震。王氏的情況與虞夔等人類似，根據題銜可知他是盧陵人，字亨福，由於卷端未題署官職，可推知他大概沒有進士登第，連低級官職都未曾擔任。至於其他仕履行實，則完全無從輯考。〔註4〕

　　至於其餘幾部晚宋時期成書的古文選本，如《龍川水心文粹》、《古文真寶》等書，因為材料的闕佚，皆已無法得知編者的具體信息。〔註5〕但從另一方面而言，或許說明這些書籍的編者大概也是一些地方基層官員與未取得功名的士子，由於在當時沒有廣泛的聲名，故而史籍、書目對他們編輯的書籍都不曾載錄。

　　綜論之，目前可考的晚宋古文選本編輯者，如劉震孫、廖起山、虞祖南等人，大多僅僅擔任州軍簽判、州學教授等低階官職；另如王霆震、虞夔等人，甚至連低級官職都未曾擔任。將此與南宋中期古文選本的編輯情況作一比較，約略可以窺見晚宋時期編輯者身分變化的一些趨勢：南宋中期古文選本的編輯，多出自呂祖謙、真德秀等高級官員、文章大家之手；相比之下，晚宋時期的編者在當時官階不高，聲名不顯，編輯者群體出現了身分下移的新動向。

　　所謂「身分下移的新動向」，不是說編輯者群體的組成實現了身分的轉換——從精英士人轉換成中下層士人，我們不否認晚宋時期尚有部分精英士人仍在參與古文選本的編輯，而是說從現有的材料來看，在晚宋時期，數量更為龐大的中下層士人加入到古文選本的編輯隊伍之中，成為了當時編者群體構成的主體。

〔註4〕　《中華再造善本總目提要》推測王霆震「蓋為書肆中人」，但亦未列舉證據。參見中華再造善本工程編纂出版委員會編著：《中華再造善本總目提要·唐宋編》（北京：國家圖書館出版社，2013年），頁746。

〔註5〕　部分學者據《龍川水心文粹》書前饒輝撰寫的序文，將該書的編者認定為饒輝，但鄧廣銘、李裕民等學者已作出辯證，認為饒輝的序文當是宋末書商所附，並非為原書而作。參見鄧廣銘：〈三十卷本《陳龍川文集》補闕訂誤發覆〉，收入氏著：《鄧廣銘治史叢稿》（北京：北京大學出版社，2010年），頁319～335。李裕民：〈《圈點龍川水心二先生文粹》研究〉，《歷史文獻研究》第37輯（2016年9月），頁297～306。同樣《千頃堂書目》、《天祿琳瑯書目》等著錄《古文真寶》時，將黃堅作為該書的編者，但姜贊洙作出辯證，指出黃堅只是「一位早期的改編者或修訂者」，利用同時署名黃堅編輯的《迺世遺音》，推斷黃堅「生活的時代，很可能是在元末明初」。參見姜贊洙：《中國刻本《古文真寶》的文獻學研究》（上海：復旦大學中國古典文獻學博士學位論文，2005年），頁66～70。

我們不由得追問：這些未能仕進顯耀，但卻擁有文化知識的中下層士人從哪裏來，他們為何參與到古文選本的編輯工作之中？

晚宋古文選本編輯者群體的來源，很大程度上與晚宋科舉競爭及士人向下流動的社會樣態相關。

許多學者的研究表明，由於科舉入仕展現出的強大吸引力，南宋以降，參加科舉考試的人數逐年增加，至晚宋時期，科舉參與人數達到極點。〔註6〕但與之相應，朝廷每年科舉錄用的名額卻未隨之增加，這意味著有愈來愈多的舉子將在考試競爭中失敗，成為落第士人。這部分士人為因應這種新的情勢，不得不開發出多元化的生存方式。〔註7〕

南宋人袁采（約1140～1195）撰寫的《袁氏世範》，是學界討論南宋士人家族發展與職業選擇時，經常徵引的材料，其中曰：

> 士大夫之子弟，苟無世祿可守，無常產可依，而欲為仰事俯育之計，莫如為儒。其才資之美，能習進士業者，可以取科第、致富貴；次可以開門教授，以受束脩之俸。其不能習進士業者，上可以事筆札，代箋簡之役，次可以習點讀，為童蒙之師。如不能為儒，則巫醫、僧道、農圃、商賈、伎術，凡可以養生而不至於辱先者，皆可為也。〔註8〕

可見，由於激烈的科舉競爭，當時的士人家族開始在科舉入仕之外，思考、選擇其他職業以謀生存，教師、醫生、卜算、編輯與出版等都是士人在科舉失敗後的次等選擇。〔註9〕

〔註6〕根據賈志揚的研究與統計，十一世紀的考生人數在二至三萬人左右，至十二世紀初，考生人數已接近八萬人，而到十三世紀中葉的南宋晚期，科舉考生的人數已經達到四十萬人以上。參見賈志揚：《宋代科舉》（臺北：東大圖書出版公司，1995年），頁56。

〔註7〕黃寬重將「士人向社會基層流動」視作晚宋時期士人社會發展的新動向之一。同時黃先生認為這些基層官僚及不仕士人，是晚宋社會中的多數，且是基層社會活動的主要承擔者，呼籲加強針對這些士人生活樣態及影響的研究。參見黃寬重：〈「嘉定現象」與南宋政治、社會研究芻議〉，收入氏著：《藝文中的政治》（臺北：臺灣商務印書館，2019年），頁92～93。

〔註8〕〔宋〕袁采：〈子弟當習儒業〉，《袁氏世範》（臺北：新文豐出版公司，1985年，叢書集成新編本），頁154。

〔註9〕此類記載見諸史籍頗多，如周密《齊東野語》中記述了一位糜先生，多年場屋失利後，從事鄉校教師以謀生。《齊東野語》：「糜先生，吳之老儒也。……記問該洽，九經注疏，悉能成誦，場屋之文，未嘗膾炙，為時鄉師。然垂老連蹇，

　　但平心而論，這些士人之所以多年無法登第，純是科舉競爭激烈以及個人運勢使然。他們多年以來，持之以恆地準備、參加科舉考試，積累了豐富的考試經驗，精研考試題目與解題要訣，尤其是對於考試作文的技法早已揣摩精熟。因此從事科舉考試參考書的編輯很自然地成為他們的職業選擇之一。〔註10〕

　　另一方面，即使部分士子有幸在科舉考試中脫穎而出，取得進士及第的身分，但由於朝廷進士多而職闕少的實情，他們仍不得不長期居鄉待闕。〔註11〕即使出現闕額，但在宋代薦舉與改官制度下，他們僅具「選人」資格，只能任幕職州縣等低階官職，必須經遷轉銓敘之法，通過考課、審核，同時提出五份薦舉信，方有改官機會。〔註12〕南宋中期以降，由於士人群體的擴大，薦舉與

未嘗預貢士籍。」參見〔宋〕周密撰，張茂鵬點校：《齊東野語》（北京：中華書局，1983 年），頁 105。另外，廖咸惠、劉祥光曾對南宋中下層士人參與卜算、風水等活動有深入的討論。參見廖咸惠：〈體驗「小道」：宋代士人生活中的術士與數術〉，《新史學》第 20 卷第 4 期（2009 年 12 月），頁 1～57。劉祥光：〈兩宋士人與卜算文化的成長〉，收入蒲慕洲主編：《鬼魅神魔：中國通俗文化側寫》（臺北：麥田出版社，2010 年），頁 221～277。

〔註10〕劉祥光根據南宋人衛博為時文冊子《穿錦編》寫作的序，指出當時有許多落第士人參與到時文刊本的編輯之中，或以維生，或以教學之用。參見劉祥光：〈宋代的時文刊本與考試文化〉，《臺大文史哲學報》第 75 期（2011 年 11 月），頁 54。賈晉珠分析了宋元建陽地區商業出版家族的職業選擇，認為當地不少士人將出版業視作在科舉失敗後的另一種選擇，她指出：「科考錄取希望渺茫這一因素，也可能在宋代就已經改變了刻書世家後裔的職業選擇。建陽地區的男子不同程度地參與出版業活動，這可以被視作南宋時已經普遍存在的一個重要社會現象的縮影，即受過良好教育的士子人數遠遠超過科考錄取份額和官職缺額。」參見〔美〕賈晉珠著，邱葵、鄒秀英、柳穎、劉倩譯：《謀利而印：11～17 世紀福建建陽的商業出版者》（福州：福建人民出版社，2019 年），頁 119～120。

〔註11〕如淳熙二年（1175），孫應時中詹騤榜進士，然而員多闕少，中舉后只能鄉居待闕，在紹興府執教，補貼家計。淳熙五年（1178）冬，孫應時才獲任台州黃巖縣尉。黃巖縣尉任滿後，仍未獲得晉升之途，又只好歸鄉教書，再度待闕。這一情況至晚宋時期，隨著「進士多、職闕少」情況的加劇，待闕人數與鄉居時間也隨之增加。參見黃寬重：《孫應時的學宦生涯：道學追隨者對南宋中期政局變動的因應》（臺北：臺灣大學出版中心，2018 年），頁 44～51。

〔註12〕趙昇《朝野類要》載：「承直郎以下選人，在任須俟得本路帥撫、監司、郡守舉主保奏堪與改官狀五紙，即趨赴春班。改官謝恩，則換承務郎以上官序，謂之京官，方有顯達。其舉主各有格法限員，故求改官奏狀，最為難得。如得，則稱門生。」參見〔宋〕趙昇著，王瑞來點校：《朝野類要》（北京：中華書局，2000 年），卷 3，「改官」條，頁 70。

改官呈現出更為嚴酷、激烈的競爭態勢。〔註13〕多數的進士，無法得到薦舉與改官，長期困頓於下僚。他們為謀求生計，亦不得不尋求本官之外的寄生職業，舉業教學、書籍編輯等，皆在他們的選擇範圍之內。〔註14〕廖起山作為私塾教師的身分，參與到《文章正印》的編輯之中，就是一個典型的個案。

檢視《宋代登科總錄》，劉震孫、廖起山、虞祖南、虞夔、王霆震等人，皆未見著錄。這當然可能是出自史籍失載，但虞夔、王霆震等人的題署頗為簡單，僅僅題寫籍貫與字號，若是曾進士登第，擔任官職，出於商業射利與廣告宣傳的需要，勢必將在題署中添加科第與官職，以吸引讀者目光。因此，虞夔、王霆震等人應該是沒有在科舉中取得功名，未能擔任官職的不第士人。

至於劉震孫、廖起山、虞祖南，書端題署均為州軍簽判或州學教授等基層官職。他們文散官階分別為「通直郎」、「迪功郎」、「承奉郎」等，皆在「承直郎」以下，在宋代品階制度中屬於「京朝官」之下的「幕職州縣官」。〔註15〕他們極有可能已經在科考中登第，但在宋代改官制度下，由於缺少長官的賞識與推薦，在競爭更為激烈的薦舉與改官的程序中受阻，長期沉於下僚，不得改官仕進。

以上之所以細緻地考察編者的身分與來源，是因為編者的身分與來源直接關係到古文選本生成的風貌。當劉震孫、虞祖南、王霆震等中下層士人，加入到古文選本的編輯隊伍之後，他們所持有的思想觀念與文化趣味，也隨之滲透入晚宋古文選本的編輯之中。這對於真德秀等精英士人建構的古文選本編輯的傳統形成了挑戰，使得晚宋古文選本在編輯目的、編輯體例、選文與評點的旨趣等方面，呈現出新的獨特風貌。

二、書籍性質與編輯目的

緒論中已經述及「選本」與「總集」，具有「區別優劣」、「刪汰繁蕪」的

〔註13〕關於南宋的薦舉改官與士人流向基層的問題，可參考王瑞來的研究。參見王瑞來：〈金榜題名後：「破白」與「合尖」──宋元變革論實證研究舉隅之一〉，收入氏著：《近世中國：從唐宋變革到宋元變革》（太原：山西教育出版社，2015年），頁215～234。

〔註14〕這方面的討論，可以參看梁庚堯：《宋代科舉社會》（臺北：臺灣大學出版中心，2015年），頁185～188。梁庚堯：〈南宋教學行業興盛的背景〉，收入宋史座談會編：《宋史研究集》第三十輯（臺北：國立編譯館，2000年），頁317～343。

〔註15〕宋代官員的品階分作文、武兩大類，文官大體又分「朝官」、「京官」、「幕職州縣官」三個等次，朝官與京官常並稱為「京朝官」，幕職州縣官因最初歸吏部流內銓銓選，故又常稱之為「選人」。參見苗書梅：《宋代官員的選任與管理制度》（開封：河南大學出版社，1996年），頁414。

功能。在編次與選錄的過程中，編者寄寓的思想懷抱與文學批評的意義往往得以突顯，故選本編纂歷來被視作頗為鄭重之事。

縱觀中國文學史上的選本，往往具有寄託個體情志與推廣文學主張的功能。早在南朝時，以昭明太子蕭統為代表的折衷派和以簡文帝蕭綱為代表的趨新派，分別編選了《文選》和《玉臺新詠》兩種選本來推進自己的文學主張。〔註16〕爾後，宋初的姚鉉編纂《唐文粹》，自序稱：「止以古雅為命，不以雕篆為工」，〔註17〕與宋初朝廷的「右文」政策與思想界的復古思潮聲氣相通，可見姚鉉在編輯選本中，實蘊崇儒復古、推廣教化之意。

至於南宋中期呂祖謙編選的《宋文鑑》，周必大（1126～1204）為之撰序言：「謂篇帙繁夥，難於遍覽，思擇有補治道者，表而出之」。〔註18〕葉適亦言：「大抵欲約一代治體，歸之於道，而不以區區虛文為主。」〔註19〕可見呂祖謙編纂該書時，秉持著「有補治道」，「約一代治體，歸之於道」的編選原則。綜觀《宋文鑑》的選文，存在明顯的選文傾向，即傾向於選錄符合儒家義理，有助於國家治道與社會教化的文章。這其中也寓含著編者對國家社稷前途與命運的憂患意識。〔註20〕

同樣是呂祖謙編纂的《古文關鍵》，作為南宋的第一部古文選本，原是他為了教導舉子科舉考試而編輯的參考書。〔註21〕受呂祖謙影響下編輯而成的古文選本，如樓昉的《崇古文訣》，都與科舉考試有著密切的關係。〔註22〕故日本學者高津孝在細緻考察宋元時期的古文選本之後，提出了「自呂祖謙開

〔註16〕周勛初：〈梁代文論三派述要〉，《文史探微》，收入氏著：《周勛初文集》第三卷（南京：江蘇古籍出版社，2000年），頁89。

〔註17〕〔宋〕姚鉉編：《重校正唐文粹》（上海：商務印書館，1922年，四部叢刊初編本），卷98，頁1a～1b。

〔註18〕〔宋〕周必大：〈宋文鑑序〉，呂祖謙撰，齊治平點校：《宋文鑑》（北京：中華書局，1992年），頁1。

〔註19〕〔宋〕葉適：《習學記言序目》（北京：中華書局，1977年），卷47，頁695。

〔註20〕參見犖本棟：〈論《宋文鑑》〉，《中國文化研究》，2012年第1期，頁43～58。

〔註21〕陳振孫《直齋書錄解題》著錄《古文關鍵》謂「取韓、柳、歐、蘇、曾諸家文，標抹注釋，以教後學」。參見〔宋〕陳振孫撰，徐小蠻、顧美華點校：《直齋書錄解題》（上海：上海古籍出版社，1987年），卷15，頁451。

〔註22〕樓昉登第後曾長期授業四明鄉里，《崇古文訣》應是當時為授業所編。《延祐四明志》載：「其從學者，凡數百人」，「嘗編歷代文章為一編，業進士者咸誦之，宋世鄞世善論策，台越進士歲率數十人來相從，繇昉始。」〔元〕袁桷撰：《延祐四明志》（臺北：成文出版社，1983年，中國方志叢書影印清咸豐四年〔1854〕刊本），卷5，頁18。

始的評點本古文選集實為科舉考試參考書」的觀點。〔註23〕本書在第貳章中也著意論述了古文選本與評點之興起,與科舉試官批閱舉子試卷的形式密切相關。

但另一方面需要指出的是,呂祖謙作為一名具有道學色彩的舉業教師,他編輯的《古文關鍵》並非專為舉業而設,實際是利用舉業教學,推廣道學並藉其實現理想。〔註24〕同時《古文關鍵》在文體與作品的選擇去取之間,仍彰顯出呂祖謙重視經史之學的學術傾向,故具有「君子之事業」的學術意義。〔註25〕

這種游離在「君子事業」與「舉子事業」之間的編輯目的,是南宋中期古文選本的共同特徵。除《古文關鍵》之外,大儒真德秀《文章正宗》卷首所附〈綱目〉中,明確將「明義理,切世用」,「其體本乎古,其指近乎經」作為該書的編輯目的。〔註26〕該書設立「辭命」、「議論」、「敘事」、「詩賦」四種文類,在編次體例上以作為「王言」的「辭命」為最先,而以最富文學性的「詩賦」為最後,同時選文傾向於有利治道與教化者,故四庫館臣評價該書言:「其持論甚嚴,大意主於論理而不論文。」〔註27〕

再如樓昉的《崇古文訣》曾得到劉克莊撰寫的序文,稱該書「尊先秦而不陋漢唐,尚歐曾而並取伊洛」,「可以掃去《粹》、《選》而與《文鑑》並行矣」。〔註28〕在劉克莊的敘述中,該書被置於「合周程、歐曾之裂」的學術脈絡之中,〔註29〕抬升至超邁《文選》、《唐文粹》,而得以與《宋文鑑》並行的

〔註23〕〔日〕高津孝著,潘世聖等譯:《科舉與詩藝:宋代文學與士人社會》(上海:上海古籍出版社,2013年),頁82。

〔註24〕關於這個問題,呂宜軒的碩士學位論文有較為全面的討論。參見呂宜軒:《呂祖謙的舉業教學》(臺北:政治大學中國文學研究所學位論文,2010年,劉祥光先生指導),頁1~196。

〔註25〕參見鞏本棟:〈南宋古文選本的編纂及其文體學意義──以《古文關鍵》、《崇古文訣》、《文章正宗》為中心〉,《文學遺產》,2019年第6期,頁52~65。

〔註26〕〔宋〕真德秀:〈文章正宗綱目〉,《文章正宗》(臺北:臺灣商務印書館,1983年,景印文淵閣四庫全書本),書首,頁1a。

〔註27〕〔清〕永瑢等撰:《四庫全書總目》(北京:中華書局,1965年),卷187,頁1699。

〔註28〕〔宋〕劉克莊著,辛更儒箋校:〈迂齋標注古文序〉,《劉克莊集箋校》(北京:中華書局,2011年),卷96,頁4049。

〔註29〕「周程、歐曾(蘇)之裂」是兩宋思想史上的重要命題,即謂宋代思想文化發展至北宋中期出現由合而分的情勢,以周敦頤、程頤為代表的理學與以歐陽脩、曾鞏、蘇軾為代表文學呈現出緊張對立的關係。但至南宋中後期,部分文

地位。

可見，古文選本的興起，雖與科舉考試存在密切的關係，但在南宋中期，古文選本並未完全捨棄「明義理、切世用」的編輯目的，仍不失為「君子之事業」。

但至晚宋時期，與編輯者群體的身分下移相關，古文選本的書籍性質與編輯目的呈現出新的變化趨向。

南宋中期的古文選本在書前序跋、書內評點中，從未直白地提及科舉相關的內容。實際上，諱言舉業，乃是南宋中期精英士人群體間普遍存在的一種社會風氣，呂祖謙、陳傅良（1137～1203）、陳亮（1143～1194）等士人，雖皆精於場屋程文與舉業教學，但對於此事都有所諱言。

如呂祖謙在與友人的書信中，曾言：「《博議》並《奧論》中鄙文，此皆少年場屋所作，往往淺狹偏暗，皆不中理，若或誦習，甚誤學者。凡朋友問者，幸徧語之。」〔註30〕《左氏博議》，據呂喬年編《年譜》，可知是呂祖謙於乾道四年（1168）冬授業曹家巷時所作。〔註31〕從上引書信可以看出，呂祖謙對於這些早年編輯的科舉參考書與場屋程文，頗為諱言，不乏自我貶毀之意。

另外，陳傅良早年因程文寫作與教學，聲名頗盛，「執經戶外，方屨闐集，片言落筆，傳誦震響，場屋相師」。但當弟子曹叔遠為他編輯《止齋先生文

士開始提出「合周程、歐蘇之裂」的思想命題。劉壎（1240～1319）《隱居通議》載：「永嘉有言：『洛學起而文字壞』，此語當有為而發。聞之雲臥吳先生曰：『近時水心一家，欲合周程、歐蘇之裂。』」吳子良（1197～1256）〈筌窻續集序〉載：「自元祐後，談理者祖程，論文者宗蘇，而理與文分為二。呂公病其然，思融會之，故呂公之文早範而晚實。逮至葉公，窮高極深，精妙卓特，備天地之奇變，而隻字半簡無虛設者。壽老一見，亦奮躍，策而追之，幾及焉。」分別參見〔宋〕劉壎：《隱居通議》（北京：中華書局，1985年，影印叢書集成初編本），卷2，頁17。〔宋〕陳耆卿：《筌窻集》（臺北：臺灣商務印書館，1983年，景印文淵閣四庫全書本），卷首，頁4。

〔註30〕〔宋〕呂祖謙：〈答叢與言〉，《東萊呂太史別集》，收入黃靈庚主編：《呂祖謙全集》第一冊（杭州：浙江古籍出版社，2008年），卷10，頁498。

〔註31〕呂喬年編《年譜》「乾道四年」條載：「冬，授業曹家巷，始有《規約》及《左氏博議》。」〔宋〕呂喬年：《年譜》，〔宋〕呂祖謙：《東萊呂太史文集》，收入黃靈庚主編：《呂祖謙全集》第一冊（杭州：浙江古籍出版社，2008年），附錄，頁741。該書呂氏自序稱：「《左氏博議》者，為諸生課試之作也。」〔宋〕呂祖謙：〈自序〉，《左氏博議》，收入黃靈庚主編：《呂祖謙全集》第六冊（杭州：浙江古籍出版社，2008年），附錄，頁575。

集》,〈後序〉中言:「《城南集》之類皆幼作(指早年習舉業時所作),先生每悔焉。故叔遠所詮次,斷自梅潭丁亥以後,抑先生意云爾。」〔註32〕陳傅良與呂祖謙的情況類似,雖馳名於場屋,但卻每每後悔早年曾編輯、寫作的舉業文章。在他死後,早年所作舉業相關的文字,都未被收入文集之中。

再如陳亮在〈鄭景望雜著序〉中提及,當時人欲編輯刊刻鄭景望的議論文字,以利於科舉之用。陳亮對此明確表達反對意見,認為鄭景望作為「永嘉道德之望」,視孔、孟、呂、范、賈、陸等聖賢名公為典範,因此將他的議論文字用作科舉考試的功利用途,只會「反以累公」。〔註33〕對方雖然為之迴護,但亦認為「科舉骫骳之文,不根之論」云云,對於科舉文字與舉業教學的輕視,顯而易見。

陳亮自身亦曾編輯科舉參考書,如他編選的《歐陽文粹》一書,即是為「舉業而設」。陳亮在〈書歐陽文粹後〉論述編輯宗旨時,稱「故予姑掇其通於時文者」,可見他是秉持「以古文為時文」的理念,希望透過編選歐陽脩的古文作品,達到有助於場屋程文寫作的目的。然而,陳亮隨後又強調:

> 由是而不止,則不獨盡究公之文,而三代兩漢之書蓋將自求之而不
> 可禦矣。先王之法度猶將望之,而況於文乎!則其犯是不疑,得罪
> 於世之君子而不辭也。〔註34〕

可見,編輯科舉參考書在當時社會間面臨著很大的輿論壓力,動輒有「犯是不疑」,「得罪於世之君子」的風險,於是陳亮雖然編輯《歐陽文粹》,但亦不得不以「有利於望先王之法度」的理由來為自己的行為作辯護。

總而言之,南宋中期的士人雖有從事場屋程文寫作與舉業教育者,往往對於舉業一事頗為諱言,甚至不乏自我詆毀之意。箇中原因便是在於傳統儒學主張「學以為己」與「學以致用」,在道德取向的語境下,為科舉功名而讀書的功利性目的,無法得到精英士人們的認同,面臨著強大的社會壓力。

但相比之下,在晚宋時期,情況約略發生了一些變化。《回瀾文鑑》作為一部大約成書於理宗朝時的古文選本,在該書所附評語中在在可見科舉考試

〔註32〕〔宋〕曹叔遠:〈止齋先生文集後序〉,〔宋〕陳傅良著,周夢江點校:《陳傅良文集》(杭州:浙江大學出版社,1999年),附錄三,頁705。
〔註33〕〔宋〕陳亮著,鄧廣銘點校:《陳亮集》(北京:中華書局,1987年),卷23,頁259。
〔註34〕〔宋〕陳亮著,鄧廣銘點校:《陳亮集》(北京:中華書局,1987年),卷23,頁246。

的身影，如前集卷十九葉適〈君德一〉總評曰：「文勢清健，最利舉業。」同卷葉適〈民事上〉總評曰：「業舉子者讀之，最有益於筆端也。」這裏的「舉業」即指科舉考試，「業舉子者」即指準備參加科舉考試的舉子。可見虞祖南等人在編輯古文選本時，心目中的預期讀者即是準備科舉考試的舉子，其編輯目的純粹是為舉子提供一部科舉考試參考書。

在成書於宋末的《文章軌範》中，這種指向科舉考試的功利性話語亦在在可見。如該書卷二卷首序曰：「初學熟此，必雄於文。千萬人場屋中，有司亦當刮目。」〔註35〕卷五卷首序曰：「場屋中日暑有限，巧遲者不如拙速。論策結尾略用此法度，主司亦必以異人待之。」〔註36〕

明代的王守仁（1472～1529）在為《文章軌範》撰寫的序文中，言：「取古文之有資於場屋者，自漢迄宋，凡六十九篇，標揭其篇章字句之法。」王守仁徑直稱謝枋得該書「是獨為舉業者設耳」，〔註37〕便是敏銳地指出《文章軌範》作為科舉考試參考書的性質。

這種「純為舉業者設」的編輯目的，在劉震孫為《文章正印》撰寫的序文中，表現得更加直白顯露，其言：

> 學者玩味，因批以求意之相關，因點以觀文字之造妙，則胸中洞融，
> 筆下滂霈，擢棘闈、冠蘭省、魁楓陛，纍纍之印垂金，腰間之印如
> 斗，皆自此正印中來矣，顧不偉歟。〔註38〕

此處的「擢棘闈」、「冠蘭省」、「魁楓陛」等語，均是指代在科舉考試中拔得高第。劉氏聲稱舉子們通過閱讀此書，可以在科舉考試中取得理想的成績，可見他編輯此書的目的純粹是為舉子提供一部應對科舉考試的參考書。

李弘祺認為：「最能代表中國教育傳統的精神的一句話，應該就是『學以為己』」。〔註39〕「學以為己」教育理想的理論依據，可以上溯至儒家經典《論

〔註35〕〔宋〕謝枋得編：《疊山先生批點文章軌範》（北京：北京圖書館出版社，2005年，《中華再造善本》影印中國國家圖書館藏元刻本），卷2，頁1a。

〔註36〕〔宋〕謝枋得編：《疊山先生批點文章軌範》（北京：北京圖書館出版社，2005年，《中華再造善本》影印中國國家圖書館藏元刻本），卷5，頁1a。

〔註37〕〔宋〕謝枋得編：《文章軌範》（臺北：臺灣商務印書館，1983年，景印文淵閣四庫全書本），卷首，頁1a。

〔註38〕〔宋〕劉震孫編：《新編諸儒批點古今文章正印》（臺北故宮博物院藏南宋咸淳九年〔1273〕刻本），卷首，頁3a～3b。

〔註39〕參見李弘祺：《學以為己：傳統中國的教育》（香港：香港中文大學出版社，2012年），頁2～8、261～265。

語》中「古之學者為己，今之學者為人」的論述，〔註40〕這也被作為南宋理學家教育主張的核心內容，而收入至呂祖謙、朱熹編輯的《近思錄》中，且謂「古之學者為己，其終至於成物；今之學者為物，其終至於喪己」。〔註41〕但是在晚宋選本中，如《文章正印》序中稱「纍纍之印垂金，腰間之印如斗，皆自此正印中來矣，顧不偉歟」，高官顯爵，富貴榮華，都可以藉由閱讀選本、參加科考而擁有，用語設辭中功利化與實用性的取向，昭然若揭，已然絲毫顧不上儒家「學以為己」的思想傳統了。這種極度功利化的編輯目的，若出現在呂祖謙、真德秀等大儒的著述中，完全是難以想像的。

綜論之，在晚宋時期，編輯者群體的身分下移，使得中下層士人的思想觀念與文化趣味進入到古文選本的編輯之中。相比南宋中期從事選本編輯的呂祖謙、真德秀等精英士人，晚宋時期的編者更少地受到儒家傳統的負累與制約。因應愈發龐大的市場需求，他們在編輯過程中呈現出更加功利的心態，以及通俗化、平民化的立場，使得古文選本的編輯目的徹底褪去了「切世用」的色彩，從「君子之事業」淪為純粹的「舉子之事業」。

三、生成機制與選文傾向

目前所見南宋中期的古文選本，如呂祖謙《古文關鍵》、樓昉《崇古文訣》等，皆是由某一人專力選編、評點而成，基本可視作編輯者的原創性成果。故在編選去取與圈點評騭之間，蘊含著編輯者針對文體類分、作家風格、作品優劣的獨特見解，反映出編輯者個人的性情與學術思想。

與編輯目的日趨功利化相應，晚宋古文選本的編輯方式發生了變化，出現了一種「彙編式」的書籍生成機制。

我們以往或許存在一個錯誤的認識，認為晚宋人編選一部詩文選本，是「平地起高樓」式的，是重新從各位作者的別集中採輯舊文整理而成的。但事實上並非如此，晚宋選本的編輯，利用的資源往往是先前或是同時期的選本，通過對它們加以刪汰、增添、整理、改編，以「彙編」的形式構成一部新的選本。

作為晚宋古文選本的一個典型個案，《文章正印》的編輯過程值得關注。

〔註40〕〔三國〕何晏集解，〔宋〕邢昺疏：《論語注疏》（臺北：藝文印書館，1981年，影印清嘉慶二十年江西南昌府學刊本），頁128上欄。

〔註41〕〔宋〕呂祖謙、〔宋〕朱熹編，〔宋〕葉采集解，程水龍校注：《近思錄集解》（北京：中華書局，2017年），卷2，頁70。

該書題名為「新編諸儒批點古今文章正印」，其間便隱含了將諸儒著述彙編整理成新作品的書籍性質。該書的選文彙編自先前的文學總集，在與《觀瀾文集》、《崇古文訣》等書選文的比對中，可以發見明顯的文本承續脈絡。該書的圈點評語更是全部輯錄自《古文關鍵》、《崇古文訣》、《古文標準》等評點選本，與前人著意論文、精心批點、提出原創性的觀點不同，該書中出自編輯者之手的原創性文字幾近於無。〔註42〕

在晚宋古文選本的生成過程中，編輯者所做的工作更接近於一種文獻整理與彙編，反映的是一種與南宋中期不同的「彙編式」的書籍生成機制。在這種生成機制運作下編輯而成的選本，或可以稱之為「彙編式評點型選本」。〔註43〕

「彙編式」的書籍生成機制具有相當的廣博性。由某一人專力編輯的原創性選本，往往具有強烈的個人風格，如《古文關鍵》重視議論文體，《文章正宗》尤重「明義理、切世用」的文本，在編選取向明確的同時，也限縮了取材的範圍。晚宋的「彙編式評點型選本」，由於採自諸家選本，風格不主一家，一定程度上模糊了編選的取向，但反而呈現出廣博多元的特色。

《四庫全書總目》在為《古文集成》撰寫的提要中，形容該書的「彙編式」體例稱：「凡呂祖謙之《古文關鍵》，真德秀之《文章正宗》，樓昉之《迂齋古文標注》，一圈一點，無不具載。」〔註44〕劉震孫在《文章正印》的序言中亦自詡言：「凡諸儒之著述，前輩之批點，莫不具備，誠可謂集古今之大成矣。」〔註45〕這些評語所言非虛，「具備」與「集大成」確實是晚宋書籍生成機制的特點。當然因此帶來「蕪雜」的弊病，也是不可避免的，只是不在本書論述範圍內，故暫且不論。

「彙編式」的書籍生成機制具有相當的包容性。以《文章正印》的批點彙編為例，該書批點的取材廣泛多元，除了輯錄前人的評點選本以外，還涵

〔註42〕經統計，《文章正印》書中的批點，引《古文標準》計十九篇文章，引《古文關鍵》、《東萊集注觀瀾文集》計四十三篇文章，引《崇古文訣》計八十二篇文章。詳見本書第陸章〈《文章正印》考論〉。

〔註43〕「彙編式評點型選本」一語出自侯體健對《古文集成》一書性質的總結。參見侯體健：〈南宋評點選本《古文標準》考論〉，收入氏著：《士人身份與南宋詩文研究》（上海：復旦大學出版社，2018年），頁251。

〔註44〕〔清〕永瑢等撰：《四庫全書總目》（北京：中華書局，1965年），卷187，頁1702。

〔註45〕〔宋〕劉震孫編：《新編諸儒批點古今文章正印》（臺北故宮博物院藏南宋咸淳九年〔1273〕刻本），卷首，頁3a。

括了文人筆記、理學家語錄等多種著述體裁。筆記如《唐子西語錄》、《復齋謾錄》、《苕溪漁隱叢話》等。另有部分批點署名為「郎學士」、「松齋」、「槐城」、「謝相山」等，由於文獻闕佚，出處多已不可考，或是出自時人論文的著述。〔註46〕其中值得注意的是，該書將《二程語錄》、《龜山語錄》等理學家語錄，亦納入至古文評點的體系之中，用以幫助讀者理解《西銘》等理學的經典文本，體現出「彙編式評點型選本」的包容性。

在晚宋以及之後相當長的一段時間裏，「彙編式評點型選本」成為了一種出版的風潮，如今所見如《文章正印》、《古文集成》、《諸儒箋解古文真寶》（以下簡稱「古文真寶」）等書，〔註47〕均是相同書籍生成機制下的產物。《四庫全書總目》謂《御選古文淵鑑》，「備載前人評語，用王霆震《古文集成》例」。〔註48〕可見在後世的選本編輯中，「彙編式」的書籍生成機制已經作為某種選本編輯的定例，不斷地得到沿襲。

「彙編式」的書籍生成機制的出現與流行，大概有三個方面的原因。一者，與古文選本編輯工作的自身演進與成熟相關。南宋中期呂祖謙《古文關鍵》、樓昉《崇古文訣》、真德秀《文章正宗》等書，在文章選錄、音義注釋、風格評點等方面已經取得十分豐富的成果，在選本編輯領域具備了典範性的意義，故後人只需在前人選本的基礎上加以彙整、加工即可。

二者，與晚宋商業出版發達的歷史語境相關。晚宋商業書坊秉持「利在薄而易售」〔註49〕的謀利原則，在商業運作模式之下，採取「速效」、「易成」的編輯與出版方式。「彙編式」的書籍生成機制，不需花費較多的精力與成本，

〔註46〕 可考的如郎學士、槐城。郎學士即郎曄，編有《經進三蘇文集事略》，署名為他的評語即出自此書。槐城當是王櫟，王櫟字國正，號槐城，與劉辰翁有交游。劉辰翁集中〈燭影搖紅〉、〈念奴嬌〉等詞皆是為王槐城而作，內中有提及王槐城的相關情況。參見〔宋〕劉辰翁著，吳企明校注：《劉辰翁詞校注》（上海：上海古籍出版社，2015年），頁176～177、180～183。

〔註47〕 《文章正印》、《古文集成》皆成書於宋末，應無疑義。惟《古文真寶》一書版本較為複雜，該書現存最古的版本為中國紹興圖書館度藏元刻本《魁本大字諸儒箋解古文真寶》，但據姜贊洙考察，該元刻本保留較多宋諱，推測「其底本很有可能是一個宋刻本」。參見姜贊洙：《中國刻本《古文真寶》的文獻學研究》，（上海：復旦大學中國古典文獻學博士學位論文，2005年），頁11～12、24。

〔註48〕 〔清〕永瑢等撰：《四庫全書總目》（北京：中華書局，1965年），卷190，頁1725。

〔註49〕 〔宋〕蔡襄：《端明集》（臺北：臺灣商務印書館，1983年，景印文淵閣四庫全書本），卷34，頁22b。

在短時間內即可以完成編輯工作，旋即進入到出版與銷售的環節，故而受到商業書坊的青睞與積極推動。

三者，隨著編輯者群體的身分下移，功利化的目的與通俗化的立場進入到古文選本的編輯之中，使得古文選本褪去了原有高古的文化趣味，不再是藉以表達個體情志與學術觀點的載體，而淪為僅僅用於準備舉業的考試參考書。對於舉業用書而言，若傾注心力從事編選與評點，顯然是一件過於「奢侈」的事情了。

除了編輯體例上的新變，在選文傾向方面，也體現出編者身分下移後帶來的功利化、通俗化的新動向。

在南宋中期的《古文關鍵》、《崇古文訣》等書中，入選作品數量最多的是韓愈、柳宗元、歐陽脩、蘇軾等古文大家，形成了「韓柳歐蘇」或是「唐宋八大家」的古文典範，學界多所論者。〔註50〕此外，臺北國家圖書館庋藏宋刻孤本《精騎》，是一部成書於南宋孝宗朝，節錄古文段落的雜鈔類選本。根據現存目錄可知，該書主要節錄了韓愈、柳宗元、歐陽脩、王安石（1021～1086）、蘇洵（1009～1066）、蘇軾、蘇轍（1039～1112）、曾鞏（1019～1083）的文集與著述，隱約已可見「唐宋八大家」經典譜系的成型。〔註51〕這反映出選錄韓、柳、歐、蘇等唐宋古文家作品，是南宋中期古文選本的集中傾向與普遍好尚。

但在晚宋古文選本中，唐及唐以前的作家作品很少被選入，同時代的宋人文章則受到重視，尤其是接近編輯時代的南宋人文章被大量地選入書中。如《文章正印》全書五百八十八篇的選文中，選錄宋人文章在五百二十篇左右。《回瀾文鑑》的選文全部為宋人作品，而其中南宋人作品尤其多，以該書

〔註50〕高津孝認為自呂祖謙《古文關鍵》至乾隆《御選唐宋文醇》的文章選本，在南宋至明「唐宋八大家」的經典化脈絡中發揮了關鍵性的作用，張海鷗亦指出南宋古文選本對「唐宋八大家」的選擇具有集中的文體選擇和經典確認意味。參見〔日〕高津孝：〈論唐宋八大家的成立〉，收入氏著，潘世聖等譯：《科舉與詩藝：宋代文學與士人社會》（上海：上海古籍出版社，2013年），頁37～51。張海鷗：〈南宋古文選本中的文章學思想〉，收入氏著：《宋代文章學與文體形態研究》（廣州：中山大學出版社，2018年），頁67～88。

〔註51〕〔宋〕佚名編：《精騎》（臺北國家圖書館藏南宋孝宗光宗間〔1127～1279〕刻本）。關於該書的版本、體例、選文的討論，參考岑天翔：〈王安石《淮南雜說》的輯佚與討論——以臺北國圖藏《精騎》的利用為中心〉，「第十二屆全國高校史哲論壇」，長沙：湖南大學嶽麓書院，2021年6月5日。同時參看本書附錄參。

保存完整目錄的後集計算，全部一百篇的選文中，南宋人文章足有八十五篇之多。誠如魏希德所言：「強調晚近的文學模式，而不是古典模式」是南宋晚期古文選本的主要特點。〔註52〕

先前作為古文典範的「韓柳歐蘇」的作品，在晚宋古文選本的選文中呈滑落的趨勢，取而代之的是南宋理學家與晚宋科舉名家的文章。

前者可以《文章正印》為例，該書選錄朱熹文章六十六篇，張栻（1133～1180）三十五篇，其餘如呂祖謙、程頤（1033～1107）、劉子翬（1101～1147）、陸九淵（1139～1192）、胡宏（1106～1162）、黃榦等各有若干篇文章入選，超過了古文家作品的入選數量。晚宋古文選本之所以普遍選錄理學家的作品，實與當時科舉考試標準的變動密切相關。在晚宋時期，隨著理學思想被確立為官方正統學說，〔註53〕理學文化漸次向科舉考試滲透。至淳祐年間，理學取得考試場域中的權威地位，理學經典特別是朱熹的傳統成為策論出題與閱卷的標準。〔註54〕為了因應考試標準的變化，晚宋時期的古文選本以科舉教育為編輯目的，採納理學的選文標準，開始選錄大量理學家的文章，以及彙編理學家的注解、評論。從這一過程中可見，晚宋古文選本選錄文章的取向完全隨著科舉標準的變動而調整，大量選入缺乏文學價值的理學家文章，顯示出晚宋古文選本喪失了「論文」的性格，成為功利導向的「干祿之具」。

同時古文選本中入選的理學文本存在特定的傾向。《文章正印》、《古文集成》等書中選入了許多太極、八卦相關的易學圖，多是抄撮彙編自蔡元定（1135～1198）的《皇極經世指要》。〔註55〕易學圖與文章作法毫無關聯，卻

〔註52〕〔比利時〕魏希德著，胡永光譯：《義旨之爭：南宋科舉規範之折衝》（杭州：浙江大學出版社，2015年），頁121。

〔註53〕學者一般以理宗淳祐元年（1241年）詔以周敦頤、張載、程顥、程頤、朱熹從祀孔子，作為理學正式成為官方正統思想的標誌。參見周良霄：《程朱理學在南宋、金、元時期的傳播及其統治地位的確立》，《文史》第37輯（北京：中華書局，1993年），頁139～168。〔美〕劉子健：〈宋末所謂道統的成立〉，收入氏著：《兩宋史研究彙編》（臺北：聯經出版有限公司，1987年），頁249～284。〔美〕劉子健著，趙冬梅譯：《中國轉向內在──兩宋之際的文化內向》（南京：江蘇人民出版社，2002年），頁120～139。

〔註54〕祝尚書認為在理宗時代，道學正式「成為科舉考試的主要內容，全面影響到時文寫作和文學創作，並下啟元、明兩代」。參見祝尚書：〈宋代理學與科舉〉，《宋代科舉與文學》（北京：中華書局，2008年），頁482～486。

〔註55〕〔宋〕蔡元定：《西山公集・皇極經世指要》，收入〔明〕蔡元鏏輯：《蔡氏九儒書》（濟南：齊魯書社，1997年，四庫全書存目叢書影印遼寧省圖書館藏清雍正十一年〔1733〕蔡氏重刻本），卷2，總頁628～656。

是理學中以邵雍（1011～1077）為首的象數易學派熱衷討論的文本，蔡元定正是邵雍易學的繼承者，《皇極經世指要》正是為解釋邵雍的《皇極經世書》而作。〔註56〕可見，古文選本顯然是受到了以邵雍為首的象數易學派的影響。〔註57〕這種象數易學，頗具陰陽災異預測的旨趣，在晚宋中下層士人間十分流行，而與程頤等理學家倡導針對卦爻進行道德化、倫理化解釋的義理易學，明顯異趣。〔註58〕這反映出理學文化在進入古文選本時，自身形態面臨的一種大眾、通俗傾向的轉化。

後者可以《回瀾文鑑》為例，該書選錄朱熹、呂祖謙、楊萬里（1127～1206）等文章名家的作品外，尚選錄了方恬、劉穆元、張震、陳公顯等晚宋科舉名家的作品。方恬、劉穆元等人之名皆未載諸史籍，《四庫全書總目》言：「方恬、劉穆元二人，則史傳俱無可考見矣。」〔註59〕就今人的認知而言，這幾位可以說是不知名的作家。但《回瀾文鑑》書前所附〈二十先生行實〉，特別強調了他們取得的科舉成績。如記載：劉穆元字和卿，登進士第，有文集行於當時，號謙齋；張震字雷叟，登進士第，有文集行於當時，號晉庵；陳公顯，字晦甫，登進士第，有文集行於當時，號順齋。

可見，在選本成書的晚宋之際，方、劉等人因為在科舉考試中取得了出色的成績，他們的聲名與作品在當時中下層士子群體間，有著極為強大的吸引力；但他們的文章除了可以指導考試之外，在思想與藝術層面實在無可採處，因此不受當時精英士人的關注與記錄，故而在時過境遷後，遂湮沒不聞。這些

〔註56〕侯外廬等主編的《宋明理學史》即指出《皇極經世指要》「是一部對邵雍學術的全面而又明晰的概括」。參見侯外廬等主編：《宋明理學史》（北京：人民出版社，1997年），頁519。

〔註57〕劉震孫在序文中即表達了對於邵雍學術的推重，認為邵雍的學術是繼承了箕子的正統學說。序文言：「自六五字之正印不續，有康節先生以元會運世，演為皇極之訓，則箕子之正印有所屬。」「六五字」是指《尚書・洪範》中箕子提出的「洪範九疇」，邵雍曾作《皇極經世書》，以「元、會、運、世」作為象數法則，推演闡發「洪範九疇」的思想內容。

〔註58〕在此處，朱熹易學體系的定位較為曖昧。朱熹對象數、義理二派均有批評，從而提出了折衷、綜合的易學體系。故學者一般認為朱熹的易學體系，「在於熔象數義理於一爐」。參見余敦康：〈朱熹《周易本義》卷首九圖與《易學啟蒙》解讀〉，《中國哲學史》，2001年第4期，頁5～14。該文後收入氏著：《漢宋易學解讀》（北京：中華書局，2017年），頁468～499。

〔註59〕〔清〕永瑢等撰：《四庫全書總目》（北京：中華書局，1965年），卷187，頁1704。

作家與作品入選古文選本，明顯與精英士人推重的古文典範異趣，實際上是舉子、教師等中下層士人持有的功利化、通俗化的文化趣味進入到古文選本編輯工作後的產物。

　　要言之，南宋中期至晚期，古文選本的選文重心經歷了從「韓柳歐蘇」的古文典範到晚宋科舉名家的轉向。這反映出在晚宋時期隨著編輯者群體身分的下移，原本精英士人推崇高古的文化趣味，以及通過擇選文章而標揭典範的文化權力受到了挑戰；相對地，中下層士人持有的功利化、通俗化的文化趣味滲透入古文選本的編輯過程之中，影響了晚宋古文選本的選文風貌。

第二節　晚宋古文選本的出版

　　出版，是書籍「交流迴路」中相當重要的一環。在印本時代，書籍通過刊刻、印刷的程序，數量得以倍增，從而在社會間廣為傳播、流佈。同時，出版者往往不是將書籍簡單地予以刊刻，而是出於射利的目的，針對書籍的物質形態與文本內容進行「再加工」，從中亦反映出與當時社會文化的連結。

一、商業書坊與出版競爭

　　南宋朝廷在初期艱難立國之後，延續了北宋的「右文」政策，有賴於南方地區的政治穩定與經濟發展，書籍刊印與流通市場得到進一步的發展，無論是書籍種類，抑或是刊印數量，都遠遠超過前代。〔註60〕在南宋時期，逐步形成了浙江、四川、福建三個刻書中心，其中福建建寧府的建安、建陽二縣尤以私人書坊與商業出版聞名。〔註61〕葉夢得《石林燕語》稱：「福建本幾徧天

〔註60〕宿白認為，在晚宋時期「已是刊本書籍逐步流行的天下，寫本只能局促於尚無鋟鋅的少量書籍的範圍之內，而日漸衰微。」參見宿白：〈南宋刻本書的激增和刊書地點的擴展──限於四部目錄書的著錄〉，收入氏著：《唐宋時期的雕版印刷》（北京：文物出版社，1999 年），頁 110。當然這個觀點也受到一些明清研究者的質疑，參見〔日〕井上進：《中国出版文化史：書物世界と知の風景》（名古屋：名古屋大學出版會，2002 年），頁 243～250。〔美〕周紹明著，何朝暉譯：《書籍的社會史──中華帝國晚期的書籍與士人文化》（北京：北京大學出版社，2009 年），頁 69。

〔註61〕除此之外，如同屬閩北崇安縣的私家刻印也相當活躍，但傳統上將會將閩北地區的刻印本徑直稱作「建陽本」或「建刊本」。為行文方便，本書將建寧府私家刻印活躍的地區，統稱為「建陽地區」。這一處理方式，亦前有所承，如見〔美〕賈晉珠著，邱葵、鄒秀英、柳穎、劉倩譯：《謀利而印：11～17 世紀福建建陽的商業出版者》（福州：福建人民出版社，2019 年），頁 3。

下。」〔註62〕朱熹〈建寧府建陽縣學藏書記〉：「建陽版本書籍，行四方者，無遠不至。」〔註63〕可見建陽地區刊印的書籍，在當時流通之廣。

根據目前存世古文選本的刊刻信息，可知晚宋古文選本與福建建陽書坊之間存在著密切聯繫。《崇古文訣》、《回瀾文鑑》、《文章正印》、《古文集成》等書皆是由福建建陽的書坊刊刻而成的版本。

《回瀾文鑑》之後集的目錄後，有一「建安江仲達刊於羣玉堂」牌記，可知該書由名為「羣玉堂」的建安縣書坊刊刻出版，為建刻本無疑。《文章正印》經馮繼科於明嘉靖時纂修之《建陽縣志》卷五的「書坊書目」條著錄，可知該書是建陽書坊刊本。〔註64〕至於《古文集成》，目前可得見中國國家圖書館藏宋刻本，藉由橫細豎粗、字型瘦長的字體特徵，行格緊密的版式特徵等，亦大致可推斷為晚宋建刻本。

《文章百段錦》目前存世的四種版本皆為明刻本，無法得見宋刻本的版式特徵。〔註65〕中國國家圖書館藏明嘉靖元年（1522）刻本書前，存有方頤孫九世孫方鎰撰寫的序文，其中曰：

> 近李子彥忠，自建陽持刻本來，曰：「此非乃先人之遺編全帙乎？」
> 閱其始末，則自淳祐已梓於建，至我朝又梓於蜀，而彥忠之持本，
> 是建之重梓也。〔註66〕

可知《文章百段錦》在晚宋淳祐間，已經於建陽地區付梓刊行。書前尚有陳嶽

〔註62〕〔宋〕葉夢得撰，宇文紹奕考異，侯忠義點校：《石林燕語》（北京：中華書局，1984年），卷8，頁116。

〔註63〕〔宋〕朱熹：〈建寧府建陽縣學藏書記〉，曾棗莊、劉琳主編：《全宋文》（上海：上海辭書出版社、合肥：安徽教育出版社，2006年），第252冊，卷5654，頁78。

〔註64〕〔明〕馮繼科纂修：《建陽縣志》（上海：上海古籍書店，1962年，《天一閣藏明代方志選刊》影印明嘉靖三十二年〔1533〕刻本），卷5，頁25b。日本學者阿部隆一曾目驗《文章正印》，謂符合宋末建刻本的版式、用紙等特徵，亦可證成此論。參見〔日〕阿部隆一：《增訂中國訪書志》（東京：汲古書院，昭和五十八年〔1983〕），頁740。

〔註65〕參見杜澤遜：《四庫存目標注》（上海：上海古籍出版社，2007年），第6冊，頁3599。

〔註66〕〔宋〕方頤孫編：《繭藻文章百段錦》（中國國家圖書館藏明嘉靖元年〔1522〕刻本），卷首，頁1b～2a。按，臺北國家圖書館亦庋藏一部《繭藻文章百段錦》，該館書志著錄為「明初刊本」。審其版式、內容，與中國國圖藏嘉靖元年方鎰校刊本為同一本，但臺北國圖藏本書首方鎰的序文刊落不存，故書志誤定為明初刊本。權衡之下，本書論述選用中國國圖藏本。

作於淳祐己酉（九年，1249）的序文，文末署名為「建安梅軒陳嶽崧卿序」。〔註67〕可知作序者陳嶽為建安人，很可能是建安的出版商，故為方頤孫之書作序、宣傳。

　　除了在晚宋時期新編新刻的情況外，亦有成書於南宋中期的古文選本，在晚宋時期重刻版行的情況。樓昉《崇古文訣》初刻於南宋中期的寶慶三年（1227），由陳振孫撰寫序文，陳森、姚珤負責出版，刊刻地點在樓昉晚年任職的興化軍。〔註68〕但該書在晚宋時期又曾多次重刊，刊刻地點則轉移至建陽地區。該書今存日本靜嘉堂文庫藏宋刻二十卷本，傅增湘曾寓目該本，判斷稱「此本密行細字，建本也」。〔註69〕另，中國國圖藏元刻三十五卷本，從版式可知為麻沙巾箱本。〔註70〕該本雖是元刻，但保留了大量宋諱特徵，可知源自宋本。可見《崇古文訣》在晚宋時期的重刊，也與建陽地區的書坊有著密切的關係。

　　《崇古文訣》在南宋中期由陳森初次刊刻後，在晚宋時期又由鄭次申等人多次重刊，這也反映出古文選本在當時社會間頗受歡迎、風行一時的情勢。為滿足舉子們廣大的需求，建陽地區的商業書坊爭相出版古文選本，企圖在出版市場與流通空間中搶佔一席之地。在晚宋時期，古文選本流通數量激增，這導致書籍在出版時，面臨了頗為激烈的競爭情勢。劉震孫在為《文章正印》撰寫的序文中稱：

　　　如此古今之文固多，而行於世者亦眾，有以「層瀾」名者，未必皆倒峽障川之文，有以「奧論」名者，未必皆出幽入冥之語，又有以

〔註67〕〔宋〕陳嶽：〈繡藻文章百段錦序〉，〔宋〕方頤孫編：《繡藻文章百段錦》（中國國家圖書館藏明嘉靖元年〔1522〕刻本），卷首，頁12b。同時參見〔宋〕方頤孫編：《太學新編繡藻文章百段錦》（上海：上海古籍出版社，續修四庫全書影印中國國家圖書館藏明弘治刻本），書首，頁643上欄。

〔註68〕據李由考證，樓昉《崇古文訣》的初刻本即陳振孫《直齋書錄解題》著錄之五卷本，靜嘉堂藏二十卷本以及通行之三十五卷本，皆是後出的版本；為該書作序的陳振孫、作跋的陳森與姚珤，俱是樓昉在興化軍任職時的屬官，寶慶三年的初次刊刻「是興化軍政府的行為」。參見李由：〈樓昉《崇古文訣》版本新考〉，《文獻》，2017年第4期，頁11～12。

〔註69〕傅增湘：《藏園群書經眼錄》（北京：中華書局，2009年），卷17，頁1250。另參考〔日〕靜嘉堂文庫編：《靜嘉堂文庫宋元版圖錄　解題篇》（東京：汲古書院，平成四年〔1992〕），頁69～70。

〔註70〕〔宋〕樓昉選評：《迂齋先生標注崇古文訣》（北京：北京圖書館出版社，2005年，《中華再造善本》影印中國國家圖書館藏元刻本）。

「崇古」名者，未必皆尚商盤周誥之作。〔註71〕

這裡提及了當時流行的幾部選本。「層瀾」，可能是晚宋時期一部名為《層瀾文選》的文章選本。〔註72〕「奧論」，指的是《十先生奧論》一類專選「論」體文的時文選本。〔註73〕「崇古」，則是指樓昉編的《迂齋先生標注崇古文訣》。這三部書可能都是由建陽地區書坊出版的坊刻本，在同一地點刊刻的《文章正印》，在出版伊始就面臨著同類出版物的競爭壓力。劉震孫在序言中，如此直白尖銳地批評其他三部流行的文章選本存在的缺漏，顯然是一種出版策略，其目的就是為了宣傳自己作品的價值，吸引舉子購買自己的作品，起到一種「廣告」的效果。

方頤孫《百段錦》一書在付梓出版時，也面臨了同樣的競爭情勢。陳嶽〈太學新編繡藻文章百段錦序〉中言：

> 古文之編，書市前後凡幾出矣。務簡者，本末不倫；求詳者，枝葉愈蔓，駁乎無以議為也。鄉先生方君府博，閩中之文章巨擘，螢窗雪几間，裒集前哲之雄議博論，取其切於用者，百有餘篇，以《百段錦》名之，條分派別，數體具備，有助於學為文也。〔註74〕

〔註71〕〔宋〕劉震孫編：《新編諸儒批點古今文章正印》（臺北故宮博物院藏南宋咸淳九年〔1273〕刻本），卷首，頁 2b～3a。

〔註72〕中國上海圖書館藏有一部《類編層瀾文選》，是元代雲坡家塾刻本。據前集目錄後的一段附記文字可知，此書是根據「舊本」重新增添類編而成。推測晚宋時期曾有一部《層瀾文選》的文章選本，《類編層瀾文選》則是根據晚宋「舊本」重加類分編成的。《中華再造善本》曾將此書加以影印出版，參見〔元〕佚名編：《類編層瀾文選》（北京：北京圖書館出版社，2005 年，《中華再造善本》影印上海圖書館藏元雲坡家塾刻本）。關於該書的版式、著錄、體例，以及與晚宋「舊本」的文獻關係，參見岑天翔：〈郭祥正研究新論——以佚文〈醉吟先生傳〉的利用為中心〉，《中國文學研究》第 51 期（2021 年 2 月），頁 117～154。

〔註73〕晚宋時期以「某先生奧論」命名的文章選本可能不止《十先生奧論》一部，《宋會要輯稿》提到慶元二年曾禁毀《七先生奧論》一書，參見〔清〕徐松輯：《宋會要輯稿》（北京：中華書局，1957 年），「刑法二」，頁 6559 上欄。另，劉震孫所言「奧論」也有可能是指南宋譚金孫等人的《諸儒奧論策學統宗》。《諸儒奧論策學統宗》一書，較少為學者關注。此書是南宋譚金孫等人所編，元人陳繹曾增入《文筌》、《詩小譜》等，並在福建地區出版。臺北國家圖書館即藏有一部元刊麻沙《新刊增入文筌諸儒奧論策學統宗》。《四庫全書總目》著錄此書殘本（後集八卷、續集七卷、別集五卷，闕前集），將增入的文筌、詩譜析入詩文評類，而此書恢復本名編入總集類。其後阮元《宛委別藏》據元刊本影抄補足此書前集五卷，今見《宛委別藏》第 115 冊。

〔註74〕〔宋〕陳嶽：〈繡藻文章百段錦序〉，〔宋〕方頤孫編：《繡藻文章百段錦》（中國國家圖書館藏明嘉靖元年〔1522〕刻本），卷首，頁 11a～11b。

從序文可知,當時書坊出版古文選本極為頻繁,這也導致了《百段錦》在出版時面臨著激烈的競爭。於是,陳嶽採取了與劉震孫同樣的出版策略,批評當時市面流通的古文選本,稱其或因務簡而導致本末不倫,或因求詳而導致枝葉蔓蕪,言下之意便是方頤孫此書條分體備,詳簡得當,是學習作文、應舉備考的最佳書籍。

專注明清書籍史研究的學者周啟榮提出,在晚明時期,隨著商業出版市場的擴張,部分士人開始作為職業作家參與商業出版活動,同時「職業作家之間常常為了爭取讀者支持而相互敵視、毀謗。」〔註75〕但我們從晚宋《文章正印》、《文章百段錦》的出版個案可見,出版商的自我標榜與互相毀謗,以及一個活躍而充滿競爭的出版市場,實際上在晚宋時期就已經初顯端倪。這些討論無疑豐富了我們關於晚宋古文選本與商業出版文化的認識。

二、書籍形製的動態改易

書籍史的研究,要求將研究的目光聚焦於出版環節背後的書商、刻工等人,以及他們發揮的作用。在中國書籍史研究相當有限的材料範圍內,當下學界關於宋元建陽商業書坊的宗族模式,已經作出相當完整的成果。如賈晉珠利用建陽地區的十八部家譜,建構了宋元時期建陽地區出版商的宗族世系,從而闡述了他們時代傳承的出版與銷售的商業模式。〔註76〕

面對出版市場激烈的競爭情勢,出版者往往針對書籍的書籍形製進行調整,以求在出版市場與同類書籍的競爭中得以脫穎而出,獲得讀者的青睞。本書試圖將論述重心放在晚宋建陽書商在古文選本出版環節中發揮的能動性(Agency),即著重討論他們針對古文選本的物質形態與文本內容作出的改易更動,進而探討晚宋商業文化如何滲透入古文選本的生成,如何對選本的風貌產生影響。

在物質形態方面,至少有四個方面值得關注。

甲,書籍題名。晚宋出版者往往精心設計書籍題名,或對原有書名進行改易。晚宋古文選本的題名各異,但卻集中體現出某些特徵。如附表一所示,

〔註75〕參見〔美〕周啟榮著,楊凱茜譯:〈為功名寫作:晚明的科舉考試、出版印刷與思想變遷〉,收入〔美〕伊沛霞、姚平主編:《當代西方漢學研究集萃:思想文化卷》(上海:上海古籍出版社,2016 年),頁 22。

〔註76〕〔美〕賈晉珠著,邱葵、鄧秀英、柳顥、劉倩譯:《謀利而印:11~17 世紀福建建陽的商業出版者》(福州:福建人民出版社,2019 年),頁 85~121。

題名或是強調選文的宏富，如「集成」；或是強調選文的純粹與正宗，如「文粹」、「正宗」、「正印」；或是強調對於作文的助益，如「觀瀾」、「回瀾」、「文鑑」、「軌範」等。尤其是體現出針對作家與選家名人效應的強化，如標舉「二十先生」、「龍川水心二先生」、「東潤先生」、「迂齋先生標注」、「東萊集注」、「諸儒批點」等名目。這些書籍題名的設計，大多都是發生在出版環節，經書商之手所完成的。

　　書籍的題名是圖書出版與售賣的關鍵性因素，其中透露出商業市場的重要信息。晚宋古文選本的題名，注重宣傳書籍自身存在的優點，目的在於激發讀者的購買慾望，具有商業廣告的性質。同時注重彰顯出異於其他同類選本的面向，如標揭「新編」、「新刻」、「增注」等字樣。這種對於「新」、「增」的強調，顯示出書籍已經作為一種商品，流轉更迭極為迅速，透露出強烈的商業文化氣質。

附表一　晚宋刊印古文選本題名例舉

題　名	館藏地及版本	商業元素
圈點龍川水心二先生文粹	臺北國家圖書館藏宋刻本	圈點、龍川水心二先生、文粹
增注東萊呂成公古文關鍵	中國國家圖書館藏宋刻本	增注、東萊呂成公、關鍵
迂齋先生標注崇古文訣	日本靜嘉堂文庫藏宋刻本	迂齋先生、文訣
新編諸儒批點古今文章正印	臺北故宮博物院藏宋刻本	新編、諸儒批點、正印
新刻諸儒批點古文集成前集	中國國家圖書館藏宋刻本	新刻、諸儒批點
二十先生回瀾文鑑	中國南京圖書館藏宋刻本	二十先生、文鑑
疊山先生批點文章軌範	中國國家圖書館藏元刻本	疊山先生、軌範
東潤先生妙絕今古文選	中國國家圖書館藏元刻本	東潤先生、妙絕
東萊集注類編觀瀾文集	北京清華大學圖書館藏影宋刻本	東萊集注、觀瀾

　　在與南宋中期古文選本題名的對比之下，更可以清晰地認識此種書籍題名改易的動態過程。《崇古文訣》初刻於寶慶三年（1227），初刻本見陳振孫《直齋書錄解題》著錄，原題作「迂齋古文標注」。〔註77〕爾後鄭次申重刻該

〔註77〕陳振孫曾受陳森的延請，為《崇古文訣》的初刻本撰寫序文，故《直齋書錄》
　　　　著錄此初刻本的題名應該可信。

書，劉克莊為該本作序，序文題為「迂齋標注古文序」。〔註78〕可見鄭次申本的題名與陳振孫本較為相近。現存版本範圍內，中國國家圖書館庋藏一部不分卷的殘宋本，題作「迂齋標注諸家文集」，題名亦與上述二本接近。

　　但現今所見無論是宋末刊刻的二十卷本，抑或是元代重刻的三十五卷本，都由建陽書商刊印，書籍題名均被改作「迂齋先生標注崇古文訣」。〔註79〕南宋中期「迂齋古文標注」與「迂齋標注諸家文集」的題名，顯得更為簡質、古樸。相比之下，「迂齋先生標注崇古文訣」的題名，非但強化了「迂齋」作為選家的聲名，而且「崇古」與「文訣」分別標舉了該書選文淵源之古奧與文法評點之精要，具有明顯的商業宣傳意味。從「迂齋古文標注」到「迂齋先生標注崇古文訣」，兩種題名之間的意義滑動，可以作為商業文化向晚宋書籍編輯與出版滲透的一個例證。

　　乙，附刻牌記。晚宋古文選本往往在出版時附刻牌記。這些牌記自然是編者手定本所無，而是在付梓出版環節由建陽地區的書商附刻的。《回瀾文鑑》目錄後附刻題為「建安江仲達刊於羣玉堂」的牌記，宣示了江仲達與羣玉堂之於該書的擁有權。在《東萊集注類編觀瀾文集》書中，位於乙集目錄後的牌記言：「今再謄作大字，鼎新刻梓，重加校正，並無舛訛，開卷幸詳鑒」，〔註80〕宣傳了自己所作謄錄、校正的工作。宿白早已指出此類牌記是建陽書坊本的普遍特徵之一，「主要目的是為了競售產品」，書中往往訛誤頗多，卻靦顏稱重加校正、並無訛誤，「真是商人騙人伎倆」。〔註81〕

〔註78〕〔宋〕劉克莊著，辛更儒箋校：〈迂齋標注古文序〉，《劉克莊集箋校》（北京：中華書局，2011 年），卷 96，頁 4049。

〔註79〕宋刊二十卷本《崇古文訣》，現僅存一部，庋藏於日本靜嘉堂文庫。元刊三十五卷本《崇古文訣》，現存兩部，一部為完帙，庋藏於中國國家圖書館，一部僅存目錄及八卷，庋藏於臺北國家圖書館。明清以後，該書重刊版本頗多，但皆出自元刊三十五卷本，題名作「迂齋先生標注崇古文訣」或是「新刊迂齋先生標注崇古文訣」，前者如臺北國家圖書庋藏的明嘉靖王鴻漸刊本，後者如同館庋藏的明嘉靖吳邦楨、吳邦杰校正本。

〔註80〕〔宋〕林之奇編，〔宋〕呂祖謙集注：《東萊集注類編觀瀾文集》（北京清華大學圖書館藏清光緒十年〔1884〕方功惠碧琳琅館影宋刻本），乙集卷首，頁 1a。黃靈庚主編《呂祖謙全集》第十冊收入點校本《觀瀾文集》，底本亦據方功惠碧琳琅館影宋刻本，但整理排印時未能保留原書的牌記、卷端題名等版刻信息，故本書論述涉及版刻信息時，採用北京清華大學圖書館藏本。

〔註81〕宿白：〈南宋的雕版印刷〉，收入氏著：《唐宋時期的雕版印刷》（北京：文物出版社，1999 年），頁 95。

　　臺北國圖庋藏的《龍川水心文粹》目錄前也附刻一跨六行、四周雙邊的牌記，文曰：

> 二先生文，精練雄偉，工文家所快睹。是編又出名公選校，壹是粹
> 作，篇加圈點，辭意明粲。本齋得之，不欲私閟，繡梓公傳，與天
> 下學者共讀，伏幸精鑒。〔註82〕

該牌記一方面強調陳亮、葉適文章的精練雄偉，有助於工文，另一方面宣傳該書出自「名公選校」，積極利用選家的名人效應，吸引讀者。同時宣傳附有「圈點」，強調有助於辭意的理解。總之，附刻牌記的目的是為了招徠顧客以求謀利，呈現出強烈的商業氣質。

　　丙，用紙與版式。晚宋古文選本的用紙與版式特徵同樣值得關注。目前所見晚宋古文選本的用紙多為竹紙，紙張呈深黃色，這是建陽地區坊刻本用紙的普遍特徵。閩北地區盛產竹材，也善於利用竹材造紙。〔註83〕建陽的商業書坊利用本地生產的竹紙，甚至以竹子與其他材料混合製作「混料紙」，作為刊印書籍的原料，極大地降低了出版的成本。〔註84〕呂祖謙在與朱熹的一封信中提到：「婺本例價高，蓋紙籍之費重，非貧士所宜，勢必不能奪建本之售。」〔註85〕可見建陽坊刻本由於用紙成本的降低，與其它地區出版的書籍相比形成了價格優勢，這是建本得以在激烈的市場競爭中脫穎而出的關鍵因素。

　　但由於竹紙的色黃、粗糙、薄脆等特質，也遭到了擁有精英文化品味的收藏者與閱讀者們的批評。如蔡襄（1012～1067）〈文房四說〉載：「吾嘗禁所部不得輒用竹紙，至於獄訟未決，而案牘已零落，況可存之遠久矣。」〔註86〕

〔註82〕〔宋〕舊題饒輝編：《圈點龍川水心二先生文粹》（臺北國家圖書館藏宋刻本），卷首，頁3a。

〔註83〕明嘉靖《建陽縣志》卷四在歷數當地物產時，列舉紙張與書籍，以及二十三種竹子。參見〔明〕馮繼科纂修：《建陽縣志》（上海：上海古籍書店，1962年，《天一閣藏明代方志選刊》影印明嘉靖三十二年〔1533〕刻本），卷4，頁33a～33b、54b～55b。

〔註84〕參見張秀民：《中國印刷史》（上海：上海人民出版社，1989年），頁91。潘吉星：《中國造紙史》（上海：上海人民出版社，2009年），頁258～259。〔美〕賈晉珠著，邱葵、鄒秀英、柳穎、劉倩譯：《謀利而印：11～17世紀福建建陽的商業出版者》（福州：福建人民出版社，2019年），頁33～40。

〔註85〕〔宋〕呂祖謙：〈與朱侍講〉，《東萊呂太史別集》，收入黃靈庚主編：《呂祖謙全集》第一冊（杭州：浙江古籍出版社，2008年），卷7，頁411。

〔註86〕〔宋〕蔡襄：《端明集》（臺北：臺灣商務印書館，1983年，景印文淵閣四庫全書本），卷34，頁22b。

蔡襄在擔任泉州知府時禁止部下使用竹紙,因為倘若用竹紙記錄檔案,因為薄脆易碎,「獄訟未決,而案牘已零落,況可存之遠久矣」。蔡襄等精英士人偏愛的是蜀地、浙地生產的棉紙,這些棉紙呈現出色白、光滑、柔韌等特質,當然相對價格也更高。

　　晚宋古文選本均為巾箱本,版框尺寸大多在「高15～18公分」與「寬10～12公分」的範圍之間。如臺北故宮藏《文章正印》版框高15.2公分,寬10公分;臺北國圖藏《龍川水心文粹》版框高15.7公分,寬10.2公分;中國國圖藏《古文集成》版框高17.4公分,寬11.2公分;中國國圖藏《古文關鍵》版框高15.5公分,寬12.0公分。這些古文選本的尺寸,明顯較一般開本更小。〔註87〕這在極大地節約了印製出版的成本,同時由於巾箱本小巧袖珍,便於攜帶翻閱的特質,深受消費市場的喜愛。商業書坊刊行的巾箱本在南宋初期便已流行,並非晚宋出現的新事物。〔註88〕但與晚宋同時期出版之經史著作多為大開本的情勢相對比,晚宋出版的古文選本均作小開本,顯示出在書籍形態上具有的獨特風貌,迎合了特定的消費階層與文化趣味。

　　在小巧袖珍的巾箱本基礎上,晚宋書坊甚至發明了一種名為「夾袋冊」的書籍,供舉子考試時懷挾作弊之用。嘉定十六年(1223),國子博士楊璘奏議:

> 今書坊自經子史集事類,州縣所試程文,專刊小板,名曰「夾袋冊」,士子高價競售,專為懷挾之具。〔註89〕

〔註87〕宋明時期的一般建陽刻本的版框尺寸為高約20公分,寬約14公分。參見〔美〕賈晉珠著、邱葵、鄒秀英、柳顥、劉倩譯:《謀利而印:11～17世紀福建建陽的商業出版者》(福州:福建人民出版社,2019年),頁58。另,喬秀岩曾據趙萬里《中國版刻圖錄》,有類似推論:「南宋官版的標準尺寸大概是高21釐米、寬15釐米,恰好是宋尺長七吋、寬五吋。(版框尺寸據框內)儘管有的稍微寬,有的稍微窄,有的明顯大,有的稍微小一些,變化不小,但始終離21釐米、15釐米的標準不遠。坊本尺寸基本上都明顯小於這一標準,所以尺寸也是分辨官版與坊本的一個有效線索。」參見喬秀岩:〈學《中國版刻圖錄》記〉,收入氏著:《文獻學讀書記》(北京:生活‧讀書‧新知三聯書店,2018年),頁190。

〔註88〕葉德輝《書林清話》「巾箱本之始」條考證巾箱本始見於東晉,原指可藏於巾箱便於攜帶的手寫小帙。參見〔清〕葉德輝:《書林清話》(北京:中華書局,1987年),卷2,頁31。關於南宋書坊出版的巾箱本,可參考許媛婷:〈南宋時期的出版市場與流通空間──從科舉用書及醫藥方書的出版談起〉,《故宮學術季刊》第28卷第3期(2011年春),頁120～122。

〔註89〕〔清〕徐松輯:《宋會要輯稿》(北京:中華書局,1957年),「選舉三」,頁4354下欄。

同日，太學博士胡剛中等亦有相同的奏議。〔註90〕可見在當時，書坊刻印懷挾書籍已經蔚成風氣，引起朝臣們深刻的憂慮。這種出版風尚是否進入到古文選本的領域，是否曾出現古文事類的「夾袋冊」，由於現今未留存實物證據故無法定論，但據情理推測，應當是極有可能的。晚宋的懷挾書籍固然有敗壞士風之弊，學者多論之；〔註91〕但若從正面角度而言，這恰恰是體現出晚宋圖書市場蓬勃的活力，以及在書籍形式上的創造性意義。

　　丁，字體與行格。除版框尺寸以外，晚宋古文選本的字體和行格，也呈現出共同的特徵。以《文章正印》、《古文集成》為例，二書現存宋刻本的字體風格鮮明，皆是粗細線分明的瘦長型字體，此種字體特別適宜於狹行密字。利用這種字體，出版者可以盡量擠緊版式，壓縮冊數，降低印製成本。〔註92〕通觀兩部書的版式，確實頗為緊密，行格為半葉十三行，行二十四字或二十五字，在有限的版框尺寸下，半葉字數達到了三百餘字。此種狹行密字的緊密版式，雖然不妨礙讀者獲取文本內容的信息，但僅僅只能滿足最低限度的閱讀需求。相較字大如錢、行格疏朗的高文大冊，在書籍收藏與賞玩方面頗顯遜色，呈現出不嚴謹、非標準化、簡陋隨意的氣質。

附表二　晚宋古文選本行格及版框尺寸例舉

書　名	版　本	行　格	版框尺寸
增注東萊呂成公古文關鍵	中國國家圖書館藏宋刻本	半葉十二行，行二十三字，小字雙行，字數同。	版框高 15.5 公分，寬 12.0 公分。
迂齋先生標注崇古文訣	日本靜嘉堂文庫藏宋刻本	半葉十二行，行二十三字，行間附刻小字批注。	版框高 18.7 公分，寬 11.9 公分。
迂齋先生標注崇古文訣	中國國家圖書館藏元刻本	半葉十一行，行二十一字，行間附刻小字批注。	版框高 15.3 公分，寬 9.8 公分。
新編諸儒批點古今文章正印	臺北故宮博物院藏宋刻本	半葉十三行，行二十四字，小字雙行，字數同。	版框高 15.2 公分，寬 10 公分。

〔註90〕〔清〕徐松輯：《宋會要輯稿》（北京：中華書局，1957 年），「選舉三」，頁 4354下欄。

〔註91〕參見劉子健：〈宋代考場弊端——兼論士風問題〉，收入氏著：《兩宋史彙編》（臺北：聯經出版有限公司，1987 年），頁 229～247。

〔註92〕宿白認為，這種粗細線分明的瘦長字體，是建陽書坊在南宋中晚期的時候創造的，為建陽地區書坊刻本的特徵之一。參見宿白：〈南宋的雕版印刷〉，收入氏著：《唐宋時期的雕版印刷》（北京：文物出版社，1999 年），頁 94。

新刻諸儒批點古文集成前集	中國國家圖書館藏宋刻本	半葉十三行，行二十五字，小字雙行，字數同。	版框高 17.4 公分，寬 11.2 公分。
二十先生回瀾文鑑	中國南京圖書館藏宋刻本	半葉十二行，行十九字，小字雙行，字數同。	版框高 18.6 公分，寬 12.7 公分。
圈點龍川水心二先生文粹	臺北國家圖書館藏宋刻本	半葉十二行，行二十一字。	版框高 15.7 公分，寬 10.2 公分
類編層瀾文選	中國上海圖書館藏元刻本	半葉十三行，行二十三字，小字雙行，字數同。	版框高 16.9 公分，寬 10.6 公分

　　題名、牌記、版式特徵等，均屬於書籍外部的物質形態。除此之外，晚宋出版者還針對書籍內部的文本內容作出了頗多增刪、改動的工作，更加地體現出晚宋出版者在古文選本的「交流迴路」中發揮的重要影響。

　　在文本內容方面，至少存在三個方面值得關注。

　　甲，選目。晚宋古文選本的選目存在增刪改易的現象。商業書坊或是基於降低印製成本的考量，或是為了豐富內容招徠讀者的射利目的，往往增刪、改易古文選本的選目。

附表三　宋代《崇古文訣》選目動態變化表

時　間	版　本	選　目	備　注
南宋中期	樓昉手定本	一百六十八篇	同陳森初刊本
南宋中期	陳森初刊本	一百六十八篇	見陳振孫〈迂齋古文標注序〉
南宋中期	鄭次申重刊本	一百六十八篇	見劉克莊〈迂齋古文標注序〉
晚宋時期	宋刊二十卷本	一百五十八篇	見日本靜嘉堂文庫館藏
晚宋時期底本為宋本	元刊三十五卷本	一百九十三篇	見中國國家圖書館館藏

　　以《崇古文訣》在晚宋時期的重刊與選目變化為例。樓昉的《崇古文訣》編輯、初刻於南宋中期，爾後在晚宋時期又經歷多次的重刊。考察歷次刊刻版本的選目，可以發現《崇古文訣》樓昉手定本的選目為一百六十八篇，南宋中期陳森初刻本、鄭次申重刊本的選目與手定本相同，均作一百六十八篇。但現今所見出自晚宋建陽商業書坊刊刻的兩種版本，選目均與樓昉手定本不同：一種二十卷本的選目為一百五十八篇，另一種三十五卷本的選目則為一百九十三篇。今人李由研究認為，二十卷本與三十五卷本選目的差異是由於晚宋書商增刪選目所致，或是「源自書賈控制成本的考慮」，或是「試圖以更

為全面、豐富、新異的內容來吸引讀者的牟利手段」，其說可取。〔註93〕從《崇古文訣》選目動態變化的歷程中，可以得見晚宋商業出版者對於書籍形態的重要影響，顯示出他們在出版環節中扮演的角色，決不僅僅是忠實原著內容的刊刻者，而是始終發揮著「能動」作用的創造者。

　　乙，注解。晚宋古文選本的注解同樣存在著增刪改易的情況。以《古文關鍵》注解的增刪變動為例。呂祖謙的《古文關鍵》成書於孝宗朝，在晚宋時頗受歡迎，屢有重刊。據清代徐樹屏刊本所附〈凡例〉，徐氏家中曾藏有兩種宋刻本，分別為無注本與蔡文子注本。〔註94〕中國國家圖書館藏《增注東萊呂成公古文關鍵》屬後者，既題「增注」，顯係後出。〔註95〕

　　蔡文子事跡無考，但該本卷端題「建安蔡文子行之注」，可知蔡文子為建安人。中國國家圖書館庋藏一部《增修陸狀元集百家注資治通鑑詳節》，題有「會稽陸唐老集注，建安蔡文子校正」。〔註96〕同館另庋藏一部《袁氏通鑑紀事本末撮要》，卷端題「建安袁樞機仲編，建安蔡文子行之撮」。〔註97〕二書俱是宋末建陽坊刻本。可知蔡文子經常參與坊刻書籍的編輯校正，很大可能是建安書肆中人。故而可以大致推斷，作為商業出版者的蔡文子，在重刊《古文關鍵》時，基於豐富內容、招徠讀者的謀利目的，往書中增添了注解。換言之，由於商業出版者的參與，《古文關鍵》的文本內容，經歷了自「無注」到「增注」的動態變化過程。

　　此外，關於《古文關鍵》在晚宋的重刊尚有兩點值得注意。一者，該書在南宋中期初刻時為二卷本。〔註98〕但經蔡文子增添注解後，卷帙龐大，故改易

〔註93〕李由：〈樓昉《崇古文訣》版本新考〉，《文獻》，2017 年第 4 期，頁 16～17。

〔註94〕〔清〕徐樹屏：〈古文關鍵凡例〉，〔宋〕呂祖謙編：《古文關鍵》，收入黃靈庚主編：《呂祖謙全集》第十一冊（杭州：浙江古籍出版社，2008 年），卷首，頁 1。

〔註95〕〔宋〕呂祖謙編，〔宋〕蔡文子增注：《增注東萊呂成公古文關鍵》（北京：北京圖書館出版社，2005 年，《中華再造善本》影印中國國家圖書館藏宋刻本）。

〔註96〕王重民：《中國善本書提要》（上海：上海古籍出版社，1983 年），頁 92。亦見〔清〕陸心源：〈宋麻沙刻陸狀元通鑑跋〉，《儀顧堂續跋》，收入《儀顧堂題跋續跋》（北京：中華書局，1990 年），卷 6，頁 273 下欄。

〔註97〕〔宋〕袁樞編，〔宋〕蔡文子撮要：《袁氏通鑑紀事本末撮要》（北京：北京圖書館出版社，2005 年，《中華再造善本》影印中國國家圖書館藏宋刻本）。

〔註98〕陳振孫《直齋書錄解題》著錄「《古文關鍵》二卷」。參見〔宋〕陳振孫撰，徐小蠻、顧美華點校：《直齋書錄解題》（上海：上海古籍出版社，1987 年），卷 15，頁 451。

卷次，析作二十卷。《宋史・藝文志》著錄的即是宋末二十卷的刊本。〔註99〕
二者，通行本《古文關鍵》書首附有〈總論看文字及作文法〉，〔註100〕但據鞏
本棟考證，二者「既非一書，亦非同時成書與刊刻，而是後來由刊刻者合二為
一」，應當亦是出自晚宋書賈之手。〔註101〕這兩點亦可作為晚宋出版者參與
書籍文本內容改易的重要例證。

　　從晚宋古文選本中的「偽注」現象，同樣可以觀察晚宋書商對於書籍文本
內容的改易。晚宋刊刻《觀瀾文集》卷端題作「東萊集注類編觀瀾文集」，該
書乙集目錄後的牌記稱「呂東萊先生為之集注」，〔註102〕一般認為書內注解
出自呂祖謙之手。但近來學者研究發現，所謂「東萊集注」乃是晚宋書坊偽託
呂氏之名增入的。〔註103〕書坊製作「偽注」的目的，無非是企圖藉助呂祖謙
的名人效應，抬高書籍身價，以求在競爭激烈的出版市場中脫穎而出。

　　《觀瀾文集》中出自書坊之手的「集注」，往往轉相剿襲、改頭換面之後，
重新出現在同是晚宋書坊出版的《回瀾文鑑》、《文章正印》、《古文集成》等
古文選本之中。甚至在同時期書坊出版附有注解的文學別集，如《經進東坡
文集事略》、《五百家注昌黎文集》、《音注韓文公文集》等書中，也可以見到它
們的身影。如影宋刻本《觀瀾文集》甲集卷四〈前赤壁賦〉、〈後赤壁賦〉題下
注、隨文小字注，與郎曄編注《經進東坡文集事略》基本相同。同書甲集卷十
〈桃竹杖引〉題下注，則與《分門集注杜工部詩》、《集千家注杜詩》相同。同
書甲集卷十六〈送李愿歸盤谷序〉題下注及正文注，節略自《五百家注昌黎文
集》卷十九同篇注釋而來。再如同書乙集卷十九韓愈〈柳州刺史柳子厚墓誌
銘〉「嶄然見頭角」下小字注，又見《中華再造善本》影印中國國圖所藏宋刻

<hr>

〔註99〕　〔元〕脫脫等撰，中華書局編輯部點校：《宋史》（北京：中華書局，1985年），
　　　　　卷209，頁5411。
〔註100〕　通行本如四庫全書本、金華叢書本、叢書集成本、日本文化元年刊本等，流傳
　　　　　頗多。四庫全書本出自明嘉靖本，其餘三本出自清康熙間徐樹屏刊本，諸本書
　　　　　前俱附有〈總論看文字及作文法〉。根據徐樹屏〈凡例〉自述，該本乃是出自
　　　　　宋版，故〈總論看文字及作文法〉亦當是來自於宋刻本的書籍形態。
〔註101〕　鞏本棟：〈《古文關鍵》考論〉，《文學遺產》，2020年第5期，頁50。
〔註102〕　〔宋〕林之奇，〔宋〕呂祖謙集注：《東萊集注類編觀瀾文集》（北京清華大學
　　　　　圖書館藏清光緒十年〔1884〕方功惠碧琳瑯館影宋刻本），乙集卷首，頁1a。
〔註103〕　李昇舉出「犯家諱」、「同輩學友稱謂的混亂」、「部分注釋產生於呂祖謙卒
　　　　　後」、「部分注釋抄自南宋末年的集注本」等多種論據。參見李昇：〈《觀瀾文
　　　　　集》「東萊集注」與南宋偽注現象〉，《文學遺產》，2020年第4期，頁101～
　　　　　105。

本《音注韓文公文集》卷三十二。〔註104〕凡此種種，不勝枚舉。

注解轉相剽襲的情況，在晚宋坊間刊刻的集部書籍群中頗為常見，其間的文獻關係十分複雜，很難清晰地梳理出一個某本因襲某本的線性譜系。

因此，不妨將此理解為晚宋時期一種商業出版的運作模式，這些轉相剽襲的注解類似於一種「公共素材庫」。〔註105〕在前近代的社會，因為沒有明確的版權意識，以及有效的法規保護，故而晚宋商業書坊往往根據自身的需求，從「公共素材庫」中挪取、改用，通過增刪、節略、改換等諸種形式，使之以各自略異的面貌反復出現在晚宋坊刻文學別集、總集之中。「偽注」的生成與改易，完全出於市場競爭與謀利的目的，富有強烈的商業氣質，同時使得古文選本的文本內容呈現出動態變化的情況，是晚宋商業文化向書籍生成滲透的一種表徵。

丙，評點。晚宋古文選本的評點亦存在著增刪改易的情況。此處再以《古文關鍵》在晚宋時的重刊為例。陳振孫《直齋書錄解題》謂《古文關鍵》「取韓、柳、歐、蘇、曾諸家文，標抹注釋，以教後學」。〔註106〕可見陳氏所見的版本，書內已經附刻點抹。而清徐樹屏刊本的「凡例」言：

> 東萊先生此編，家藏兩宋刻，刻有先後，評語悉同，皆以抹筆為主，而疏密則殊。一本稍前者，每篇抹不過數處，皆綱目關鍵。其稍後一本，所抹較多，並及於句法之佳者。
>
> 前本不施圈點，偶點其一二用字著力處，圈則竟無之。後本稍用圈點，或一二字，或一二段之下，間有著圈處，點則連行、連句有之，要不過什之二三耳。〔註107〕

〔註104〕此條列舉的材料承蒙臺灣大學介志尹同學賜示，謹致謝忱。

〔註105〕此處移用了徐建委在描述戰國秦漢時期文本流傳問題時，創設的「公共素材」的術語。參見徐建委：〈戰國秦漢間的「公共素材」與周秦漢文學史敘事〉，《中山大學學報》（社會科學版），2012年第6期，頁1～9。

〔註106〕〔宋〕陳振孫撰，徐小蠻、顧美華點校：《直齋書錄解題》（上海：上海古籍出版社，1987年），卷15，頁451。所謂「標抹」，王重民根據宋刊《呂大著點校標抹增節備注資治通鑑》殘本言：「按題所謂點校標抹，點抹在行內，標指眉上標題。」參見王重民：《中國善本書提要》（上海：上海古籍出版社，1983年），頁92。另參考〔日〕高津孝：〈宋元評點考〉，收入氏著，潘世聖譯：《科舉與詩藝：宋代文學與士人社會》（上海：上海古籍出版社，2013年），頁72。

〔註107〕〔清〕徐樹屏：〈古文關鍵凡例〉，〔宋〕呂祖謙編：《古文關鍵》，收入黃靈庚主編：《呂祖謙全集》第十一冊（杭州：浙江古籍出版社，2008年），卷首，頁1。按，邱江寧為該冊撰寫的〈點校說明〉頗為粗疏，竟將〈凡例〉誤以為胡鳳丹所作，今不取。

徐樹屏提及的兩部「宋刻」現今已不可得見。但徐樹屏是著名藏書家徐乾學（1631～1694）之子，他所據的「宋刻」來自於徐乾學的傳是樓藏書，應當可信。據徐氏所言，「前本」是無注本，刊印當稍前，「後本」即蔡文子注本，當屬後出。兩部宋刻的評語相同，但圈點呈現出相異的情況。後出的版本，無論是抹筆，抑或是圈點符號，都有增多的趨勢。上文已述及蔡文子注本當是晚宋建陽商業書坊刊本，該本相較前本而多出的抹筆與圈點，很可能是書賈為求豐富內容而擅自添加進去的內容。

　　通過以上的討論，我們可以探知在晚宋的歷史語境下，商業出版不僅推動了古文選本在社會間的生產與流通，更重要的是影響到古文選本自身的結構與趨尚，這既包括書籍外部的題名、牌記、版式等物質形態，同時也包括書籍內部的選目、注解、評點等文本內容。

第三節　晚宋古文選本的閱讀

　　書籍在編輯與出版後，通過閱讀的環節，在讀者社群間發揮意義，進而有可能對於整個社會文化產生影響，故閱讀活動的研究是書籍史研究的重要議題。但由於材料的限制，在書籍史的研究中，閱讀研究同時也是最富挑戰性的議題。

　　從時人的記述而言，晚宋古文選本在當時的士人社群間廣泛流行。但是關於晚宋古文選本閱讀受眾的定位，具體的閱讀活動，對於讀者以及當時社會的影響等問題，我們仍不甚瞭解。故本節希望利用有限的材料，重建晚宋讀者的閱讀語境，探尋古文選本的閱讀受眾及意義生產的過程，構建一個較具整體性的社會閱讀圖景。

一、中下層士人的閱讀社群

　　書籍的閱讀社群，一定程度上與書籍的價格相關。若是需花費高昂的金錢，方能購得一部古文選本，則中下層士人勢必失去了購買、閱讀該種書籍的機會。

　　南宋時期書籍刻本的刊刻成本與售賣價格，是印刷史研究的重要議題。葉德輝《書林清話》據《小畜集》諸書牒記所載，推導出「宋時刻印工價之廉」的觀點。〔註108〕今人研究亦推論南宋中期的書籍刻印價、銷售價已經很

〔註108〕〔清〕葉德輝：《書林清話》（北京：中華書局，1957年），卷6，頁145。葉

低，且「宋代以降，雕版圖書的頁均造印價、頁均書板價和頁均刊刻成本呈下降趨勢」。〔註109〕

　　一般而言，相比普通書籍的價格，科舉考試參考書等作為面向大眾的書籍，價格應當更加便宜。〔註110〕王惲（1227～1304）《玉堂嘉話》引《辛殿撰小傳》記載辛棄疾（1140～1207）的一則軼事可以佐證此事：

> 既歸宋，宋士夫非科舉莫進，公笑曰：「此何有，消青銅三百，易一部時文足矣。」已而果擢第。孝宗曰：「是以三百青鳧博吾爵者乎？」〔註111〕

辛棄疾本人從未進士登第，所謂「青銅三百」的花費，固然是笑談。南宋時期考試用書種類豐富，準備科考也不見得一定得購買時文選集，這則傳聞反映的是泛指時文、古文選本、科考類書等科舉考試參考書。雖然內容不值深考，但這則軼事確實反映出在南宋時期，包括古文選本在內的科舉考試參考書，售價低廉，獲取容易，同時對於科舉考試極有助益。

　　正如本書第貳章的論述，至晚宋時期，雕刻印刷技術與商業出版模式得到了極大的發展，建陽商業書坊出版的書籍採取細字密行、小開本等書籍形式，使得印製成本得到控制。

　　呂祖謙在與朱熹的一封信中提到：「婺本例價高，蓋紙籍之費重，非貧士所宜，勢必不能奪建本之售。」〔註112〕可見建陽坊刻書籍售價之低廉，連貧士都可以買得起。晚宋的陳造（1133～1203）就是這樣一位受益於建本的「貧

　　　　德輝誤將牒記所載的物料工食和賃板錢徑視作刻印工價，賃板錢應視作書板這一固定資產的折舊，在論證方法上存在一定的疏誤，但葉氏的觀點仍大致不差。

〔註109〕周生春、孔祥來根據刊行於南宋紹興、嘉泰間的《小畜集》、《續世說》、《大易粹言》、《漢雋》、《二俊文集》和《會稽志》，以及元刊《十七史》等書籍中所載刊印和銷售價格的信息，得出文中所引的結論。參見周生春、孔祥來：〈宋元圖書的刻印、銷售價與市場〉，收入周生春、何朝暉編：《「印刷與市場」國際會議論文集》（杭州：浙江大學出版社，2012年），頁71。

〔註110〕周啟榮的研究表明，在明代，科舉用書、實用類書等大眾書籍的價格，相對更加便宜，根據他的計算，「1斤菠菜、1隻鵝的價錢便可以隨時買到一本科舉參考書。」參見〔美〕周啟榮：〈明清印刷書籍成本、價格及其商品價值的研究〉，《浙江大學學報》（人文社會科學版），2010年第1期，頁5～17。

〔註111〕〔元〕王惲撰，楊曉春點校：《玉堂嘉話》（北京：中華書局，2006年），卷2，頁64。

〔註112〕〔宋〕呂祖謙：〈與朱侍講〉，《東萊呂太史別集》，收入黃靈庚主編：《呂祖謙全集》第一冊（杭州：浙江古籍出版社，2008年），卷7，頁411。

士」。他在〈題呂居仁詩〉中自述：「始余貧甚，僅得建本熟讀，心終不愜。」
〔註113〕陳造雖然對建本頗有不滿之意，但作為家境「貧甚」的中下層士人，
無法負擔售價高昂的精良版本，售價低廉的建本雖有瑕疵，但足以滿足他的閱
讀需求，乃是「貧士所宜」的讀物。因此，經建陽書坊的商業創新，當地出版
古文選本的售價，應當在南宋中期的基礎上更加低廉。

元末明初人危素（1303～1372）為元初大儒吳澄（1249～1333）所作的
《臨川吳文正公年譜》中有一條重要材料，《年譜》「（景定）二年辛酉」條載：

> （吳澄）十三歲，大肆力於群書應舉之文，盡通。公於書一覽無不
> 盡記，時麻沙新刻《古文集成》，因家貧從鬻書者借讀，逾月而歸
> 之。〔註114〕

吳澄生於理宗淳祐九年（1249），他在青年時期的書籍閱讀，恰可作為考察晚
宋古文選本閱讀活動的一個個案。

從吳澄的個案可以印證我們前面的推論：即使是「家貧」的中下層士人，
依然有機會閱讀到古文選本。除了書籍售價以外，晚宋書籍閱讀途徑的多元
化，亦是關鍵的因素。即使自身家庭經濟條件並不富裕，在購買書籍之外，仍
然能如吳澄一般，通過借閱等手段，讀到最新出版的古文選本。〔註115〕低廉
的書籍價格與多元的閱讀途徑，意味著在晚宋時期古文選本有機會滲透入至
更底層的士人社群之中，發揮出更大的影響。

同時吳澄的個案提供了關於晚宋古文選本讀者的其他信息。從「時麻沙
新刻《古文集成》」的記述中可知，吳澄作為江西撫州人，很快便能在江西撫
州的書肆（鬻書者處），買到福建建陽最新出版的古文選本，可見在當時這類
書籍流通空間的廣泛與時間的迅捷。換言之，當時全國範圍內（至少是福建
周邊較廣的地理範圍內）的讀者，是比較容易能夠接觸到福建商業書坊出版
的古文選本的。這構成了古文選本在晚宋士人生活與社會文化領域發揮廣泛

〔註113〕〔宋〕陳造：〈題呂居仁詩〉，曾棗莊、劉琳主編：《全宋文》（上海：上海辭書
　　　　出版社、合肥：安徽教育出版社，2006年），第256冊，卷5759，頁254。
〔註114〕〔元〕危素：《年譜》，〔元〕吳澄：《吳文正集》（臺北：臺灣商務印書館，1983
　　　　年，景印文淵閣四庫全書本），附錄，頁5a。
〔註115〕這種借書閱讀的風尚，在南宋中後期頗為普遍，如據鄭樵自述：幼時，「家貧
　　　　無文籍，聞人家有書，直造其門求讀，不問其容否。讀已則罷，去住曾不吝
　　　　情。」參見〔宋〕鄭樵：〈與景韋兄投宇文樞密書〉，曾棗莊、劉琳主編：《全
　　　　宋文》（上海：上海辭書出版社、合肥：安徽教育出版社，2006年），第198
　　　　冊，卷4373，頁43。

影響的基礎。

　　吳澄自幼好學，〈行狀〉稱其：「三歲穎悟日發，教之古詩，隨口成誦」，「五歲，日受千餘言，誦之數過，即記不忘。」〔註116〕大約至十三歲左右，吳澄開始蒐集、閱讀時文、古文選本等科舉考試參考書，致力於科舉之學，爾後十四歲時首次參加撫州補試，二十一歲時通過解試，二十二歲時赴京參加省試。〔註117〕

　　陳耆卿（1180～1236）在為自己文集《篔窗集》撰寫序文中自述「十二入鄉校，先生長者以其粗工舉業，亟進之，他未知學也」，〔註118〕可見陳耆卿也是在十二歲左右進入鄉校致力於舉業，而此時閱讀的大概也是時文、古文選本等書籍。陳耆卿的經歷可與上引吳澄年譜的材料互相發明、參證。

　　從吳澄、陳耆卿的學習歷程可知，十二、十三歲大約是晚宋士人開始從事舉業、初次閱讀古文選本的普遍年齡。

　　在本書的第貳章中，已經列舉諸種晚宋坊刻書籍存在的「庸陋」之處，例如：校勘不精而脫文訛字頻出，大量使用俗字，隨意刪節改易書籍形式與內容，杜撰偽託書籍的作者，等等。同時本書認為儘管建陽坊刻書籍存在諸多缺陷，但由於價格的低廉與獲取的便易，契合了非精英士人的閱讀需求。這也是建陽坊刻本得以在全國廣泛流通，頗受市場歡迎的原因。

　　晚宋古文選本作為商業出版書籍的一種，完全符合以上所論的情況。在書籍形態上，晚宋古文選本存在以上列舉的諸種特徵，透過這些書籍形式特徵，可以推論讀者的閱讀需求與文化趣味，從而定位古文選本的閱讀社群。

　　試以書籍使用的俗字為例。晚宋古文選本中，俗字的使用十分普遍。試以《文章正印》一書為例，書中出現的「學」字全作「斈」，「怪」字全作「恠」，「萬」字全作「万」，「辭」字全作「辝」，諸如此類者甚夥，不煩列舉。俗字的普遍使用，原是晚宋建陽商業出版的特徵之一，但出現在古文選本之中，刊印文字的「卑俗」與文章內容的「高古」呈現出矛盾悖反，形成了微妙的張力。

〔註116〕　〔元〕虞集：《行狀》，〔元〕吳澄：《吳文正集》（臺北：臺灣商務印書館，1983
　　　　　　年，景印文淵閣四庫全書本），附錄，頁 24a。

〔註117〕　〔元〕危素：《年譜》，〔元〕吳澄：《吳文正集》（臺北：臺灣商務印書館，1983
　　　　　　年，景印文淵閣四庫全書本），附錄，頁 5a、7a、7b。

〔註118〕　〔宋〕陳耆卿著，曹莉亞點校：《陳耆卿集》（杭州：浙江大學出版社，2010
　　　　　　年），頁 158。

可以推想的是，出生經濟富裕家庭、接受良好文化教育的精英士人，秉持「高古」的文化趣味，以及訂訛正誤的校勘偏執，當他們面對古文選本中存在的此類「庸陋」之處，勢必將嗤之以鼻，擲棄不顧。

相反，一些未及第的舉子、鄉村教師，具有一定文化知識的中下層士人，一方面在文化趣味上並不在意這些俗字及文本訛誤，另一方面出於實用性與功利化的閱讀需求，以及考慮到書籍價格的低廉與獲取的便易，往往傾向於選擇此類書籍，成為古文選本實際的閱讀受眾。

二、書籍形式與讀者閱讀活動的重構

透過一些時人記述的材料，我們可以將晚宋古文選本的閱讀受眾定位為經濟條件不佳、社會地位不高的中下層士人群體。建陽書坊出版的古文選本儘管存在諸多「庸陋」之處，但由於契合了中下層讀者的閱讀需求，故受到了廣泛的歡迎。

本節希望進一步研究的是，在具體的閱讀活動中，晚宋古文選本如何滿足中下層讀者的閱讀需求。換言之，即中下層讀者如何閱讀、利用古文選本的問題。

但是讀者與閱讀活動往往缺少直接的材料記錄，「讀者在哪裡」，「如何建構閱讀活動」，一直以來是困擾中西方閱讀史研究者的關鍵問題。而本書所欲討論的中下層讀者及閱讀活動，由於材料更為稀見，難度顯然更大。因應這樣的研究困境，我們不得不採取一些曲折迂迴的研究進路。

在書籍史研究的理論視域下，「交流迴路」中的編輯、出版與閱讀等諸環節之間，存在一個互相聯通、互相影響的關係。這意味著在書籍的生產階段，編輯者與出版者為了把握市場的好尚，勢必需要建構一個「預期讀者」群體，想像讀者們可能持有的閱讀需求、期待，從而調整書籍的形式設計與文本內容，以迎合讀者群體。換言之，我們可以利用書籍本身，通過針對形式與內容的分析，從而重構讀者的閱讀期待，進而管窺當時閱讀活動的情況。〔註119〕

〔註119〕前人亦嘗採用此種進路研究近世中國社會的閱讀文化。如何谷理（Robert E. Hegel）在探究明清插圖本小說時，由書籍的物質層面入手，探討印刷、裝幀、插圖等因素對閱讀選擇的影響，從而反向地定位插圖本小說的讀者群體以及考察閱讀的相關情況。正如作者在中譯本序中自述的：「我從我所見過的明清書籍物理特徵入手，目的是試圖重塑這些書籍最初帶給讀者的閱讀體驗。」參見〔美〕何谷理著，劉詩秋譯：《明清插圖本小說閱讀》（北京：生活‧讀

　　故而本書嘗試將論述重心落在晚宋古文選本的形式特徵與讀者的闡釋策略上，著重關注選本如何利用特定形式，調動書中內容的闡釋，引導讀者閱讀進程的展開？選本通過如何的策略，滿足讀者的閱讀期待？

　　首先，晚宋古文選本作為選本的一種，其形式特徵主要在於「精選」，即「刪汰繁蕪」、「芸粹菁華」。

　　進入南宋，時人開始針對唐代、北宋作家的文集進行廣泛而深度的文獻整理與刊印工作。特別是南宋中後期，在商業出版與消費的語境下，社會間一方面出現了務求完備、「大全集」式的別集，諸如麻沙刊本《類編增廣潁濱先生大全文集》、《類編增廣黃先生大全文集》等書；另一方面，出現了務求精粹、便於翻檢的選集，往往冠以「精選」、「文粹」、「關鍵」之名。晚宋古文選本便是屬於後者之一種。

　　由於韓、柳、歐、蘇等古文家的文集動輒上百卷，例如周必大校刊的《歐陽文忠公集》共計有一百五十三卷之多，卷帙不可謂不浩繁。試想，讀者若需通覽精讀，勢必需要花費大量的時間與精力。古文選本正是在這種情況下應勢而生的。古文選本通過刪汰次要篇目，精選與保留了讀者最為需要、最為關鍵的古文作品，從而為讀者閱讀提供了極大的方便。

　　如由呂祖謙編輯，於宋末重刊的《古文關鍵》，選文僅有六十二篇，其中選錄韓愈、柳宗元、歐陽脩、蘇軾、蘇轍、蘇洵、曾鞏、張耒（1054～1114）等八家的作品。從作家而言，「唐宋八大家」的名目呼之欲出；從篇目而言，去取頗精，大多為後世選本所承襲；〔註120〕從文體而言，則以選錄議論文為主。

　　將該書的「精選」特徵作為線索，可以推想當時讀者閱讀《古文關鍵》時的情況。讀者省去了翻檢通覽全書的工夫，只需要花費少量的時間與精力，就可以通覽唐宋間最為重要的古文作家以及最為經典的古文篇目，迅捷地掌握唐宋古文最為精華的部分。而因為南宋科舉考試偏重策論，議論文是應試舉子

書・新知三聯書店，2019 年），中譯本序，頁 3。另外，何予明在討論明代的通俗書籍與閱讀文化時，亦是從作品的分析入手，回溯讀者的閱讀期待，進而窺見明代閱讀文化的脈絡。參見〔美〕何予明著譯：《家園與天下：明代書文化與尋常閱讀》（北京：中華書局，2019 年），頁 203。

〔註120〕如《古文關鍵》選錄韓愈十三篇作品，依次為〈獲麟解〉、〈師說〉、〈諫臣論〉、〈原道〉、〈原人〉、〈辨諱〉、〈雜說〉、〈重答張籍書〉、〈與孟簡尚書書〉、〈答陳生書〉、〈答陳商書〉、〈送王含秀才序〉、〈送文暢師序〉，皆是韓愈文集中最為精要的文本，凡後世韓文選本很少見到不納入這些篇目的，足可見《古文關鍵》選文之眼光。

最需要閱讀的文體，通過閱讀該書，科舉閱讀的需求也可以一併得到滿足。

王應麟（1223～1296）曾轉引呂祖謙語曰：「雖不能徧讀，且擇其易見、世人所愛者誦之。」〔註121〕這句話正可以概括古文選本讀者們所抱持的因為無法徧讀，故而擇其精要的心態及閱讀策略。

晚宋古文選本往往著意宣傳該書具有「精選」、「精粹」的特質，如宋末刊《觀瀾文集》乙集目錄前牌記謂：「三山林少穎先生精選古今雜文數百篇。」〔註122〕臺北國圖藏《龍川水心文粹》目錄前牌記謂：「是編又出名公選校，壹是粹作，篇加圈點，辭意明粲。」〔註123〕這正是在讀者務求精粹，追逐便捷的閱讀期待的主導下，當時的書籍編輯者與出版者認知到了讀者的需求，精準把握市場脈動而作出的宣傳策略。

其次，晚宋古文選本的形式特徵在於「類編」，即將選錄的文本按照某種原則進行分類編次，目的同樣是在於為讀者翻檢提供便易，有助於閱讀活動的展開。

「類編」一詞常常見於晚宋坊刻總集的題名，如《觀瀾文集》題名為「東萊集注類編觀瀾文集」。編輯者與出版商在題名中刻意強化書籍所具「類編」的性質，說明「類編」的體例在當時讀者群體間是非常受歡迎的，因此採用如此的題名，用以招徠買家。

晚宋古文選本中最常見的「類編」體例是依文體類分。如晚宋編刻《文章正印》、《古文集成》等書皆是依文體類分的選本。《文章正印》選錄書、記、序、說、論、銘、箴、傳、贊、頌、碑、圖、解、辨、原、辭等總計十六類文體。將《文章正印》「文體類分」的特徵作為線索，可以推想讀者在閱讀該書時的具體情況：若需閱讀某一類文體，便可以直接翻檢該文體所在的卷次，使得閱讀過程更加便捷、簡易；同時以文體類分的體例，使得讀者在閱讀時專注於某一文體內部的發展與演變，研習某一文體特定的書寫風格。

同時，晚宋古文選本的編次體例存在多元化的趨向。除了常見的依文體

〔註121〕〔宋〕王應麟著，張驍飛點校：《詞學指南》（北京：中華書局，2010年），卷1，頁399。

〔註122〕〔宋〕林之奇編，〔宋〕呂祖謙集注：《東萊集注類編觀瀾文集》（北京清華大學圖書館藏清光緒十年〔1884〕方功惠碧琳瑯館影宋刻本），乙集卷首，頁1a。

〔註123〕〔宋〕舊題饒輝編：《圈點龍川水心二先生文粹》（臺北國家圖書館藏宋刻本），卷首，頁3a。

類分、依作者敘次以外，尚出現了依技法編次、依文格類編等新的編次體例。這些可視作是晚宋書籍「類編」體例朝向精細化發展的成果，在第肆章第二節中，將對這些新的編次體例予以詳細論述。但此處希望強調這些依技法、依文格的編次體例，在具體閱讀活動中發揮的重要作用：讀者閱讀時，可以從自身水平、研習目標出發，選擇特定的技法層次、文章格套進行閱讀，滿足了讀者多元化、多層次的閱讀需求。

最後，晚宋古文選本的形式特徵尚體現在書中所附的注解、評語與點抹符號。這些文字與符號，使得古文選本與一般的文學總集區別開來，是古文選本最為重要的形式特徵。

古文選本中的注解，從形式上一般可分為題下注與隨文附注兩種，為區別於正文，故多為雙行小字。從內容而言，題下注多為介紹作者生平及文章寫作背景，隨文附注則一般為訓釋聲韻與字義，或是注明典故、引文的出處等。

評語與點抹符號是晚宋古文選本書籍形式的重要構成元素。從評語與點抹符號的結合狀態而言，晚宋古文選本主要存在三種情況：兼具評點、有評無點、有點無評。前者是絕大多數，後兩者則是少數。

古文選本的評語，從形式上可分作總評與隨文評語，總評又可細分作首評與尾評，前者附於文首題目之下，後者附於文末。總評的內容一般是針對文章的內容立意、行文技法、造語設辭等方面作出的總體概括與評價。隨文評語又可分作夾批、旁批、眉批等，分別位於文中、行間，以及版框上部。隨文評語的內容往往是緊扣文章脈絡的展開，針對細部內容施加的評論。

古文選本中點抹符號的使用情況更加複雜多元，可將之大致分作圈、點、抹三類符號。圈，可細分作小圈、圍圈等；點，可細分作黑點、空心點等；抹，可細分作短抹、長抹等多種。若就一般意義而言，圈與點往往用以標示精彩字句，長抹往往用以標示文章主意，以及轉折、照應、抑揚等關鍵語句。〔註124〕當然在不同的選本中，點抹符號都有特定的使用凡例，不一而足，僅能舉大概而言之。

但最為重要的是，這些注解、評語、點抹符號，作為依附在書籍頁面上的資料，既明顯區別於正文內容，但又與正文內容存在互相闡釋、互相補足的「互

〔註124〕關於宋代古文選本中的評點符號，張秋娥曾作了頗為細緻的分類考察，參見氏著：《宋代文章評點研究》（武漢大學中國古典文獻學博士學位論文，羅積勇先生指導，2010 年），頁 162～166。

文」關係，構成了熱奈特（Gerard Genette）所謂書籍的「副文本」。〔註125〕

這些「副文本」的共同特點是與讀者的閱讀活動存在著緊密的關係。無論是注解，或是評語與點抹符號，它們的撰作都是圍繞著輔助閱讀的目的而完成的。當讀者的視線投射至書籍頁面，「副文本」便同時進入到讀者的視野之中。注解、評語及點抹符號以各自特定的功能，構成一個整體性的架構，伴隨著閱讀活動的展開，承載著輔助意義詮釋的作用。

書籍史研究針對「副文本」極為關注，副文本能夠為重建讀者閱讀活動的圖景，提供了很多寶貴的細節。〔註126〕

前文已論及，晚宋諸種選本的注解多有重複因襲的情況，可知並非編者原創，乃是出自書坊之手。但這些注解的轉相剿襲、重複出現，恰恰說明了其作為注釋、解說文本的實用性，故受到出版者與讀者的歡迎。藉由這些注解，讀者可以在短時間內對作者的年代、生平、思想，以及文章的寫作背景與目的等內容，產生一個基本的瞭解，這為接下來正文的閱讀與理解提供了幫助。同時在閱讀的展開過程中，讀者藉由注解，克服聲韻、字義、典故使用等帶來的理解上的障礙，得以順利地完成閱讀活動。要言之，這些注解起到了一種知識層面的「輔助閱讀」的作用。

總評針對行文技法、造語設辭等作出的總體概括與評價，將有助於讀者充分理解文章的妙處。隨文評語與點抹符號，則為讀者標明文章或段落的主意，揭示行文轉折、呼應、抑揚等行文方法，提示妙語煉字的使用等，作為伴隨閱讀活動展開的文學批評，給予讀者細緻入微、闡釋文章肌理的閱讀體驗。要言之，這些評語與點抹符號，構成了一種文學欣賞層面的「輔助閱讀」的作用。

〔註125〕「副文本」是指依附在文本周圍的資料，包括書名、副題、作者名字、書腰、封面、插圖、序言等等。熱奈特說，這些「副文本」組成了「實踐與論述的異質整合體」，是「於內與外之間，不定的區域，它沒有嚴格的界限，既不指向內部（文本），亦不指向外部（人們對文本的論述）。」參見〔法〕熱奈特：〈隱跡稿本〉，收入氏著，史忠義譯：《熱奈特論文選》（開封：河南大學出版社，2009年），頁56～65。

〔註126〕周啟榮利用 Gerard Genette 的「副文本」架構分析晚明的科舉用書，認為科舉用書的各種注解，暗地裏顛覆了官方意識形態，創造出新的論述空間，挑戰朝廷對於儒學經典的詮釋權威。參見〔美〕周啟榮著，楊凱茜譯：〈為功名寫作：晚明的科舉考試、出版印刷與思想變遷〉，收入〔美〕伊沛霞、姚平主編：《當代西方漢學研究集萃：思想文化史卷》（上海，上海古籍出版社，2016年），頁217～244。

　　讀者在閱讀文章時，藉由這些評語與點抹符號，可以在短時間內、迅速便捷地掌握文章行文妙處之所在，得以在寫作實踐中模仿、套用，從而提高自身的文章寫作水準。在古文選本的評語中，評點者亦絲毫不隱匿自己的主觀立場，時常現身說法，直接提點讀者在閱讀時注意某處文字、某處敘述。如《回瀾文鑑》的前集卷十七陳亮〈項羽〉總評曰：「文氣雄豪，愈讀愈奇，學者若能識觀於此，必無場屋軟腐之患。」《文章軌範》卷二卷首序曰：「初學熟此，必雄於文。千萬人場屋中，有司亦當刮目。」都是現身說法，直接點名要求學者、讀者注意某處的例子。諸如此類，在晚宋古文選本中頗多，不勝枚舉。

　　這表明評點在輔助閱讀之外，尚增加了在閱讀過程中引導讀者效法範文寫作技巧的作用，即「引導學習」的作用。

　　晚宋古文選本中的注解文字，大多都是針對十分基礎的聲韻、字義、典故的訓釋，其中亦不乏低級的舛誤。如張世南就曾批評《觀瀾文集》「東萊集注」中存在的一處舛誤。〔註127〕與之類似，評語與點抹符號同樣存在繁雜瑣細、固執呆板的弊病，亦常常引起時人的批評，被認為是忽視了文章的「流轉變化」，而將文章寫作拘限於一個「文字腔子」之中。〔註128〕透過時人的批評，可以想見這些注解與評點無法滿足精英士人的閱讀期待；從注解、評語與點抹符號反映的共同取向中，這種書籍及閱讀方式，更加適合應該是初習文法、準備科考的中下層士人群體。

〔註127〕張世南《游宦紀聞》載：「嘉定甲申夏，有持潁濱先生帖十數幅求售。蹤跡所自，知非贗物明甚。有黃樓賦一篇，讀之，其間『前則項籍、劉戊』一句，《觀瀾文》作劉備，《潁濱集》作劉季。《觀瀾文》注云：『徐州牧陶謙病篤，謂別駕麋竺曰：「非劉備不能安此邦。」及謙死，竺率州人迎先主，先主未敢當。陳登、孔融曉諭之，先主遂領徐州。』劉戊，乃楚元王交之子也。漢六年，既廢楚王信，分其地為二國。立劉賈為荊王，交為楚王，王薛郡、東海、彭城三十六縣，先有功也。交薨，戊嗣，稍淫暴，遂應吳王反起兵。會吳與周亞夫戰，絕吳糧道，士飢，吳王走，戊自殺。彭城即徐州，先生之意，蓋以此也。不知當來作劉備、劉季，而後來易以戊耶？或傳寫訛謬，而意其為備為季耶？要當以先生手書為定也。」此處確是呂注舛誤，張說可取。參見〔宋〕張世南撰，張茂鵬點校：《游宦紀聞》（北京：中華書局，1981 年），卷 7，頁 58。

〔註128〕《朱子語類》載：「（朱熹）因說伯恭所批文，曰：『文章流轉變化無窮，豈可限以如此？』某因說：『陸教授謂伯恭有箇文字腔子，才作文字時，便將來入箇腔子做，文字氣脈不長。』先生曰：『他便是眼高，見得破。』」〔宋〕黎靖德編，王星賢點校：《朱子語類》（北京：中華書局，1986 年），卷 139，頁 3321。

本節的討論集中在書籍的形式如何與其內容互相配合，從而輔助讀者拓展出豐富的閱讀空間。從書籍形式重構讀者群體與閱讀活動的研究，一方面再度證成了晚宋古文選本讀者身分下移的觀點，另一方面再現了晚宋讀者的一種閱讀技巧──利用選本、類編、注解、評語、點抹符號等，在短時間之內，精準地掌握文章的內容大意、行文技巧、字句妙處等。這種閱讀技巧體現出強烈的「實用性」與「功利化」的色彩。

三、科舉參考書與晚宋閱讀文化的形塑

讀者早年的閱讀經驗，往往能影響其一生的閱讀品味與習慣。晚宋士人在青年時期初習文法，廣泛接觸、精熟閱讀古文選本，受到古文選本中由注解、評語及點抹符號構成的閱讀方法的影響，無意間形塑了某些特定的閱讀習慣。

同時，在激烈的科舉考試競爭中，這種閱讀方法得到了有效性與實用性的驗證，進而為各種評點類選本的流行培養了讀者基礎，拓展了市場需求。隨著古文選本在晚宋士人群體間的廣泛流行，這種閱讀方法也隨之成為一種流行的風尚，形成一種閱讀文化。

本節擬對晚宋社會間的這種閱讀文化進行討論。但因直接關涉古文選本閱讀的材料頗為不足，故在實際論述中，首先整合科舉參考書的閱讀情況進行討論。

科舉考試用書的流行，對於士子的閱讀及學術風尚產生影響，至少可以追溯至北宋中期。熙寧二年（1069）五月，蘇軾在〈議學校貢舉狀〉中就曾提及：

> 近世士人纂類經史，綴緝時務，謂之策括，待問條目，搜抉畧盡，
> 臨時剽竊，竄易首尾，以眩有司，有司莫能辨也。且其為文也，無
> 規矩準繩，故學之易成，無聲病對偶，故考之難精。以易學之士，
> 付難攷之吏，其弊有甚於詩賦者矣。〔註129〕

蘇軾所謂「策括」，指為準備策論考試而編輯的參考書，大概是從經史、時務類的書籍中，摘錄有利於考試的內容，以待問條目的形式分類編輯，供舉子參考。這類考試用書因為速成與實用的特點，得以「學之易成」與「有司莫辨」，

〔註129〕〔宋〕蘇軾撰，孔凡禮點校：《蘇軾文集》（北京：中華書局，1986 年），卷 25，頁 724～725。

故而在士子群體間頗受歡迎，使得當時士人形成了「不尋史籍，惟誦文策」的閱讀風尚。這才導致蘇軾不得不上奏，乞請禁絕。

大觀三年（1108），一位地方官員也曾上奏請求禁絕書坊刊刻考試用書，言：

> 鬻書之人急於錐刀之利，高立標目，鏤板誇新，傳之四方。<u>往往晚近小生以為時之所尚，爭售編誦，以備文場剽竊之用，不復究義理之歸，忌本尚華，去道逾遠</u>。欲乞今後一取聖裁：倘有可傳為學者式，願降旨付國子監並諸路學事司，鏤板頒行，餘悉斷絕禁棄，不得擅自賣買收藏。〔註130〕

在此之後不久的政和四年（1114），又有一位官員上奏：

> 比年以來，於時文中採摭陳言，區別事類，編次成書，便於剽竊，謂之《決科機要》。偷惰之士，往往記以欺有司，讀之則近似，<u>究之則不根於經術本源之學，為害不細</u>。〔註131〕

這二則材料更加明確地指出科舉考試參考書之於士子閱讀風尚的影響：書坊出版的科舉考試參考書，藉由印刷術在士子群體間廣泛地傳播；科舉考試參考書便易與速成的特點，滿足了士子干祿求進的功利性目的，使得士子不再積極閱讀經史典籍與文學原著，徑直從選本、類書等參考書中汲取知識，準備考試，形成了「偷惰」的閱讀風尚。「不復究義理之歸，忌本尚華，去道逾遠」，是當時官員目睹考場風氣後的憂慮與不安，同時也是針對當時一般士子學風的精準描述。

另外一個例子就是在晚宋時期，配合科舉考試使用的經典著述節本開始大量出版與廣泛流佈，〔註132〕引起士人讀書風氣的變化。最典型的當屬《資治通鑑》各類節本的出版與閱讀。司馬光（1019～1086）《資治通鑑》計有二百九十四卷，三百萬字，由於卷帙浩繁，士子翻檢極為不易，故而在晚宋科舉

〔註130〕〔清〕徐松輯：《宋會要輯稿》（北京：中華書局，1957年），「刑法二」，頁6505。

〔註131〕〔清〕徐松輯：《宋會要輯稿》（北京：中華書局，1957年），「刑法二」，頁6512。

〔註132〕許媛婷在討論南宋科舉用書的出版時，專門列出「因科考之用的節本」一類，將之作為科舉考試參考書的代表，許氏認為「書商還顧慮到學子必須在短時間內讀卷帙龐大、數量眾多的經、史文籍，於是想方設法替學子蒐羅節本，卻無意間創造出另一種考試用書的出版市場。」許媛婷：〈南宋時期的出版市場與流通空間——從科舉用書及醫藥方書的出版談起〉，《故宮學術季刊》第28卷第3期（2011年春），頁115～117。

文化與商業出版的影響下，該書衍生出多種節本、類編本。《宋史・藝文志》著錄《通鑑》節本便有五種。〔註133〕《宋志》著錄以外，《中國古籍總目》著錄現存《通鑑》節本至少八種。〔註134〕另外尚有《通鑑紀事本末》、《通鑑總類》等書。這些《通鑑》節本的出版與流佈，在當時士人世界中引起了很大的反響。如章大醇〈重刻通鑑紀事本末序〉曰：

> 類書之作，蓋以便觀覽、便檢閱而已，而士子遂謂場屋之計可取具於類書，而涉獵淹貫之學日以不足。以便而媒其怠，非類書本意也。〔註135〕

樓鑰〈通鑑總類序〉曰：

> 《資治通鑑》不刊之書也。司馬公自言精力盡於此書，而士大夫鮮有能徧讀者。始則以科舉而求簡便，世所傳節本，自謂得此足矣。〔註136〕

章大醇、樓鑰的序文都指出《通鑑》卷帙過於宏富，當時學子少有能徧讀者，故而書坊編輯的各類《通鑑》節本出版後，完美地契合了當時讀書人簡便速成的心理，但「以便而媒其怠」，也形成了士子只閱讀節本卻不精研原著的偷惰學風。

　　以上數則材料乃是綜合所有種類的科舉考試參考書而論，反映的是晚宋

〔註133〕《宋史・藝文志》著錄五種《通鑑》節本分別為：司馬光《資治通鑑舉要歷》八十卷；司馬光《通鑑節要》六十卷；呂祖謙《呂氏家塾通鑑節要》二十四卷；胡安國《資治通鑑舉要補遺》百二十卷；洪邁《節資治通鑑》一百五十卷。參見〔元〕脫脫等撰，中華書局編輯部點校：《宋史》（北京：中華書局，1985年），卷156，頁5091～5093。

〔註134〕《中國古籍總目》著錄現存八種《通鑑》節本分別為：《入注附音司馬溫公資治通鑑》一百卷；《呂大著點校標抹增節備注資治通鑑》一百二十卷；《少微家塾點校附音通鑑節要》五十六卷附《外紀》四卷；《增節標目音注精議資治通鑑》一百二十卷；《呂成公點校集注司馬溫公資治通鑑詳節》一百卷；《增修陸狀元集百家注資治通鑑詳節》一百二十卷；《增入名儒集議資治通鑑詳節》（總卷數不詳）；《省元林公集注資治通鑑詳節》一百四卷。關於這些宋人所著《通鑑》節本的介紹，參見金菊園：《〈少微通鑑〉早期版本研究──以宋元時代的文本演變為中心》（上海：復旦大學中國古典文獻學碩士學位論文，陳正宏先生指導，2013年），頁4～6。

〔註135〕〔宋〕章大醇：〈重刻通鑑紀事本末序〉，曾棗莊、劉琳主編：《全宋文》（上海：上海辭書出版社、合肥：安徽教育出版社，2006年），第338冊，卷7784，頁16。

〔註136〕〔宋〕樓鑰：〈通鑑總類序〉，曾棗莊、劉琳主編：《全宋文》（上海：上海辭書出版社、合肥：安徽教育出版社，2006年），第264冊，卷5951，頁141。

考試用書對於士人學風總體意義上的影響。回到晚宋古文選本，由於屬於科舉考試參考書之一種，古文選本的閱讀及對士子閱讀風尚的形塑，亦呈現出類似的情況。與閱讀《資治通鑑》一樣，士子們在閱讀古文大家的文集時，遇到了同樣的困難，韓愈、柳宗元、歐陽脩、蘇軾等古文大家的文集合計有數百卷之多，卷帙紛繁，若要從首至尾詳細閱讀，則需花費大量的時間與精力。故而古文選本的出現，正好滿足了他們「功利閱讀」的需求，使得士子能夠短時間內閱讀古文家作品的精華部分，掌握文章寫作的奧義與訣竅。

在朱熹與呂祖謙的一封書信中，提到一部名為「精騎」的書籍，言：

> 近見建陽印一小冊，名《精騎》，云出於賢者之手，不知是否？此書流傳，恐誤後生輩，讀書愈不成片段也。雖是學文，恐亦當就全篇中考其節目關鍵。又諸家之格轍不同，左右采獲，文勢反戾，亦恐不能完粹耳。〔註137〕

朱熹以為市面上流行的《精騎》一書出自呂祖謙的編纂，故致信求證，該書大約作於宋孝宗乾道九年（1173）十一月。〔註138〕據「就全篇中考其節目關鍵」、「讀書愈不成片段」等描述，該書是雜鈔彙編諸家文章中的關鍵語句，以便於士子翻檢揣摩的應試手冊。臺北國家圖書館庋藏一部題為《精騎》的書籍，體例與朱熹所述書籍極為相似，或是同一書。〔註139〕

《精騎》大約成書於南宋中期孝宗乾道年間，大儒朱熹對此類書籍在士人群體間的流行，表達了自己的擔憂：「此書流傳，恐誤後生輩，讀書愈不成片段也」。朱熹雖是從負面角度提出批評，但他的話語確實精準地描述了《精騎》等古文選本對於士人閱讀習慣與風尚的形塑作用。

到了晚宋時期，選錄諸家經典文章的選本層出不窮，為商業書坊不斷出版、印刷，在士子群體間得到更為廣泛的流播。岳珂（1183～1243）《愧郯錄》

〔註137〕〔宋〕朱熹：〈答呂伯恭〉，曾棗莊、劉琳主編：《全宋文》（上海：上海辭書出版社、合肥：安徽教育出版社，2006年），第245冊，卷5488，頁180～181。

〔註138〕信中提及陸子壽入浙訪呂祖謙一事，故陳來據《呂祖謙年譜》將該信繫於乾道九年十一月。參見陳來：《朱熹書信編年考證》（上海：上海人民出版社，1989年），頁105。

〔註139〕〔宋〕佚名編：《精騎》（臺北國家圖書館藏南宋孝宗光宗間〔1127～1279〕刻本）。朱熹書中提到的《精騎》刊印於福建建陽，但臺北國圖藏本據書首牌記可知是刻於浙江婺州，故二書是否即同一本，尚有可商榷之處。可能存在的情況為二者是同一書的不同版本，即《精騎》一書原先在婺州刊刻，臺北國圖藏本即初刻本，爾後該書又在建陽重印，朱熹書信中提及或即該重印本。

「場屋類編之書」條言：

> 故凡編類條目，撮載綱要之書，稍可以便檢閱者，今充棟汗牛矣。
>
> ⋯⋯建陽書肆方日輯月刊，時異而歲不同，以冀速售，而四方轉致
>
> 傳習。〔註140〕

可見該類書籍刊印數量之多，流佈範圍之廣，自然對晚宋士人的閱讀世界產生了更加深刻的影響。

前述吳澄曾在十三歲時閱讀古文選本，至晚年他回憶年輕時所看見士子的閱讀風尚，言：「蓋自宋末，舉世浸滛於利誘，士學大壞。童年至皓首，一惟罷軟爛熟之程文是誦是習，無復知為學之當本於經。」〔註141〕吳澄謂「舉世浸滛於利誘」，明確地指出當時士子學風、閱讀風尚的功利化取向，而這最終導致的結果是士子止步於閱讀科舉考試用書，而不再閱讀儒家經典、子史著述、諸家文集等。

晚年的黃榦（1152～1221）在一封給友人之子的信中曾寫道：

> 投老來歸，百事非舊，後生輩以為讀書者，充塞時文之具矣，必欲
>
> 全不讀書，專念一文一葉為是，彼亦豈欺我哉。〔註142〕

黃榦提到的「時文之具」，值得注意。「具」可以解釋作「用具、方法」，「時文之具」即閱讀考試用書的方法，具體是指閱讀精選出來的單篇文章、章節段落等，而不去翻檢研習原著與全書。黃榦發現當時士子間普遍流行這種「功利閱讀」的方法，而且將之帶入到經史、文集等一般性的閱讀活動中，形成了「必欲全不讀書，專念一文一葉為是」的閱讀風尚。

除了選錄單篇文章的選本外，晚宋時期還出現了全書依據「文格」編次的古文選本──《文章百段錦》。《文章百段錦》並非都是完整選錄文章，而是從諸家古文中節錄不同的段落，以「文格」為綱目編次，並且加以評論分析。〔註143〕與南宋中期的《精騎》相比較，成書於晚宋的《文章百段錦》，在編輯

〔註140〕〔宋〕岳珂撰，朗潤點校：《愧郯錄》（北京：中華書局，2016年），卷9，頁123。

〔註141〕〔宋〕吳澄：〈送李教諭赴石城任序〉，《吳文正集》（臺北：臺灣商務印書館，1983年，景印文淵閣四庫全書本），卷28，頁2a。

〔註142〕〔宋〕黃榦：〈與成叔之子元蕭書〉，《勉齋集》（臺北：臺灣商務印書館，1983年，景印文淵閣四庫全書本），卷9，頁16a。

〔註143〕這三種選文形式的區分以及具體選文的統計，參見孔瑞：《《太學新編黼藻文章百段錦》研究》（上海：華東師範大學古籍研究所碩士學位論文，方笑一先生指導，2015年），頁16～20。

體例上無疑得到了進一步的深化，同時也使得晚宋士子的閱讀更加碎片化。

需要補充說明的是，關於晚宋時期功利閱讀風尚的記載，大多皆是從負面角度提出的批評，較少見到從正面角度論述的材料。從這些負面評價，我們可以看到精英士人對這一問題的焦慮與憂心，從對立面反映出選本對於晚宋士人閱讀風尚與閱讀文化的形塑，以及對於當時士人世界產生的衝擊性效果。作為現代的研究者，我們不應簡單地以「正面／負面」的結構，對該種閱讀文化給予評價定性。這種閱讀文化，實際上具有功利性與通俗化的面向，是南宋以降社會「近世轉型」下產生的一種新的文化質素。只是因為目前所見宋代的文獻材料多是出自精英士人之手，由於精英士人的文化趣味與閱讀取向與之異趣，方才多為負評。

要言之，隨著雕版印刷技術的發展與商業出版模式的成熟，以及科舉考試競爭的日益激烈，古文選本在士人群體間廣泛流佈，成為士子應舉必備的參考書。在這一過程中，古文選本的注解、評語、點抹符號等書籍形式，建構了讀者相應的閱讀技巧和方法。我們可以看到，在晚宋時期，一種新的、功利化的士人閱讀文化正在興起，這在中國士人文化的發展脈絡中有著不可忽視的意義。

第肆章　為功名而讀：古文選本所見晚宋古文之學的變容

　　晚宋古文選本，承載著時人圍繞古文閱讀與寫作為中心的知識體系，是理解晚宋古文之學變遷與流轉的一條重要線索。本章將晚宋古文選本作為研究對象，闡述時人關於「古文」概念、編輯體例、文體分類、經典形塑、文章解說等方面的認識，以及相比之前時代體現出的變化趨勢，進而勾勒晚宋古文之學與文學文化的整體圖景。

第一節　「古文」概念的流衍

　　「古文」的概念肇始於中唐的韓愈，韓愈為了論證其主張的正當性，聲稱他倡導的文體來自於先秦的文學傳統，並建構了從先秦孔孟到自己的古文、道統的譜系。隨著歐、王、蘇、曾等諸位古文大家的相繼而起，至南宋中後期，圍繞「古文」的論述已經擁有了悠久而堅實的文化傳統，以及形成了涵括作者修養、內容義理、社會功用及文章技法等諸多面向的完整知識體系。

　　在晚宋科舉社會下，古文選本被定位作「為功名而讀」的書籍，在編輯、出版及閱讀等環節都呈現出通俗化與功利化的傾向。在這種情況下，本節關注來自韓、歐的古文傳統與功利取向的晚宋古文選本之間，呈現出如何的張力？在通俗化的晚宋古文選本中，精英式的「古文」概念發生了如何的異變與轉化？

一、精英式的「古文」概念

在中國傳統的文學觀念中，文章的寫作與儒家義理的體認、社會政治的功用等存在著緊密的關係。儘管經漢魏六朝浮艷綺靡的形式主義文風的震盪，文章寫作的義理傳統一度經歷失落的困境，但至唐中葉韓愈、柳宗元倡導「古文運動」後，文章寫作重新向義理傳統復歸。韓愈、柳宗元及後起的歐陽脩、蘇軾等古文家，圍繞儒學義理的體認與表達，創設出一套以「義理──學養──文章」為核心的知識體系。〔註1〕一直至清代，無論是桐城派主張的「義理、考證、文章」，〔註2〕抑或是章學誠所謂的「義理、博學、文章」，〔註3〕雖有修正和調適，但大抵不出唐宋古文家創設的知識體系。〔註4〕

從這個意義上而言，韓、柳創設的「古文」概念，作為他們文學理論中最核心的範疇，被賦予了溢出文學形式與語言技巧層面的意義，涵括了古文家在儒學義理、知識學養及文章技法等諸面向的關懷，其中特重者尤應在義理與學養之間。以下略考中唐至北宋「古文運動」時期關於「古文」概念的論述，以期發覆此說。

首先需修正一個頗為通行的觀點，即：「古文是以單行散體形式作為主要特徵的文體」。誠然，從形式上而言，唐宋的古文作品以單行散體為主，但這並不是古文與非古文的嚴格界限。觀韓、柳、歐、蘇的古文作品，可以發現他們並未完全廢除駢詞儷句，相反他們積極採取「運駢入散」的寫作手法，使得

〔註1〕 關於這個問題，以朱剛的論述最為精要。朱剛認為，唐宋古文家的共同特徵在於：談「文」必先論「道」；作為天地群生、一切存在的最高本體的「道」，因其被創作主體所認知體會，而呈現為淺深不同的「學養」，通過主體的表達活動，而被承載於「文」。參見朱剛：《唐宋「古文運動」與士大夫文學》（上海：復旦大學出版社，2013年），頁42。

〔註2〕 姚鼐〈述菴文鈔序〉言：「鼐嘗論學問之事，有三端焉，曰義理也，考證也，文章也。是三者苟善用之，則皆足以相濟。」曾國藩〈歐陽生文集序〉謂姚鼐「以為義理、考據、詞章，三者不可偏廢。必義理為質而後文有所附，考據有所歸」。參見〔清〕姚鼐著，劉季高點校：《惜抱軒詩文集》（上海：上海古籍出版社，2010年），卷4，頁61。〔清〕曾國藩著，王澧華點校：《曾國藩詩文集》（上海：上海古籍出版社，2005年），卷3，頁285。

〔註3〕 章學誠《文史通義‧原道篇》謂：「義理不可空言也，博學以實之，文章以達之，三者合一。」參見〔清〕章學誠著，葉瑛校注：《文史通義校注》（北京：中華書局，1985年），卷2，頁140。

〔註4〕 此一關於近世古文知識體系承續的通貫性認識，來自於龔宗傑的論述。參見龔宗傑：〈明文話的話語體系及其演變〉，收入氏著：《明代文話研究》（北京：中華書局，2019年），頁41。

文章富有形式美感的同時，又不失疏宕流動的文章氣脈。〔註5〕可見在形式上，古文雖以奇句單行的散體文為主，但並非絕對排斥駢詞儷句。

　　根據韓愈等人關於「古文」概念的論述，規定「古文」文體內涵的，不在於外在的形式，而在於其中表現的思想觀念和價值取向。韓愈在〈師說〉一文中，揄揚李蟠積極研習古文的事跡，特別提到李氏「六藝經傳皆通習之」，「嘉其能行古道」云云。〔註6〕在〈題歐陽生哀辭後〉中，韓愈自稱：

　　　　愈之為古文，豈獨取其句讀不類於今者耶？思古人而不得見，學古

　　道則欲兼通其辭。通其辭者，本志乎古道者也。〔註7〕

韓愈在此處明確主張：「古文」之所以區別於俗下文字，並非在於形式層面的異同，而是在內容層面表現了源自儒家經典的「古道」，即儒學義理。

　　柳宗元在〈答韋中立論師道書〉中更是明確提出了「文者以明道」的主張，〔註8〕強調古文寫作具有彰顯儒學倫理道德與社會政治功用的價值與使命。同時，相比韓愈，柳宗元在關於「學養」的論述上更為精密，其言：

　　　　本之《書》以求其質，本之《詩》以求其恆，本之《禮》以求其宜，

　　　　本之《春秋》以求其斷，本之《易》以求其動，此吾所以取道之原

　　　　也。〔註9〕

從中可以看出，柳宗元主張從透過精研儒家經典，從而尋求古文寫作的思想內容與風格特質的本源。同篇又言：

　　　　吾每為文章，未嘗敢以輕心掉之，懼其剽而不留也；未嘗敢以怠心

　　　　易之，懼其馳而不嚴也；未嘗敢以昏氣出之，懼其昧沒而雜也；未

　　　　嘗敢以矜氣作之，懼其偃蹇而驕也。抑之欲其奧，揚之欲其明，疏

　　　　之欲其通，廉之欲其節，激而發之欲其清，固而存之欲其重，此吾

〔註5〕如歐陽脩〈論尹師魯墓誌〉直言：「偶儷之文，苟合於理，未必為非。」見〔宋〕歐陽脩著，李逸安點校：《歐陽脩全集》（北京：中華書局，2001年），卷72，頁1046。

〔註6〕〔唐〕韓愈著，劉真倫、岳珍校注：《韓愈文集彙校箋注》（北京：中華書局，2010年），卷2，頁140。

〔註7〕〔唐〕韓愈著，劉真倫、岳珍校注：《韓愈文集彙校箋注》（北京：中華書局，2010年），卷12，頁1296。

〔註8〕〔唐〕柳宗元撰，尹占華、韓文奇校注：《柳宗元集校注》（北京：中華書局，2013年），卷34，頁2178。

〔註9〕〔唐〕柳宗元撰，尹占華、韓文奇校注：《柳宗元集校注》（北京：中華書局，2013年），卷34，頁2178。

所以羽翼夫道也。〔註10〕

柳宗元此說繼承了孟子「志氣」學說的三昧，可以視作「以志帥氣」一語內涵的展開。〔註11〕從中可見，柳宗元著重論述了創作主體的「學養」在儒家義理的體認與表達過程中的意義，將之視作具有「羽翼夫道」的地位。

故錢穆總結韓、柳的「古文」思想稱：「志道修身，乃為文立言之基本」，「韓公之意，乃謂必得道而後始能文也」；〔註12〕「柳子所言，較之韓公，深淺有異，醇駁有辨矣。要之主文本於道，文道一貫，則大意無殊」。〔註13〕總之，韓、柳關於「古文」的論述著重在儒家義理與作者學養之間，這當是韓柳式「古文」概念的核心內容。

北宋的古文家自覺繼承韓愈、柳宗元倡復古文寫作的職志，〔註14〕韓、柳關於「古文」概念的論述也在北宋士人間得到了傳承。〔註15〕柳開（947～

〔註10〕〔唐〕柳宗元撰，尹占華、韓文奇校注：《柳宗元集校注》（北京：中華書局，2013年），卷34，頁2178。

〔註11〕朱剛：《唐宋「古文運動」與士大夫文學》（上海：復旦大學出版社，2013年），頁36。

〔註12〕錢穆：〈雜論唐代古文運動〉，收入氏著：《中國學術思想史論叢（四）》，《錢賓四先生全集》第十九冊（臺北：聯經出版有限公司，1998年），頁50。

〔註13〕錢穆：〈雜論唐代古文運動〉，收入氏著：《中國學術思想史論叢（四）》，《錢賓四先生全集》第十九冊（臺北：聯經出版有限公司，1998年），頁53。

〔註14〕反映此類思想的記載頗多，如柳開〈上符興州書〉自稱：「師孔子而友孟軻，齊揚雄而肩韓愈。」歐陽脩〈記舊本韓文後〉言：「因取所藏韓氏文復閱之，則喟然歎曰：『學者當至於是而止爾。』……當盡力於斯文，以償其素志。」曾鞏〈上歐陽學士第一書〉言：「韓退之沒，觀聖人之道者，固在執事之門矣。」蘇洵〈上歐陽內翰第二書〉反問：「韓愈氏沒三百年矣，不知天下之將誰與也」，隱含之意是以歐陽脩繼承韓愈之統緒。參見〔宋〕柳開撰，李可風點校：《柳開集》（北京：中華書局，2015年），卷6，頁85。〔宋〕歐陽脩著，李逸安點校：《歐陽脩全集》（北京：中華書局，2001年），卷73，頁1056。〔宋〕曾鞏撰，陳杏珍、晁繼周點校：《曾鞏集》（北京：中華書局，1984年），卷15，頁232。〔宋〕蘇洵著，曾棗莊、金成禮箋注：《嘉祐集箋注》（上海：上海古籍出版社，1993年），卷12，頁334。

〔註15〕事實上，唐、宋「古文運動」原屬兩個不同朝代的文化現象，後世論者之所以合而論之，箇中原因在於兩次「古文運動」均重視義理與學養之於文章寫作的重要性，將「文以載道」作為核心思想。但由於南宋理學的興起及國家意識形態化，「文統」與「道統」分立的論述成為主流話語，使得後人針對唐宋「古文運動」的論述主要集中於文風、文體形式方面。參見馮志泓：〈歷代文評對唐宋古文運動的整合〉，收入氏著：《北宋古文運動的形成》（上海：上海古籍出版社，2009年），頁16～46。王基倫：〈北宋古文家繼承「道統」而非「文統」說〉，收入氏著：《宋代文學論集》（臺北：臺灣學生書局，2016年），頁27～64。

1000)〈應責〉稱：「古文者，非在辭澀言苦，使人難讀誦之，在於古其理，高其意，隨言短長，應變作制，同古人之行事，是謂古文也。」〔註16〕智圓（976～1022）〈送庶幾序〉言：「所謂古文者，宗古道而立言，言必明乎古道也。」〔註17〕由柳開、智圓為「古文」所下的定義可知，北宋初期士大夫語境中的「古文」，應當以儒家經典為旨歸，依從古道，著力表現高古的道德義理。正如柳開為韓愈文集撰寫的序文所言：「聖人不以好廣於辭而為事也，在乎化天下，傳來世，用道德而已。」〔註18〕在柳開看來，韓愈創設「古文」概念的核心價值正在於「化天下，傳來世，用道德」。

在稍後歐陽脩、蘇軾、曾鞏等人的作品中，關於文章與道德關係的論述，更是在在可見。如歐陽脩〈答祖擇之書〉言：「學者當師經，師經必先求其意。意得則心定，心定則道純，道純則充於中者實，中充實則發為文者輝光。」〔註19〕〈答吳充秀才書〉言：「聖人之文，雖不可及，然大抵道勝者，文不難而自至也。」〔註20〕蘇軾〈祭歐陽文忠公夫人文〉轉述歐陽脩的話稱：「我所謂文，必與道俱。」〔註21〕同時蘇軾〈回喬舍人啟〉亦云：「文章以華采為末，而以體用為本。」〔註22〕蘇軾此處所謂的「體用」，即是指儒道的本體與功用。

曾鞏〈寄歐陽舍人書〉同樣讚譽歐公稱「畜道德而能文章」，〔註23〕在〈答李沿書〉則進一步稱：「夫道之大歸非他，欲其得諸心，充諸身，擴而被之國家天下而已，非汲汲乎辭也。」〔註24〕此處再次強調了文章寫作應重視體

〔註16〕〔宋〕柳開撰，李可風點校：《柳開集》（北京：中華書局，2015 年），卷 1，頁 12。

〔註17〕〔宋〕智圓：〈送庶幾序〉，曾棗莊、劉琳主編：《全宋文》（上海：上海辭書出版社、合肥：安徽教育出版社，2006 年），第 15 冊，頁 190。

〔註18〕〔宋〕柳開撰，李可風點校：〈昌黎集後序〉，《柳開集》（北京：中華書局，2015 年），卷 11，頁 156。

〔註19〕〔宋〕歐陽脩著，李逸安點校：《歐陽脩全集》（北京：中華書局，2001 年），卷 69，頁 1010。

〔註20〕〔宋〕歐陽脩著，李逸安點校：《歐陽脩全集》（北京：中華書局，2001 年），卷 47，頁 664。

〔註21〕〔宋〕蘇軾撰，孔凡禮點校：《蘇軾文集》（北京：中華書局，1986 年），卷 63，頁 1956。

〔註22〕〔宋〕蘇軾撰，孔凡禮點校：《蘇軾文集》（北京：中華書局，1986 年），卷 47，頁 1363。

〔註23〕〔宋〕曾鞏撰，陳杏珍、晁繼周點校：《曾鞏集》（北京：中華書局，1984 年），卷 16，頁 254。

〔註24〕〔宋〕曾鞏撰，陳杏珍、晁繼周點校：《曾鞏集》（北京：中華書局，1984 年），卷 16，頁 258。

認「道之大歸」，培育作家的內在道德修養，「得諸心，充諸身」，而非形式上的辭藻修飾。

儘管相較北宋初期的古文家，歐陽脩等人提倡的「古文」，更加切近現實生活，關注日常經驗，而非高懸蹈空的儒家理想。〔註25〕但整體來說，他們關於「古文」概念的論述，傾向強調儒家的思想義理與作者的道德修養之於文章寫作的重要性，這是十分明確的。

王基倫認為以歐陽脩為代表的北宋古文家，關於「古文」概念的認識與倡導與唐代的韓愈、柳宗元如出一轍，兩者皆是「繼承傳統『先道德而後文章』的文道觀，強調『道』的主導作用」，致力於「提倡古文、復興儒家之道」。〔註26〕因此主張北宋古文家繼承「道統」而非「文統」，洵為的論。

以上不煩細瑣地列舉中唐至北宋文士關於「古文」概念的論述，是為了強化如此的印象：「古文」概念自肇始之初，便與儒家經典、思想義理，以及作家的學養聯繫在一起。換言之，古文寫作之前，要求研讀傳統儒家經典，體認思想義理，培育個人學問知識與道德修養；寫作過程中，必須重視思想內容的建構，著重表現純粹的儒家義理；寫作完成的古文，必須切世用，利教化，有助於社會政治的現實功用，而不可徒作遊戲娛情的文字。此論述在北宋歐陽脩、蘇軾、曾鞏等古文家的論述中也得到了傳承與肯認，可以說是北宋精英士大夫們的共識。

此處再針對唐宋古文家關於「古文」與「時俗文字」關係的認識，略作申論。在韓愈、歐陽脩等人的論述中，「古文」概念往往與「俗下文字」相對立，體現出「古文」具有的優越地位；且古文與時文之間決無相通的可能，「作古文」就必須放棄「作俗下文字」。

〔註25〕 楊慶存認為：「對『道』的認識，前期古文家多圍於儒家傳統，偏重倫理綱常，而歐、蘇則以『百事』、『萬物』為道，以『事實』為道，涵延深廣。」王基倫亦指出：「歐陽脩在重道以充文的過程中，把『道』落實到人間萬事萬物上面，加入了『百事』這個條件，建構了道→事→文的進路，文士必須關心現實生活中發生的事件，關心人間的萬事萬物，將其納入寫作的範圍。這就與空言古道、漠視現實者，劃清了界線。」參見楊慶存：《宋代散文研究》（北京：人民文學出版社，2002 年），頁 134。王基倫：〈北宋古文家繼承「道統」而非「文統」說〉，收入氏著：《宋代文學論集》（臺北：臺灣學生書局，2016 年），頁 27～64。

〔註26〕 王基倫：〈北宋古文家繼承「道統」而非「文統」說〉，收入氏著：《宋代文學論集》（臺北：臺灣學生書局，2016 年），頁 29～30。

韓愈在〈與馮宿論文書〉中言：

> 僕為文久。每自則，意中以為好，即人必以為惡矣。小稱意，即人
> 亦小怪之；大稱意，即人必大怪之也。時時應事作俗下文字，下筆
> 令人慚。及示人，人以為好矣。小慚者亦蒙謂之小好，大慚者即必
> 以為大好矣。不知古文直何用於今世也，然以俟知者知耳。〔註27〕

韓愈自述他為敷衍應事而寫作的「俗下文字」，往往受到一般讀者歡迎；但認
真寫作自以為得意的古文作品，卻反而無法為時人理解。川合康三分析這則材
料，提出「韓愈由此自覺地與世間對抗，並通過對抗建構起自己的文學」，中
唐「古文運動」正是在這種與世間好尚的對抗關係中發展起來的。〔註28〕總
之，韓愈的自述體現了當時古文寫作面臨的困境，反映出韓愈主張的「古文」
作為小眾的、富有精英色彩的文體，與大眾的、流行的「俗下文字」絕不相類
的事實。

歐陽脩早年寫作古文面臨同樣的困境，他曾自述未登科前的經歷，稱：

> 是時，天下學者楊、劉之作，號為時文，能者取科第、擅名聲，以
> 誇榮當世，未嘗有道韓文者。予亦方舉進士，以禮部詩賦為事。年
> 十有七，試於州，為有司所黜。因取所藏韓氏文復閱之，則喟然歎
> 曰：「學者當至於是而止爾！」因怪時人之不道，而顧己亦未暇學，
> 徒時時獨念於予心。以謂方從進士干祿以養親，苟得祿矣，當盡力
> 於斯文，以償其素志。〔註29〕

歐陽脩年輕時，恰逢楊億、劉筠為代表的西崑文風流行於世，當時士人們紛紛
學習模仿，故號為「時文」，意即「時下流行之文」。但歐陽脩對此卻頗不以為
意，傾心於韓愈倡導且力行寫作的「古文」。在歐陽脩的論述中，在大眾間流
行的時俗文風與韓愈式的「古文」是完全對立的兩種文體：「時文」具有「取
科第、擅名聲」，「誇榮當世」，「干祿養親」的功利性質，淺俗卑下，為他所不
恥；「古文」雖然小眾、無法為大眾理解，但能「明古道，切世用」，具有傳承

〔註27〕　〔唐〕韓愈著，劉真倫、岳珍校注：《韓愈文集彙校箋注》（北京：中華書局，
　　　　　2010年），卷7，頁816。

〔註28〕　〔日〕川合康三：〈韓愈與白居易：對抗與調和〉，收入氏著，劉維治、張劍、
　　　　　蔣寅譯：《終南山的變容：中唐文學論集》（上海：上海古籍出版社，2013年），
　　　　　頁201。

〔註29〕　〔宋〕歐陽脩著，李逸安點校：〈記舊本韓文後〉，《歐陽脩全集》（北京：中華
　　　　　書局，2001年），卷73，頁1056。

「斯文」的價值意義。

要言之，唐宋古文家倡導的「古文」，自經典研習與道德修養而來，承載了「明義理，切世用」的特定意涵，具有「高古典雅」的文化趣味，本應與淺俗卑下、帶有功利性質的大眾流行文字，呈現出尖銳對立的趨勢，二者之間決無相通之理。

二、通俗化的「古文」概念

在南宋中期，當選家論及古文選本的編選思想時，往往強調選文符合儒家道德規範，具備社會政治功用。如呂祖謙〈看古文要法〉稱：「有用文字，議論文字是也。」〔註30〕這裡所謂的「有用」，其意義不僅僅是指舉業之用，如鞏本棟所言乃是「對論體文、對文學在社會政治生活中的作用與功能的肯定和重視」。〔註31〕至於大儒真德秀更是在〈文章正宗綱目〉中，明確標揭選文的原則為：「以明義理，切世用為主，其體本乎古，其指近乎經者，然後取焉，否則辭雖工亦不錄。」〔註32〕以上論述或許在文與道孰輕孰重的問題上略有分歧，但總體而言，與唐宋古文大家的主張是頗為接近的，可見南宋中期選家的編選思想，乃是對韓愈、歐陽脩「古文」概念的承續與發揚。綜觀南宋中期古文選本的選文，如《古文關鍵》、《崇古文訣》、《續文章正宗》等書，確實均將韓、柳、歐、蘇的文章視作選文主體與古文典範。〔註33〕

復觀晚宋時期古文選本的選文，我們見到的卻是一種不同面貌的「古文」論述，從中可以發現在韓、歐倡導的精英式「古文」概念之外，晚宋社會間尚存在著另外一種通俗化、功利化的「古文」認識。

就選錄作者而言，以《文章正印》為例，在全書近六百篇的選文中，南宋人的作品超過三百篇，而唐及北宋「韓柳歐蘇」的文章僅僅九十四篇，數量上

〔註30〕〔宋〕呂祖謙：〈看古文要法〉，《古文關鍵》，收入黃靈庚主編：《呂祖謙全集》第十一冊（杭州：浙江古籍出版社，2008年），卷首，頁3。

〔註31〕鞏本棟：〈南宋古文選本的編纂及其文體學意義──以《古文關鍵》、《崇古文訣》、《文章正宗》為中心〉，《文學遺產》，2019年第6期，頁56。

〔註32〕〔宋〕真德秀：〈文章正宗綱目〉，《文章正宗》（臺北：臺灣商務印書館，1983年，景印文淵閣四庫全書本），書首，頁1a。

〔註33〕關於《古文關鍵》、《崇古文訣》等書的選文對於韓、柳、歐、蘇作品的重視，參見〔日〕高津孝：〈論唐宋八大家的成立〉，收入氏著，潘世聖等譯：《科舉與詩藝：宋代文學與士人社會》（上海：上海古籍出版社，2013年），頁37～51。張海鷗：〈南宋古文選本中的文章學思想〉，收入氏著：《宋代文章學與文體形態研究》（廣州：中山大學出版社，2018年），頁67～88。

處於劣勢。而在《回瀾文鑑》一書中，傳統意義上被視作古文典範的「韓柳歐蘇」的文章無一篇入選，而所謂「唐宋八大家」的文章，也僅王安石一人入選三篇。該書更傾向選錄的是南宋同時代的作家與作品，在後集為數一百篇的選文中，南宋人的作品佔據了八十五篇。〔註34〕

　　就選錄文體而言，晚宋王霆震編選的《古文集成》，書名明確標揭「古文」之名，但書中卻選錄了頗多慣常意義上不屬於「古文」的文體。如該書庚集卷一至卷六選錄多篇「銘」，庚集卷七至卷八選錄多篇「箴」，癸集卷一至卷三選錄多篇「辭」。最不可思議的是，壬集卷一至卷三，專立「圖」類，選錄太極、八卦相關的易學圖及解說文字。《文章正印》與《古文集成》存在文獻因襲的關係，選文的情況類似，但另多出別集卷三至卷五的「贊」與卷六至卷七的「頌」兩類文體，亦屬「古文」特出之例。

　　可見，晚宋古文選本所收的「古文」，在文體類別上，與韓愈、歐陽脩等人論述與倡導的「古文」之間存在不小的差異。在中唐北宋古文家儘管在創作實踐中，雖然不排斥融納駢體形式，但是決不會將「銘」、「箴」、「易學圖」等文類視作「古文」之一種。如《居士集》的編次出自歐陽脩本人之手，集中收錄墓誌銘、行狀、傳、記、序、書等文體，但並未收錄銘、箴等。可見，在歐陽脩的認知中，銘、箴等文體無法作為他古文創作的代表，而收入自編文集中。至於「易學圖」，多是闡解太極、八卦之說，往往藉助象數卦爻，推演宇宙的生成變化，頗具深奧幽隱、脫離人事的旨趣。這與唐宋古文家「從現實政治入手闡釋儒道」的思想取向格格不入，亦必不為韓歐等古文家所取。〔註35〕

　　在晚宋古文選本之中，原本的「古文」概念產生了擴大與泛化的趨勢。這種異於傳統的「古文」認識，究竟是基於何種因素而生成的？我認為這仍與晚宋的科舉考試存在著莫大的關係。

　　南宋以降，一直採取經義與詩賦兩科並行取士的考試方式，故時人認知

〔註34〕關於《文章正印》、《回瀾文鑑》選文的分析，參見本書第陸章第二節、第柒章第二節。
〔註35〕唐宋古文家中，三蘇最精於易學，蘇軾總成其說，著有《東坡易學》。但蘇門易學接近於王弼的義理易學，解說卦爻多從人事入手，落實到現實政治的層面，而與象數易學明顯異趣。如《四庫全書總目》為《東坡易傳》撰寫的提要言：「蓋大體近於王弼，而弼之說惟暢元風，軾之說多切人事。」見〔清〕永瑢等撰：《四庫全書總目》（北京：中華書局，1965年），卷2，頁6。

中的考試文體為經義、律賦、論、策四種。〔註36〕觀晚宋古文選本，儘管「古文」概念趨於泛化，但所收文體均在考試文體之外。〔註37〕這與專收考試文體的時文選本，如《書義說》、《十先生奧論》、《論學繩尺》、《精選皇宋策學繩尺》等書，明顯地區分開來。換言之，晚宋古文選本的「古文」認識，完全是建立在科舉考試文體（即「時文」）對立面的概念。屬於論、策等考試文體範圍之內的，可以被稱之為「時文」；屬於考試文體範圍之外，卻有資於舉業參考之用的，無關乎形式與內容，均可被稱之為「古文」。

　　故身處晚宋科舉社會的劉克莊〈傅渚詩卷〉云：「國家設三場校士，士謂程文為本經，他論著為外學。」〔註38〕劉氏此語清楚地道出了晚宋士人以科舉考試文體為中心，從對立面建構其它文體概念的事實。關於晚宋的這一現象，林巖曾作出論述：「科舉競爭日趨激烈，舉業的研習也日趨專門化開始變成一特殊的學問，這在南宋後期表現得尤其明顯」，「為了凸顯科舉時文的中心地位，在南宋中後期的士人階層中，甚至產生了一種將詩歌、古文視作『外學』的觀念。」〔註39〕

　　自南宋入元的文人劉將孫（1257～？）在〈題曾同父文後〉中言：

　　　　自韓退之創為古文之名，而後之談文者，必以經、賦、論、策為時
　　　　文，碑、銘、叙、題、贊、箴、頌為古文，不知辭達而已，時文之

〔註36〕南宋科舉分立詩賦與經義兩科，詩賦科試詩歌與律賦，經義科試經義，而論、策則為二科必考。然而，詩歌名義上雖是考試內容，但在實際考試中只偏重律賦。故劉克莊云：「本朝亦以詩賦設科，然去取予奪一決於賦，故本朝賦工而詩拙。」因此宋人一般將律賦、經義、論、策四種文體視作考試文體，即「時文」。故入元士劉將孫〈題曾同父文後〉言：「後之談文者，必以經、賦、論、策為時文。」參見李修生主編：《全元文》（南京：江蘇古籍出版社，1998年），第20冊，卷636，頁373。

〔註37〕此處需說明的是，「論」體可細分成為兩類，一者是作為考試文體的試論，一者是非考試文體的史論、雜論等。前者一般不會被選入古文選本之中，後者則常見於晚宋古文選本。

〔註38〕〔宋〕劉克莊著，辛更儒箋校：《劉克莊集箋校》（北京：中華書局，2011年），卷110，頁4591。另外，劉克莊〈李炎子詩卷〉中亦有類似的表述，其稱：「然士生叔季，有科舉之累。以程文為本經，以詩古文為外學。」見〔宋〕劉克莊著，辛更儒箋校：《劉克莊集箋校》（北京：中華書局，2011年），卷109，頁4549。

〔註39〕林巖：〈宋季元初科舉存廢的文學史意義〉，《中國文化研究所學報》第61期（2015年7月），頁133～136。另參考林巖：〈南宋科舉、道學與古文之學：兼論南宋知識話語的分立與合流〉，《中山大學學報》（哲學社會科學版），2013年第6期，頁15～16。

精，即古文之理也。予嘗持一論云：能時文未有不能古文，能古文
而不能時文者有矣，未有能時文，為古文而有餘憾者也。……究極
而論，亦本無所謂古文。〔註40〕

劉氏將「韓退之」與「後之談文者」二者對舉，隱含了兩種「古文」概念分立
的意味。後者，顯然就是劉將孫親見在晚宋社會間流行的通俗化的「古文」概
念，根據劉氏的描述，這種關於「古文」概念是以時文為中心建構起來的，即
除經義、律賦、論、策外的文體皆屬於「古文」，古文成為時文之附庸。此外，
就二者關係而言，「古文」相對「時文」不再具備天然的優越性，稱「時文之
精，即古文之理也」，「未有能時文，為古文而有餘憾者也」，古文成為通向時
文寫作的工具與途徑，凡能寫作好的時文則必然能創作出優秀的古文，言下之
意是時文高於、難於古文。最後，劉將孫甚至宣稱：「本無所謂古文」，消解了
古文的獨立價值。

在晚宋古文選本編者的論述中，可以得到進一步的確證。劉震孫在為《文
章正印》寫作的序文中，論述了他關於「古文」的認識。序文開頭寫道：

文以正印名，豈非以其駢花儷葉，雕琢之巧歟？抑取其嘲風詠月，
模刻之工歟？吁，文則文矣，非印之正。

劉氏強調了正統的文章寫作，不應追求嘲風詠月的主題與雕琢精巧的形式，這
一論述與傳統典範式的「古文」概念有相合之處。

但劉氏進而又論述道：

學者玩味，因批以求意之相關，因點以觀文字之造妙，則胸中洞融，
筆下滂霈，擢棘闈、冠蘭省、魁楓陛，累累之印垂金，腰間之印如
斗，皆自此正印中來矣，顧不偉歟！〔註41〕

「擢棘闈」、「冠蘭省」、「魁楓陛」，皆是指代科舉考試中進士及第，取得功
名。劉震孫將代表文章寫作正統的「正印」與代表科舉功名與富貴利祿的「金
印」建立起連結，提出可以通過閱讀、模仿「古文」，提升場屋作文的寫作水
平。所謂「皆自此正印中來矣」，「古文」在劉氏的論述中，已經全然成為了
干祿謀官的工具。這與韓愈等古文家倡導「古文」的初衷明顯異趣，《文章正
印》中所謂的「古文」褪去了原有的道德意涵與精英色彩，攪入了世俗化、

〔註40〕〔宋〕劉將孫：〈題曾同父文後〉，李修生主編：《全元文》（南京：江蘇古籍出
　　　　版社，1998年），第20冊，卷636，頁373。

〔註41〕〔宋〕劉震孫編：《新編諸儒批點古今文章正印》（臺北故宮博物院藏南宋咸淳
　　　　九年〔1273〕刻本），卷首，頁3a～3b。

功利性的因素。

在謝枋得編輯與評點的《文章軌範》中，我們可以見到類似的情況。該書卷二收錄韓愈〈爭臣論〉、〈諱辯〉，柳宗元〈與韓愈論史〉、〈晉文公守原議〉，歐陽脩〈朋黨論〉、〈春秋論〉等道德文章。但該集前的序文卻稱：「初學熟此，必雄於文。千萬人場屋中，有司亦當刮目。」〔註42〕在謝氏的論述中，原本精英式「古文」論述具有的道德意涵被完全消解，閱讀韓、柳、歐等人古文作品的意義被定位為：助益場屋作文、博得有司青睞。該書卷三前序文亦曰：「議論精明而斷制，文勢圓活而婉曲，有抑揚，有頓挫，有擒縱，場屋程文論當用此中文法。」〔註43〕此處，謝枋得更加明確地指示舉子閱讀該集所收蘇洵、蘇軾的文章，從中學習且摹仿行文手法，以提高場屋程文寫作的水平。

該集收錄蘇軾〈秦始皇扶蘇論〉，蘇軾作此文意在告誡人主不當任用宦官與果於殺戮，特別將李斯、趙高亂政的根源追溯至商鞅變法，這是基於儒家「王道仁政」的政治思想而提出的批評，具有昌明義理、議論時政的價值。但當謝枋得評說該文時，徑直稱：「今人作場屋程文論，當以此為法。凡議論好事，須要一段反說。凡議論不好事，須要一段正說。文勢亦圓活，義理亦精微，意味亦悠長。」〔註44〕可見，晚宋古文選本關注的重心不再是原作中的議論內容與思想價值，而是將目光全部聚焦於行文手法，以及對於場屋程文寫作的助益。

明代大儒王守仁為《文章軌範》撰寫的序文言：

> 宋謝枋得氏取古文之有資於場屋者，自漢迄宋，凡六十九篇，標揭其篇章字句之法，名之曰《文章軌範》，<u>蓋古文之奧不止於是，是獨為舉業者設耳</u>。〔註45〕

謝枋得《文章軌範》的特點在於「標揭其篇章字句之法」，意即解說前人文章的篇章結構、行文手法及造語煉字。但誠如王守仁所言，「古文之奧不止於

〔註42〕〔宋〕謝枋得選評：《疊山先生批點文章軌範》（北京：北京圖書館出版社，2005年，《中華再造善本》影印中國國家圖書館藏元刻本），卷2，頁1a。

〔註43〕〔宋〕謝枋得選評：《疊山先生批點文章軌範》（北京：北京圖書館出版社，2005年，《中華再造善本》影印中國國家圖書館藏元刻本），卷3，頁1a。

〔註44〕〔宋〕謝枋得選評：《疊山先生批點文章軌範》（北京：北京圖書館出版社，2005年，《中華再造善本》影印中國國家圖書館藏元刻本），卷3，頁17a。

〔註45〕〔明〕王守仁：〈文章軌範序〉，〔宋〕謝枋得選評：《文章軌範》（臺北：臺灣商務印書館，1983年，景印文淵閣四庫全書本），卷首，頁1a。

是」，韓、歐等古文大家倡導「古文」的價值意義，遠不止篇章字句之法，更為關鍵的是思想內容層面，即通過古文寫作闡明儒家義理，關注社會現實。但這些內容卻在謝枋得的評點較少得見。謝枋得基於「獨為舉業者設」的目的，他的編選與評點的取向，褪去了儒家精英化的色彩，更多地體現出通俗化與功利性的傾向。可以說，作為古文選家的謝枋得，他所關注的「古文」概念，與韓、柳、歐、蘇開創的典範式的「古文」概念之間，已經頗見扞格。

綜論之，中唐及北宋的古文家建構了以「義理—學養—文章」為中心的古文知識體系，但在晚宋古文選本中，此一古文知識體系被消解，轉而形成了一套以習得場屋文法、謀求科舉功名為目的、功利色彩濃厚的古文閱讀體系。

此外，由以上可知，在精英式的「古文」概念之外，晚宋時期的書籍出版市場與中下階層士人間尚流行著另一種大眾流行、通俗化、功利化的「古文」概念。這種精英式「古文」概念與「通俗式」古文概念平行存在的狀態，一直延續至後世，貫穿整個元明近世社會。例如在明代中後期的社會間，一方面前後七子等精英文人倡導復古運動，標舉「古文」寫作及閱讀的理念；另一方面《博笑珠璣》等通俗笑話書則利用《古文真寶》所收詩文，創製出一系列的笑話、謎令、隱語等，完全消解了古文的嚴肅性與道德意涵，與讀者共享著一種通俗化、乃至戲謔化的「古文」概念。〔註46〕

第二節　編次體例的新變

以上考察晚宋古文選本中所見「古文」概念向通俗化演變的軌跡，在此之外，其編次體例的變化亦值得關注。文章總集的編次體例中往往蘊含著特定的文學觀念與文體認識。〔註47〕作為文學總集的一種，古文選本的編次體例中亦反映出頗多有關文體分類的認識，可以作為考察當時古文之學發展的

〔註46〕何予明考察明代笑話書《博笑珠璣》中出現的有關「古文」的言說，指出其反映出的「是當時圖書市場中一種流行的、易得易讀的通俗古文世界」，並且認為「這個古文世界，因其在明人閱讀世界中的地位，或許比明代文章領袖們在不斷論爭中闡明的古文世界在當時更廣為人知」。〔美〕何予明著譯：《家園與天下：明代書文化與尋常閱讀》（北京：中華書局，2019年），頁50～51。

〔註47〕參見吳承學：〈宋代文章總集的文體學意義〉，《中國社會科學》，2009年第2期，頁190～203。該文後收入氏著：《近古文章與文體學研究》（廣州：廣東高等教育出版社，2020年），頁27～51。

線索，值得研究者重視與利用。

一、編次體例的多元化

相比南宋中期的古文選本，晚宋古文選本的編次體例呈現出多元化的發展趨勢。目前可見，晚宋古文選本至少存在依文體類分、依作者敘次、依技法編次、依文格類編等四種體例。

第一，依文體類分的體例。依據文體類分而編次全書的體例，是自《文選》以來文學總集編纂的傳統模式。大多數宋人文學總集均採取文體類分的編次體例，如《文苑英華》、《唐文粹》、《宋文鑑》等均是依文體類分，可見這是宋人總集編纂體例的主流。

關於依文體類分的體例所反映的文學意義，吳承學曾有精要的論述：

> 以體敘次，即以文體為優先關注點，以文體作為編纂文章的綱。所有的作家作品被繫之不同的文體之中。所以以體分類的總集給人最強烈的印象是各體文章的歷時性發展，而時代與作家的個性則被分散和淡化在各體文章之中。〔註48〕

吳氏同時認為這種編次體例的流行，與宋人對於文體特質的普遍關注以及「辨體意識」的高漲相關，〔註49〕所論頗有可取之處。

就晚宋古文選本而言，《古文集成》、《文章正印》等書採取了依文體類分的編次體例。如《文章正印》的文體編次，呈現出十分清晰明確的文體意識。該書以文體為綱進行類編，前集選錄書、記二類，後集選錄序、說二類，續集

〔註48〕吳承學：〈宋代文章總集的文體學意義〉，《中國社會科學》，2009 年第 2 期，頁 201。

〔註49〕關於宋人「辨體意識」的材料頗多，如王應麟《詞學指南》轉述倪正父之言曰：「文章以體製為先，精工次之。失其體製，雖浮聲切響，抽黃對白，極其精工，不可謂之文矣。」明確提出「體製為先」的觀念。另外，《宋朝事實類苑》「王蘇更相是非」條載：「王文公見東坡〈醉白堂記〉，徐云：『此定是韓白優劣論。』東坡聞之，曰：『若介甫〈虔州學記〉，乃是學校策耳。』二公相誚如此。」王安石將蘇軾的〈醉白堂記〉指之為「韓白優劣論」，譏誚他「以論為記」，顯然是一種基於「辨體意識」的批評。陳師道《後山詩話》云：「退之作記，記其事耳，今之記乃論也」，陳氏針對時下現象的不滿與批評，亦是體現了「尊體」的觀念。分別見〔宋〕王應麟著，張驍飛點校：《詞學指南》（北京：中華書局，2010 年），卷 2，頁 425。〔宋〕江少虞：《宋朝事實類苑》（上海：上海古籍出版社，1981 年），卷 39，頁 508。〔清〕何文煥輯：《歷代詩話》（北京：中華書局，1981 年），頁 309。

選錄論、銘、箴三類，別集選錄傳、贊、頌、碑、圖、解、辨、原、辭九類，部分文體未見此前總集設立，反映出晚宋文士重視文體特質與區分不同文體的觀念。

第二，依作者編次的體例。南宋中期的古文選本，如呂祖謙《古文關鍵》、樓昉《崇古文訣》等，均採取了依作者敘次的體例。相比依文體類分的體例，以作者敘次可以更明確地呈現作者的創作個性與藝術風格。吳承學認為：

> 這種總集給人們的印象不是某一文體，而是在具體時代背景下某一作家的個性與成就。各種文體的重要性已經被淡化，並被時代與作家的個性所掩蓋。〔註50〕

晚宋古文選本亦不乏以作者為綱進行編纂者，如虞祖南等人編輯的《回瀾文鑑》即是一例。以該書中目錄完好的後集為例，該書選錄司馬光、孫復（992～1057）、王安石等北南宋二十位作家，將他們作品依次編纂成書。《回瀾文鑑》將「作家」作為優先關注對象的編次體例，著重強調了不同作家的創作個性及文章風格。

值得注意的是，成書於晚宋的《回瀾文鑑》體現出一些新的變化趨勢。一者，該書的書名為「二十先生回瀾文鑑」，特別標舉「二十先生」，透過書名使得讀者關於作家的印象得到了強化。二者，該書在正文前附上了「二十先生行實」，分別記述了二十位作家的字號、簡歷、著述以及登科年份。如關於其中一位作家戴溪，記載稱：「永嘉戴溪，字少望，南省進士第一人，歷官至禮部尚書。有《筆議》、《文集》行於世。」另如方恬，記載稱：「鑑軒方恬，字仲退，南省進士第一人，有《文集》行於世。」該書特別強調了選文作家的科舉成績與文學聲名，儼然將之作為「科舉明星」與「作文典範」，以此招徠讀者。

《回瀾文鑑》在科舉社會與考試競爭的語境下，透過對於個別名家的揄揚與宣傳，極大地強化了「作家」的重要性，在以作家編次的文學總集譜系中有了更進一步的發展。

第三，依技巧編次的體例。以文體或作家為綱的編次體例，自古有之，晚宋時期尚出現了一種新興的編次體例——依文章寫作技巧編次的體例。如謝枋得編輯的《文章軌範》，全書分作「放膽文」與「小心文」二類。謝氏

〔註50〕吳承學：〈宋代文章總集的文體學意義〉，《中國社會科學》，2009年第2期，頁201。

謂：「凡作文初要膽大，終要心小，由粗入細，由俗入雅，由繁入簡，由豪蕩入純粹。」〔註51〕可見，所謂「放膽文」與「小心文」是從文章學習與寫作的層次上進行區分的。「放膽文」與「小心文」二類之下，又細分作七種寫作技法，每卷有小序，說明所收文章的技法特色，以及學習時需特別留心之處。〔註52〕

吳承學將這種編纂體例稱為「以技敘次」，同時認為：「《文章軌範》所代表的以技敘次的編纂方式，其關注點不在文體，不在作家個性，而在於有助舉業的功利目的。」〔註53〕但吳氏此說略顯偏頗，「以技敘次」類書籍的編纂目的在於舉業之途不假，但事實上晚宋所有古文選本的編輯皆是出於有助舉業的功利目的，《文章軌範》並非特出。但是不同編次體例的古文選本，意味著它們首要的關注點不同，或者說通往科舉的中間途徑存在差異。以《文章軌範》為代表的「以技敘次」類選本，其關注點不在於文體與作家，而在於具體的文章寫作技法。相比標揭文體與作家，這種以技敘次的體例，藉由細密地解說篇章結構、行文方法等，能夠給予讀者更加具體、富有可操作性的古文寫作技巧，在「為功名而讀」的道路上更前進了一步。

第四，依文格類編的體例。這亦是晚宋時期新興的古文選本編次體例，箇中代表為方頤孫編纂之《文章百段錦》。所謂「文格」，是指根據文章寫作的實際經驗，歸納出來的規格化的技巧法則，一般具體明晰且具有高度的可操作性。《文章百段錦》便是依這種「文格」編纂而成的一部古文選本。

這種依文格類編的體例，關注重心落在文章寫作的技巧之上，與上述依技巧編次的體例略近似。但不同之處在於，《文章軌範》等書雖是依技巧編次，尚是以文章為中心，不失為選錄全文的體例。《文章百段錦》則在前者的基礎上更進一步，完全以規格化的文章技法為中心，剪裁文章，節錄段落，以配合文格編次，是一種接近類書的體例。

〔註51〕〔宋〕謝枋得選評：《疊山先生批點文章軌範》（北京：北京圖書館出版社，2005年，《中華再造善本》影印中國國家圖書館藏元刻本），卷1，頁1a。
〔註52〕葉蕾分析指出：「卷一、卷二側重於為初學者開闊眼界、打開胸襟，以得到考官的青睞；第三卷是為作論這種文體提供必須熟讀熟記的古文範本；第四卷則是為『作經義作策』增加氣勢光焰；第五卷則指出了『論策』的法度。」參見葉蕾：《謝枋得《文章軌範》綜合研究》（南京：南京大學中國古代文學碩士學位論文，張伯偉先生指導，2011年），頁17。
〔註53〕吳承學：〈宋代文章總集的文體學意義〉，《中國社會科學》，2009年第2期，頁202。

　　在南宋中期便已經出現從諸家古文中節錄不同段落的古文選本，如臺北
國家圖書館庋藏的《精騎》，即是一例。〔註54〕但《精騎》一書屬編次無序的
雜鈔式體例，《文章百段錦》亦是從諸家古文中節錄章節段落，但是後出轉
精，轉而以「文格」作為綱目進行編次，部類井然。全書設立十七格，諸如遣
文格、造句格、議論格等，在每一文格下另設立若干條目，如狀情格下細分諸
如「形容自得處」、「形容交感處」、「形容愛慕處」、「形容悲憤處」等十個細小
的條目，分類編次頗為細密。該書選文亦頗宏富，總計選錄二十六位作家一百
二十篇文章。〔註55〕

　　顯然，與南宋中期的《精騎》相比，成書於晚宋的《文章百段錦》的編輯
體例，與功利性的閱讀習慣配合得更加緊密，使得舉子得以更加簡易、便捷地
掌握場屋程文寫作的技巧，對於科舉考試的幫助得到了進一步加強。

　　吳承學曾指出：「宋人的古文選本多與科舉考試有關係，但以技敘次的文
章總集的功利性就更為直露了。」〔註56〕吳氏的觀察頗為敏銳，但仍有可議之
處。事實上，這種「功利性更為直露」的趨勢，不僅表現在「以技敘次」類選
本上，而是晚宋時期諸種體例的古文選本的共同表現：如以《文章正印》為代
表的「以體敘次」類選本，文體分類更加繁複，有助舉業的新文體得以納入選
文體系；以《回瀾文鑑》為代表的「以人敘次」類選本，關於作家的推舉與宣
傳得到極大的強化，作家與科舉成績的聯繫更加緊密；以《文章軌範》、《文章
百段錦》為代表的「以技敘次」、「以文格敘次」類選本，文章的解說轉加精緻
細密，行文技法得到規格化的總結歸納，與輔助考試的閱讀目的結合得也更為
緊密。

　　要言之，從編次體例的發展，我們可以探知：「功利性的強化」是晚宋古
文選本發展的重要趨勢。

〔註54〕〔宋〕佚名編：《精騎》（臺北國家圖書館藏南宋孝宗光宗間〔1127～1279〕刻
　　　　本）。

〔註55〕《文章百段錦》的選文體例頗為複雜，可分為三種形式：一是全文選錄；二是
　　　　從原文截取一段（可細分作截取開頭、截取中間、截取後半、只截掉後幾句等
　　　　多種形式；三是個別語句選錄。具體選文的統計，可參見孔瑞：《《太學新編黼
　　　　藻文章百段錦》研究》（上海：華東師範大學古籍研究所碩士學位論文，方笑
　　　　一先生指導，2015 年），頁 16～20。另可參見彭國忠：〈宋代文格與《黼藻文
　　　　章百段錦》〉，《安徽大學學報》（哲學社會科學版），2013 年第 6 期，頁 31～
　　　　38。

〔註56〕吳承學：〈宋代文章總集的文體學意義〉，《中國社會科學》，2009 年第 2 期，
　　　　頁 203。

二、文體知識的精細化

　　晚宋古文選本編輯體例的文學意義，同時也表現在新文體的設立、文體的擇取以及分類等方面，集中體現出古文文體知識走向精細化的發展動向。

　　關於文學總集與文體傳播的關係，吳承學曾提出：

> 唐宋新文體的出現、定名、傳播和接受，集中地反映在宋代文章總
> 集的編錄之中，它們為我們理解文體史與文學史的發展提供了新穎
> 的角度和有力的證據。對於唐宋文體研究可以有多種路徑，但是不
> 誇張地說，宋代文章總集既是唐宋新文體最為具體而準確的總結與
> 標誌，也是唐宋新文體傳播的最重要方式。〔註57〕

吳氏所論頗為精要，在唐宋新文體的傳播與接受的過程中，宋代的文學總集確實發揮了關鍵性的作用。

　　晚宋古文選本以新的文學眼光，選錄唐宋以來的新文體，對於這些新文體的確立與傳播，有著重要的意義。以「戒」類文體為例，蕭統〈文選序〉謂：「戒出於匡弼」，〔註58〕該類文體古雖有之，如馬援〈戒兄子儼敦書〉、班昭〈女誡〉七篇等，但在創作上尚未形成獨立的文體風格，在總集的文體分類中亦未被視作獨立的文體，故劉勰將之歸於〈詔策〉，〔註59〕而《文選》設三十七類文體，亦未專立「戒」類。

　　經過中唐韓、柳「古文運動」的思想激蕩，「戒」類形成了以寓言隱寓鑒戒之意的獨特的文體特徵，產生了如柳宗元〈三戒〉等取得高超文學藝術成就的經典文本。但北宋編纂的文學總集，如《唐文粹》、《文苑英華》等書，以及南宋中期編選的古文選本，如《古文關鍵》、《崇古文訣》、《文章正宗》等書，既未專門設立「戒」類文體，亦未選錄該類文本。

　　關於「戒」體的文體認識，在晚宋古文選本《古文集成》中得到了改觀。該書癸集卷九專設「戒」類文體，收錄韓愈〈守戒〉、柳宗元〈敵戒〉、〈三戒〉（臨江之麋、黔之驢、永某事之鼠）、張耒〈藥戒〉、司馬光〈言戒〉等七篇「戒」體作品。可見，《古文集成》編者已經形成了這樣的一種認識：「戒」體

〔註57〕吳承學：〈宋代文章總集的文體學意義〉，《中國社會科學》，2009年第2期，頁191。

〔註58〕〔梁〕蕭統編，〔唐〕李善注：《文選》（上海：上海古籍出版社，1986年），書首，頁2。

〔註59〕〔梁〕劉勰著，黃叔琳注，李詳補注，楊明照校注拾遺：《增訂文心雕龍校注》（北京：中華書局，2012年），卷4，頁262。

是一種擁有特定寫作傳統與風格特徵的獨立文體。

　　或許受《古文集成》影響所及，宋末方頤孫編輯的《文章百段錦》同樣收錄張耒〈藥戒〉等「戒」體作品。〔註60〕元刊《類編層瀾文選》亦設立「戒」體，該類目下收錄柳宗元〈三戒〉、柳玭〈戒子孫訓〉，以及司馬光〈言戒〉等多篇作品。〔註61〕由於《類編層瀾文選》重編自晚宋古文選本，而上述「戒」體作品題下未標示「新增」字樣，故可以認定為晚宋「舊本」所有。〔註62〕總之，在晚宋古文選本中，已經形成了將「戒」體視作為一種新文體的認識，體現出晚宋古文選本在文體分類上精細化的趨向。

　　除了「戒」體以外，唐宋時期創立的新文體尚有許多。關於唐宋文學演進與新文體的創立，錢穆曾作出重要論述：

> 故韓、柳之大貢獻，乃在於短篇散文中再創新體，如「贈序」，如「雜記」，如「雜說」。此等文體，乃絕不為題材所限，有題等如無題，可以純隨作者稱心所欲，恣意為之。〔註63〕

錢穆舉出「贈序」、「雜記」、「雜說」三種文體，作為唐代古文運動創設新文體的代表，同時也將之視作韓、柳等人在中國文學史上最重要的貢獻。

　　晚宋古文選本廣泛地收錄了「雜記」與「雜說」二類文體。《文章正印》前集卷十至十八設立「記」類文體，收錄雜記總計八十三篇；後集卷十五至十八設立「說」類文體，收錄「雜說」總計三十篇。《古文集成》乙集卷一至七亦設立「記」類文體，收錄「雜記」總計七十二篇。至於《回瀾文鑑》、《文章軌範》，由於並非依文體類分的編次體例，故未專門設立「記」與「說」類文體，但觀其選文，《回瀾文鑑》收錄「雜記」十七篇與「雜說」三篇，《文章軌範》收錄「雜記」四篇與「雜說」三篇，在各自的選文中都佔據了不小比重，足可見對於「雜記」、「雜說」文體的重視。

　　廣泛收錄「雜記」、「雜說」二類文體，雖然在北宋初期編輯的文學總集，

〔註60〕〔宋〕方頤孫：《蘭藻文章百段錦》（中國國家圖書館藏明嘉靖元年〔1522〕刻本），卷3，頁13b～16a。

〔註61〕〔元〕佚名編：《類編層瀾文選》（北京：北京圖書館出版社，2005年，影印上海圖書館藏元雲坡家塾刻本），後集卷9，頁2a～6b。

〔註62〕關於上海圖書館藏元刊《類編層瀾文選》與「舊本」的文獻關係，以及「舊本」為晚宋古文選本的觀點，參見岑天翔：〈郭祥正研究新論──以佚文〈醉吟先生傳〉的利用為中心〉，《中國文學研究》第51期（2021年2月），頁117～154。

〔註63〕錢穆：〈雜論唐代古文運動〉，收入氏著：《中國學術思想史論叢（四）》，《錢賓四先生全集》第十九冊（臺北：聯經出版有限公司，1998年），頁70。

如《文苑英華》、《唐文粹》中，便已經初見端倪。但是晚宋古文選本作為宋代總集譜系中的重要一環，在「雜記」與「雜說」二類文體的成立與傳播上發揮了總結性的作用，其關於文體認識的價值亦不容忽視。

除此之外，最能反映晚宋古文選本關於文體認識的價值的，應當是「贈序」文體的收錄與分類。

眾所周知，「序」類文體自古有之，但先唐時期僅有為詩集、文集寫作的「書序」。是故《文選》卷四十五及卷四十六收錄「序」體九篇，〔註64〕皆為詩集或文集之序。宋初姚鉉《唐文粹》繼承《文選》「以文體為綱，以事類為目」的編輯體例，〔註65〕在「序」類下設立「餞別」目，收錄〈餞張尚書赴朔方序〉、〈餞副大使移軍廣陵序〉等因餞別宴飲所作的詩序，〔註66〕亦未見「贈序」與「書序」二類文體的分立。

迨至南宋呂祖謙編選《宋文鑑》，雖設立「序」類文體，收錄詩文集序與贈序的作品，但卻未對二者加以嚴格區分。以《宋文鑑》卷九十二為例，該卷收錄若干書序，如〈捕魚圖序〉、〈離騷新序〉、〈孫莘老易傳序〉、〈論語解序〉等；另收錄若干贈序，如〈送秦少章赴臨安簿序〉、〈送田承君序〉等。〔註67〕在該卷中，兩類文體錯雜編排，可見在呂祖謙關於文體分類的認識中，「書序」與「贈序」屬於兩種不同風格文體的概念尚未明確形成。

但在晚宋古文選本中，我們可以看到「贈序」與「書序」被明確地區分開來。成書於晚宋的《文章正印》收錄「序」類文體，但同先前的文學總集相似，在該書後集卷一至十四中，「贈序」與「書序」二類文體未加辨析地混編在一起。

但稍後成書的《古文集成》，作為《文章正印》的重編本，對原先底本《文章正印》中存在的混亂蕪雜、略無統紀的編次體例，進行了一些條理化的編排與整理。〔註68〕特別值得注意的是，在《古文集成》一書中，「贈序」與「書

〔註64〕〔梁〕蕭統編，〔唐〕李善注：《文選》（上海：上海古籍出版社，1986年），卷45～46，頁2029～2088。

〔註65〕關於《文選》「以文體為綱，以事類為目」的編輯體例，參見郭英德：《中國古代文體學論稿》（北京：北京大學出版社，2005年），頁99。

〔註66〕〔宋〕姚鉉編：《重校正唐文粹》（上海：商務印書館，1922年，四部叢刊初編本），卷98，頁1a～11b。

〔註67〕〔宋〕呂祖謙編，齊治平點校：《宋文鑑》（北京：中華書局，1992年），卷92，頁1296～1307。

〔註68〕關於《文章正印》與《古文集成》二書之間的文獻關係，參見本書第陸章第三節的論述。

序」二類文體被明確地區分開來：「贈序」類文章被編次於甲集的卷一至卷二，「書序」類文章被編次於甲集的卷三至卷六。〔註69〕《文章正印》到《古文集成》的改編過程中，我們可以看到一個關於文體認識的變化趨勢：即贈序從與書序混編，到與書序明確區分，成為一種獨立的文體。這種明確將「贈序」與「書序」作為兩種文體分別編次纂輯的情況，在晚宋古文選本之前似乎沒有出現過，實際上反映了晚宋總集編者關於文體認識的精細化發展。

　　「贈序」文體在晚宋古文選本中正式成立之後，「贈序」與「書序」區別分立的編次理念，逐漸成為一種共識，在南宋以後文學總集的編纂活動中得到了承續。以下略舉數例。

　　清初黃宗羲（1610～1695）編選的明代文章總集《明文海》共有四百八十卷，收錄賦、奏疏、詔表、碑等三十種文體，其中卷二一〇至三百二十六為「序」類文體。但編者黃宗羲在「序」類下專門設立「贈序」目，該書卷二百七十八至二百八十四專門收錄「贈序」類文體。〔註70〕如為今人熟知的宋濂所作〈送東陽馬生序〉，即作為「贈序」類文體，收錄於該書卷二百八十五之中。

　　再如清人薛熙、何潔纂輯的明代詩文總集《明文在》一百卷，效仿《文選》的編次體例，收錄賦、古詩、書、表、啟等多種文體。該書卷四十二至五十二為「序」類文體，其中四十二至四十九全部為詩集、文集或著述的序文，卷五十至五十二則全部為「贈序」類文體。〔註71〕雖無專立「贈序」名目，但從選文編次來看，贈序與書序明確區分、絲毫沒有混雜，編者關於「贈序」作為一種獨立文體的認識已經成立。

　　迨至清中期姚鼐（1732～1815）編選《古文辭類纂》，全書七十四卷，共設立十三類文體，其中明確將「序跋」與「贈序」二類文體分立。姚鼐在〈序目〉中提出，「序跋」類乃是源自《易》、《書》、《詩》等書前之序，而「贈序」類則是源自古代「君子贈人以言」，同時認為「贈序」文體乃是唐代興起，經韓愈而盛，「唐初贈人，始以序名，作者亦眾。至於昌黎，乃得古人之意，其

〔註69〕但存在一個例外，即歐陽脩的〈送王陶序〉被編入甲集卷五。這是因為歐陽脩〈送王陶序〉中大部分內容均在論述《易》學，故編者將之與程頤〈易序〉與楊萬里〈易傳序〉、〈易傳後序〉等文編排在一起。其實這更加體現出該書編者關於文章編次的精細考量。

〔註70〕〔清〕黃宗羲：《明文海》（北京：中華書局，1987年），卷278～284，頁2877上欄～2953上欄。

〔註71〕〔清〕薛熙纂、何潔輯：《明文在》（臺北：臺灣華文書局，1967年），第2冊，卷50～52，頁787～829。

文冠絕前後作者」。〔註72〕在姚鼐的文體分類體系中,「序跋」與「贈序」已經被視作文體淵源、風格特徵完全不同的兩種文體。

姚鼐《古文辭類纂》的流傳頗為廣泛,該書關於「贈序」的文體認識也隨之廣泛流佈,產生了深遠的影響。〔註73〕時至今日,「贈序」作為一種具有獨立風格的文體,已經成為我們一般性的常識。

但究其淵源,以《古文集成》為代表的晚宋古文選本,在這個文體知識的建構與發展脈絡中,無疑發揮了關鍵性的作用。由此,我們可以管窺晚宋古文選本的編次體例所具有的重要的文學意義。

第三節　經典譜系的形塑

近代學界自閱讀理論與讀者接受批評興起以來,文學研究逐漸將目光從「作品的創作」轉移至「文本的接受」環節。現代學界普遍達成一個共識:文學總集對於文本的擇選與批評,隱含著「經典形塑」的權力。關於這方面的研究已經十分豐富,但本書希望著意論述的是,關於「經典」的確認是晚宋古文之學的重要組成部分;在唐宋古文作家、作品以及批評話語的經典化脈絡中,晚宋古文選本發揮著關鍵性的作用。

一、作家的經典化

唐宋古文作家與作品的經典化問題,是學界研究的重要議題。箇中最吸引研究者注目的首屬作為古文典範的「唐宋八大家」的經典化問題。

關於「唐宋八大家」的成立過程,《四庫全書總目》就曾將選本視作重要線索,追溯「唐宋八大家」的淵源,認為朱右(1314~1376)「嘗選韓、柳、歐、陽、曾、王、三蘇為《八先生文集》,八家之目,實權輿於此」。〔註74〕迨至晚近,日本學者高津孝曾作出重要論述,高津孝認為自呂祖謙《古文關鍵》

〔註72〕〔清〕姚鼐纂集,胡士明、李祚唐標校:〈古文辭類纂序目〉,《古文辭類纂》(上海:上海古籍出版社,2016 年),書首,頁 9。

〔註73〕後人多以為「贈序」與「序跋」之分,始自姚鼐,如吳曾祺謂:「贈序一體,自來選古文者,皆與序跋為一,至姚氏《古文辭類纂》始分為二。」參見〔清〕吳曾祺:《文體芻言》,收入氏著:《涵芬樓文談》(上海:商務出版社,1933 年),頁 21。可見姚氏分類影響之深遠。但根據本書的考察,「贈序」與「序跋」之分始自晚宋古文選本,經明清總集而逐漸確立,非姚氏之首創。

〔註74〕〔清〕永瑢等撰:《四庫全書總目》(北京:中華書局,1965 年),卷 169,頁 1468。

至乾隆《御選唐宋文醇》的文章選本，在南宋至明的經典化脈絡中發揮了關鍵性的作用，最終使得唐宋八大家成為「中國社會自身所析出的散文作家的典型」。〔註75〕

　　但在高津孝描繪的文章選本的譜系中，在南宋中期的《古文關鍵》、《宋文鑑》、《文章正宗》，緊接著的便是明代朱右的《唐宋六家文衡》與茅坤（1512～1601）的《唐宋八大家文選》等。至於作為南宋至元明之間重要銜接時段的晚宋時期，高津孝卻付之闕如，未能給予晚宋古文選本應有的關注。南宋中期古文選本關於唐宋古文作家的認識與接受，如何過渡到明代明確提出與標舉「唐宋八大家」的名目？其間面對理學文化的興起成為國家意識形態，關於古文經典的認識經歷了如何的衝擊與因應的過程？這便是晚宋古文選本之於「唐宋八大家」經典化過程的意義所在。

　　選文數量依然是觀察文學總集對於某作家推重與否的重要視角。以下臚列六部晚宋古文選本選錄「唐宋八大家」作品的情況。〔註76〕同時另列出《古文關鍵》與《崇古文訣》的情況，〔註77〕作為南宋中期的古文選本與之對照，希望呈現出從南宋中期至晚宋時期選文變化的趨勢。

〔註75〕〔日〕高津孝：〈論唐宋八大家的成立〉，收入氏著，潘世聖譯：《科舉與詩藝：宋代文學與士人社會》（上海：上海古籍出版社，2013年），頁37～51。另外，胡琦最新的研究在作家升降進退的問題之外，討論了在宋元時期，「大家」本身作為一種知識結構是如何成立的問題，論述頗為精到，亦可參考。參見胡琦：〈宋元理學家讀書法與「唐宋八大家的經典化」〉，《中國文哲研究集刊》第52期（2018年3月），頁1～43。

〔註76〕用於選文數量統計的版本以宋元善本為優先選擇，版本依次為：〔宋〕劉震孫編：《新編諸儒批點古今文章正印》（臺北故宮博物院藏南宋咸淳九年〔1273〕刻本）。〔宋〕王霆震編：《新刊諸儒批點古文集成前集》（北京：北京圖書館出版社，2005年，《中華再造善本》影印中國國家圖書館藏宋刻本）。〔宋〕謝枋得選評：《疊山先生批點文章軌範》（北京：北京圖書館出版社，2005年，《中華再造善本》影印中國國家圖書館藏元刻本）。〔宋〕湯漢編：《東澗先生妙絕今古文選》（北京：北京圖書館出版社，2005年，《中華再造善本》影印中國國家圖書館藏元刻本）。〔宋〕虞祖南評次，〔宋〕虞夔箋註：《二十先生回瀾文鑑》（中國南京圖書館藏宋刻本）。〔宋〕方頤孫編：《繡藻文章百段錦》（中國國家圖書館藏明嘉靖元年〔1522〕刻本）。

〔註77〕用於選文數量統計的版本以宋元善本為優先選擇，版本依次為：〔宋〕呂祖謙編，〔宋〕蔡文子增注：《增注東萊呂成公古文關鍵》（北京：北京圖書館出版社，2005年，《中華再造善本》影印中國國家圖書館藏宋刻本）。〔宋〕樓昉編：《迂齋先生標注崇古文訣》（北京：北京圖書館出版社，2005年，《中華再造善本》影印中國國家圖書館藏元刻本）。

附表四　南宋古文選本選錄唐宋八大家作品統計

	書　名	韓	柳	歐	王	曾	蘇洵	蘇軾	蘇轍	選文總數	佔比
南宋中期	古文關鍵	13	8	11	0	4	6	16	2	62	96.8%
	崇古文訣	16	21	18	10	6	11	15	4	193	52.3%
晚宋時期	文章正印	32	17	22	8	4	10	23	3	588	20.2%
	古文集成	28	16	16	3	5	6	11	4	475	18.7%
	文章軌範	32	5	5	1	0	5	12	0	69	87.0%
	妙絕今古文選	5	1	7	2	4	3	8	0	68	44.1%
	文章百段錦	1	3	4	0	1	0	33	0	120	40.0%
	回瀾文鑑（後集）	0	0	0	2	0	0	0	0	100	2.0%

　　由上表的統計，可以清晰地得見，在晚宋時期「唐宋八大家」在古文選本中的地位受到了一定的挑戰。在南宋中期的《古文關鍵》與《崇古文訣》中，「唐宋八大家」的作品都佔據了絕大部分的選文。但相比之下，在晚宋時期的《文章正印》、《古文集成》、《文章百段錦》等選本中，「唐宋八大家」的作品僅僅佔據了全部選文中較小的一部分。《回瀾文鑑》中甚至僅選錄了王安石的作品，而對於其他七家的作品全部付之闕如。

　　當然我們也不否認，就絕對值而言，在晚宋古文選本中，「唐宋八大家」入選作品的數量仍不可小覷。例如在《文章正印》與《古文集成》中，「唐宋八大家」的入選作品皆在一百篇左右。再如在《文章軌範》中，韓愈的作品接近全部選文的半數，而「唐宋八大家」的作品則接近該書全部選文的九成。但總的來說，在晚宋科舉社會與商業出版的語境下，關於「古文」的認識趨向功利化與通俗化，古文選本亦更加傾向於選錄南宋同時代人的作品以及理學家的作品，而非「唐宋八大家」的作品。〔註78〕

　　綜上所述，在理學與科舉文化的強勢衝擊下，古文選本與古文之學面臨著

〔註78〕關於古文選本選錄理學家作品的討論，參見岑天翔：〈臺北故宮博物院藏宋刻孤本《文章正印》考論〉，《斯文》第七輯（北京：社會科學文獻出版社，2021年）。究其原因，正如本書第參章所論，在晚宋科舉社會與商業出版的語境下，古文選本編輯與閱讀的主體經歷了身分下移的過程，出版活動則與商業文化的結合更為緊密；功利化的因素滲透入古文選本的編輯、出版與閱讀諸環節。在這樣的背景下，同時代作家被認為能夠更直接、有效地指導科舉作文，故而大量被選入書中。

滲透與異化的困境，前人關於「唐宋八大家」作為古文典範的認識，也受到了一定挑戰。從歷史的發展來看，隨著南宋的覆滅，代起的元代一度停廢科舉，長達四十年之久。當科舉應試不再是唯一要務，士人的生活方式及思想觀念也隨之發生巨大的改變，晚宋時期曾經盛行的時文遭到摒棄，被視作「外學」的詩、古文則重獲士人的青睞，迎來再度興盛。「唐宋八大家」也在這樣的時代氛圍中，作為古文典範重新回到士人們的視野之中，進而如朱右更是直接編纂《八先生文集》，最終確立了其經典地位，影響持續至明清、近代。雖然最終結果並未改變，但當今日我們回溯「唐宋八大家」經典化的歷程時，晚宋的這段「小插曲」則不容忽視。

二、文本的經典化

　　除了作家的升降進退與經典化之外，晚宋古文選本之於個別篇章擇選與闡釋的意義，亦不容小覷。在文學接受理論的觀照下，當文本為作家創造出來之後，很大程度上便不再受作家的控制，而是經由選本的擇取汰選，得以廣泛流傳、閱讀與多元化的詮釋。正是在此「選擇」與「接受」的動態過程中，個別文本被形塑為「經典」，成為我們如今耳熟能詳的「經典文本」。本節希望探討的即是古文文本經典化的過程中，晚宋古文選本發揮了如何的作用？

　　我們可以發現，南宋中期古文選本的選目，在很大程度上為晚宋古文選本所繼承、因襲。由於篇目浩繁，此處無意將全部篇目予以比對，而是希望透過列舉代表性個案，以期見微知著，說明問題。

　　〈原道〉是韓愈創作最重要的古文作品之一。茅坤認為「闢佛老是退之一生命脉，故此文是退之集中命根」，[註79] 將之許作韓愈文集中的「命根」，足可見〈原道〉在韓愈古文作品中的重要地位。

　　韓愈的〈原道〉在北宋中期儒學復興的思想文化氛圍中，受到石介（1005～1045）、歐陽脩等人的推重，被初步確立為「文以明道」的經典文本，但隨之也遭到了契嵩、司馬光、張耒等人嚴厲的質疑與批判。[註80] 至南宋中期時，〈原道〉為《古文關鍵》、《崇古文訣》、《續文章正宗》等古文選本收錄，

〔註79〕〔明〕茅坤編：《唐宋八大家文鈔》（臺北：臺灣商務印書館，1983 年，景印文淵閣四庫全書本），卷 9，頁 1a。

〔註80〕關於韓愈〈原道〉一文在北宋中期經典地位的初步確立，以及受到的質疑與批判，參見劉成國：〈文以明道：韓愈〈原道〉的經典化歷程〉，《文史哲》，2019年第 3 期，頁 42～64。

促進了該文經典化的過程。

在晚宋時期，〈原道〉更是受到古文選本編者的青睞，在《文章正印》、《古文集成》、《文章軌範》等古文選本中都可以見到該文的身影。正如本書著意論述的，自南宋中期至晚宋時期，古文選本編輯者與讀者的主體都經歷了「身分下移」的變化過程。晚宋時期古文選本的閱讀受眾，在傳統的精英士人之外，得以向中下層的讀者群體拓展，在當時社會一般階層間廣泛流行。從這個意義上來說，晚宋古文選本作為一個重要媒介，使得韓愈〈原道〉超越精英知識階層，向更為廣大的中下知識階層傳播。〔註81〕這對於〈原道〉經典化的過程，特別是其最終得以成為社會各階層共享的一般性知識，具有重要的意義。

與〈原道〉類似的，尚有韓愈的〈獲麟解〉、〈與孟簡尚書書〉，柳宗元〈封建論〉、〈晉文公問守原論〉、〈桐葉封弟辯〉，以及諸葛亮〈出師表〉等文本。它們共同的特點均是首先為南宋中期的古文選本所選錄，作為經典的地位得以初步確立，隨之為晚宋古文選本再次選錄，向廣大的一般知識階層傳播、擴散，最終成為中國近世知識人的「常識」與「共識」。

除此之外的另一種情況是，晚宋古文選本的編者基於新的擇選眼光，在南宋中期原有的選目之外，選錄了一些新的篇章。

如歐陽脩的〈相州晝錦堂記〉，如今已是世人熟知的歐公經典篇目。但在《古文關鍵》、《崇古文訣》中均不見收錄該文。可見在南宋中期的古文選本中，歐陽脩〈相州晝錦堂記〉的經典地位尚未完全形成。至晚宋時期，《文章正印》與《古文集成》均收錄了歐陽脩該文。〔註82〕此外，《文章百段錦》在「妝點格」下選錄〈相州晝錦堂記〉全文，將之作為「妝點格」寫作手法的代表。〔註83〕在這之後，明清時期的《唐宋八大家文鈔》、《古文觀止》等古文

〔註81〕這一觀點，劉成國的文章中已經簡要提及，劉氏認為南宋中期《古文關鍵》、《崇古文訣》等書，對於韓愈〈原道〉的選錄與批點，「極大地拓展了《原道》傳播、接受，使之從精英群體的高頭大章，走向平民化」。但劉氏未能注意到晚宋古文選本及其面向中下層讀者群體的性質。參見劉成國：〈文以明道：韓愈〈原道〉的經典化歷程〉，《文史哲》，2019年第3期，頁56。

〔註82〕〔宋〕劉震孫編：《新編諸儒批點古今文章正印》（臺北故宮博物院藏南宋咸淳九年〔1273〕刻本），前集卷11，頁1a～2a。〔宋〕王霆震編：《新刻諸儒批點古文集成前集》（北京：北京圖書館出版社，2005年，《中華再造善本》影印中國國家圖書館藏宋刻本），乙集卷4，頁3b～4b。

〔註83〕〔宋〕方頤孫編：《繡藻文章百段錦》（中國國家圖書館藏明嘉靖元年〔1522〕刻本），卷3，頁6b～8a。

選本皆因循此例，將〈相州晝錦堂記〉作為歐陽脩古文的代表性作品選入書中。〔註84〕

　　再如蘇軾的〈范文正公文集序〉是為范仲淹（989～1052）文集寫作的序文，其間敘述自總角鄉校時對范仲淹的敬慕，褒揚范仲淹「先憂後樂」的人格精神，亦是經典篇章。在南宋中期《古文關鍵》、《崇古文訣》、《續文章正宗》等選本中均不見收錄該文。至晚宋時期，《妙絕今古文選》則首次將該文收入古文選本之中，〔註85〕《文章百段錦》中亦將之作為「援引格」的代表予以收錄。〔註86〕考察爾後明清時期的《唐宋八大家文鈔》、《古文雅正》、《御選唐宋文醇》等重要選本，都將〈范文正公文集序〉作為蘇軾古文的代表性作品予以收錄，〔註87〕該文的經典地位正式確立。

　　梳理歐陽脩、蘇軾這兩篇文章經典化的歷史脈絡，溯源辨流之下，可以發現晚宋古文選本在文本經典形塑的譜系中發揮了關鍵性的作用。以上僅是擇要舉例，但相信從這兩個例子足以反映出一些歷史事實。

　　綜而論之，晚宋古文選本與南宋中期的選目相比，既存在重複又有新創。大抵創作於唐及唐以前的文本，因為在完成後經過長時段的積澱，尤其是經過北宋時期古文運動的思想激蕩，至南宋時期它們的經典地位基本確立，經典化的過程基本已經完成。故而在南宋古文選本中，如韓愈、柳宗元等人的入選篇目往往呈現出「凝定」的特徵，在中後期不同的選本中，這些特定的文本被一再地重複選錄。但此種「重複」事實上也具有重要的文學意義，正是在這種「重複」、「因襲」的過程中，關於〈原道〉等文本作為唐宋古文經典篇目的認識，得到了再度的確認與強化。以及透過晚宋古文選本，這種經典的認識面向社會中下階層的讀者群體進一步拓展與傳播，最終成為一般性的知識。

〔註84〕〔明〕茅坤編：《唐宋八大家文鈔》（臺北：臺灣商務印書館，1983年，景印文淵閣四庫全書本），卷48，頁4a～5b。〔清〕吳楚材、吳調侯編：《古文觀止》（北京：中華書局，1959年），卷10，頁442～444。

〔註85〕〔宋〕湯漢編：《東澗先生妙絕今古文選》（北京：北京圖書館出版社，2005年，《中華再造善本》影印中國國家圖書館藏元刻本），卷4，頁28b～30a。

〔註86〕〔宋〕方頤孫編：《蘭藻文章百段錦》（中國國家圖書館藏明嘉靖元年〔1522〕刻本），卷3，頁21a～21b。

〔註87〕〔明〕茅坤編：《唐宋八大家文鈔》（臺北：臺灣商務印書館，1983年，景印文淵閣四庫全書本），卷139，頁1a～3b。〔清〕蔡世遠編：《古文雅正》（臺北：臺灣商務印書館，1983年，景印文淵閣四庫全書本），頁26b～28b。〔清〕清高宗弘曆選，允祿等編：《御選唐宋文醇》（臺北：臺灣商務印書館，1983年，景印文淵閣四庫全書本），卷40，頁19a～21a。

但是創作於北宋以及南宋前期的文本，因為完成後尚未經過長時段的精擇汰選，至南宋中後期它們的經典地位尚未十分穩固，經典化的過程仍在進行中，晚宋古文選本得以更加積極的姿態參與到經典文本的形塑與建構活動中。在南宋古文選本中，如歐陽脩、蘇軾等人的入選篇目，往往呈現出「流動」的特徵。中後期不同選本的選目並不完全一致，晚宋古文選本較之此前的選本，在選目上顯示出一些「新創」的取向，時而將一些新的文本納入至選文範圍之中。而這些「新創」的選文，往往為明清以降的古文選本所繼承。也就是說，在這個文本經典化過程中，晚宋古文選本作為經典形塑的發端，發揮了關鍵性的作用。

三、批評的經典化

在作家與文本的經典化之外，晚宋古文選本之於批評話語經典化的意義，亦值得關注。張海鷗曾指出，南宋中期的古文選本對於文章風格都有獨特的表述方式，如呂祖謙《古文關鍵》評文崇尚「健而有力」，樓昉《崇古文訣》評文偏重「宛而有法」，真德秀《文章正宗》評文內容重「純粹」，風格重「峻潔痛切」。〔註88〕

張氏的總結不能說十分全面，但這一觀察卻很有價值。誠然，由於選家的個人性情、文學思想，以及選本的性質取向，將導致古文選本評文存在特定的取向，進一步體現為特定的批評話語。

從「思想的層次」角度觀察，「健而有力」、「峻潔痛切」等批評話語，首先由呂祖謙、真德秀等精英士人總結且提出，可以視作一種「創造性的思想」。但這些「創造性的思想」在誕生之初並不意味著就被大多數人接受，而是有待一系列篩選、積澱與經典化的過程，方得以在社會各階層的讀者間廣泛流行，成為普遍接受的「一般性的思想」。換言之，在選本的發展過程中，除了作家與文本之外，批評話語也面臨著一個篩選與經典化，最終形成「經典批評」的過程。本書希望進一步追問的是，晚宋古文選本在這個過程中扮演了如何的角色，發揮了如何的作用？

正如本書第參章關於古文選本編輯情況的討論，晚宋古文選本創生出一種新的編輯方式──「彙編式」的書籍生成機制。目前可見的《文章正印》、《古

〔註88〕張海鷗：〈南宋古文選本中的文章學思想〉，收入氏著《宋代文章學與文體形態研究》（廣州：中山大學出版社，2018年），頁67～88。

文集成》、《古文真寶》等書皆是這種書籍生成機制下的產物。「彙編式評點選本」在書名中標示「諸儒批點」、「諸儒箋解」等文字，在書內彙集前人針對古文作品的注解、圈點及評語，一併編刻於文章之內，為士子提供舉業參考。

這種彙編式的體例，接近於一種文獻整理的工作，因為缺乏原創性的內容，導致以往學者在研究時往往不屑一顧。其實這些彙編式書籍仍存在著重要的研究價值，一方面，如第參章所論，此類書籍作為晚宋時期一種編輯與出版的風潮，具有社會文化意義。另一方面，此類書籍雖然缺少新的創造性的思想，但在批評話語的一般化與經典化的過程中卻發揮了作用，其間彰顯的文學文化意義，仍不容忽視。

具體而言，再以韓愈〈原道〉為例，在南宋中期時，該文已見《古文關鍵》、《崇古文訣》等選本收錄，且作出了細密的批點。如樓昉題下評曰：「詞嚴義正，攻擊佛老，有開闔縱橫文字，如引繩貫珠。」〔註89〕呂祖謙在文內多次批云「綱目，一篇之意」、「健而有力」、「反覆應前面說」、「流暢」等。〔註90〕除此之外，〈原道〉尚從其它處得到一些零星的評論，如范溫的《潛溪詩眼》引黃庭堅語稱：「山谷言文章必謹布置；每見後學，多告以〈原道〉命意曲折，後予以此概考古人法度」，同時將〈原道〉許之為「正體」，分析該篇文脈，最終評論稱：「如彼反覆數疊，既而復結之」。〔註91〕

這些評語，雖然隱約表現出一些共同的取向，但由於散亂在各處，這種共同取向仍不是十分明確。《古文集成》收錄該文，同時彙整了呂祖謙、樓昉、朱熹、范溫等人的評語，將之統合置於〈原道〉題下。〔註92〕這使得前人針對〈原道〉評價的面向得以集中凸顯：一者是命意純粹正大，二者是文勢曲折變化，三者是風格剛健有力。這些「評論彙編」形塑了讀者關於〈原道〉的認識，成為該文的「經典批評」，後世關於韓愈〈原道〉的評價大抵都未超過此範圍。〔註93〕

〔註89〕〔宋〕樓昉選評：《迂齋先生標注崇古文訣》（北京：北京圖書館出版社，2005年，《中華再造善本》影印中國國家圖書館藏元刻本），卷8，頁7a。

〔註90〕〔宋〕呂祖謙編，〔宋〕蔡文子增注：《增注東萊呂成公古文關鍵》（北京：北京圖書館出版社，2005年，《中華再造善本》影印中國國家圖書館藏宋刻本），卷3，頁1a～4a。

〔註91〕郭紹虞：《宋詩話輯佚》（北京：中華書局，1980年），上冊，頁323～325。

〔註92〕〔宋〕王霆震編：《新刻諸儒批點古文集成》（北京：北京圖書館出版社，2005年，《中華再造善本》影印中國國家圖書館藏宋刻本），壬集卷7，頁1a～4b。

〔註93〕後世明清選本，諸如《唐宋八大家文鈔》、《古文雅正》等書，皆選錄韓愈〈原道〉一文，所下評語大抵均不出以上所論範圍。

從中可見，晚宋古文選本「彙編式」的書籍生成機制，透過彙集、統整前人的評論，使得論者關於文章評價的共同取向得以集中凸顯。

再如蘇洵〈上富丞相書〉，見《古文關鍵》、《崇古文訣》收錄，前者評曰：「此篇須看曲折抑揚，開合反覆，節奏好。」〔註94〕後者評曰：「此篇須看抑揚開闔處，秤停得斤兩好。」〔註95〕而在晚宋選本《古文集成》中，呂、樓的評價被彙整在一起，這使得〈上富丞相書〉所具有「曲折抑揚、開合反覆」的寫作風格，得以集中地體現。讀者在閱讀時，關於〈上富丞相書〉的印象也得到了統一與強化。

總而言之，本書希望強調：在晚宋時期，以《文章正宗》、《古文集成》、《古文真寶》等書為代表的「彙編式評點型選本」，雖然未創生出新的批評話語，但該類書籍「彙編式」的體例，彰顯出「篩選」與「統合」的意義，使得前人的批評話語透過彙編的形式，得以集中呈現以及廣泛傳播，最終走向了批評話語的「經典化」。

第四節　文章解說的轉軌

晚宋的古文之學，除了文體分類與文本選錄層面，在針對文本的細緻評論與解說上，亦彰顯出新的變化趨向與創新意義。

一、從「無法」到「有法」

一般認為詩文批評中的「法」的觀念可上溯至六朝時期，時人稱之作「術」、「條例」等，唐代流行使用「格」、「式」的概念，而至宋代則轉而普遍運用「法」的概念。但名異而實同，大抵揭示關於詩文寫作規格化技法的探討，目的在於使得創作技巧因涵有「律則性」而呈現出「規格化」的特徵。〔註96〕

關於規格化技法的探討，詩學批評領域的進展明顯要早於文章學批評領域。早在南朝時，詩論家便針對聲律、對偶、練字等技法等語言技巧提出豐富

〔註94〕〔宋〕呂祖謙選評，〔宋〕蔡文子增注：《增注東萊呂成公古文關鍵》（北京：北京圖書館出版社，2005年，《中華再造善本》影印中國國家圖書館藏宋刻本），卷9，頁1a。

〔註95〕〔宋〕樓昉選評：《迂齋先生標注崇古文訣》（北京：北京圖書館出版社，2005年，《中華再造善本》影印中國國家圖書館藏元刻本），卷22，頁8a。

〔註96〕張伯偉認為「詩格」、「詩式」或「詩法」，「其含意也不外是指詩的法式、標準」，其目的「是為了適應初學者或應舉者的需要而寫」。參見張伯偉：〈詩格論〉，《唐五代詩格彙考》（南京：江蘇古籍出版社，2002年），書首，頁3～4。

的意見。至唐代，社會間出現了許多「詩格」一類的著作，進一步歸納出各種規格化的作法以供作家摹效、遵循。〔註97〕例如王昌齡的《詩格》細分起句的不同作法，供學詩者揣摩研習。除此之外，又有「詩句圖」之類的著作，摘選詩人佳句，作為示例，與「詩格」之類的著作互為輔助。〔註98〕因應以格法論詩而生成的弊病，宋人論詩提出「自然無意」、「活法」、「妙悟」等諸種主張，使得「作詩是否需要法度」的討論，呈現出細密且多元的圖景。

但相比之下，關於文章寫作與細部技法的討論，進展明顯要遲緩得許多。雖然在劉勰的《文心雕龍》中，關於作家個性、文體風格，以及句法、篇章結構等語言技巧，都已經得到較為廣泛的討論，但觀其內容，仍然偏屬原則性的概說。〔註99〕至唐代「詩格」與「詩句圖」大盛一時，但是為學文者提供規格化作法的「文格」類著述卻寥寥無幾。〔註100〕迨至宋代，綜觀時人關於文章寫作的議論，大抵仍偏重於文章寫作原則性的概說，或者是重視義理命意而輕視寫作技法。〔註101〕對此，祝尚書總結道：

〔註97〕 參見王夢鷗：〈晚唐舉業與詩賦格樣〉，《東方雜誌》第 16 卷第 9 期（1983 年 3 月），頁 18～56；後收入氏著：《傳統文學論衡》（臺北：時報文化，1987 年），頁 189～203。

〔註98〕 關於在詩學批評領域針對技法規格化的討論脈絡，龔鵬程曾有全面清晰的梳理，參見氏著：《詩史本色與妙悟》（臺北：臺灣學生書局，1993 年），頁 284～285。另亦可參考羅根澤：《中國文學批評史》（上海：上海古籍出版社，1984 年），第五篇第二章〈詩格〉，頁 186～220。

〔註99〕 如祝尚書主張《文心雕龍》無法成為文章學成立的標誌，認為《文心雕龍》：「除其內容過於簡略且『飄搖無定』外，其後長時期的沈寂，也說明它尚未成熟。」參見祝尚書：〈關於文章學研究的幾點思考〉，收入氏著：《宋代文章探討集續編》（上海：復旦大學出版社，2019 年），頁 292～304。

〔註100〕 羅根澤認為在唐五代時期，可能是「文格書」的著作，可考見者僅僅只有四種，皆已佚失，內容與形式已不可知，無法確定是否真的專為論文而作。參見羅根澤：《中國文學批評史》（上海：上海古籍出版社，1984 年），第五篇第二章〈詩格〉，頁 217～219。另有杜正倫《文筆要決》，今存一篇，題為〈句端〉，專門討論文章句端的「發端詞」，如「觀乎」、「惟夫」、「原夫」、「若夫」等，以教「新進之徒」。見張伯偉《全唐五代詩格彙考》（南京：江蘇古籍出版社，2002 年），附錄1，頁 540～548。

〔註101〕 當然南宋以前亦有重視文章結構與寫作法度的作家，如北宋末年的唐庚，在〈上蔡司空書〉中，曰：「而自頃以來，此道幾廢。場屋之間，人自為體，立意造語，無有法度。宜詔有司，以古文取士為法。所謂古文，雖不用偶儷，而散語之中，暗有聲調。其步驟馳騁之，皆有節奏。非但如今日苟然而已。」祝尚書認為唐庚主張場屋時文「以古文為法」，首次明確提出了古文的立意、造語、聲調、步驟等概念，在宋代文章學的發展脈絡中有著重要的意義。參見〔宋〕

縱觀南宋以前的文章學，廣義的「文章」且不論，就狹義的「文」即古文而言，有一個共同的缺陷，即論文章內容（道）的多，而研究文章寫法、技法的既少又零碎，長期停留在「象喻」階段（如蘇軾的「行雲流水」之喻），較之詩學、賦學甚至四六學來，文章學可謂嚴重滯後。〔註102〕

但此「重宏觀、輕細部」，「重內容、輕技法」的論文傾向，至南宋中期則有明顯的轉軌趨向。南宋以降，社會文化的發展有了新的動向，科舉社會的成熟使得科舉士人群體壯大，討論場屋時文寫作成為一時風尚，隨著科舉時文的程式化以及「以古文為法」觀念的流行，古文寫作的技法也成為當時士人普遍關心的話題。正是在這一時期，古文評點選本開始在社會間湧現，廣泛流行。〔註103〕

與先前空談義理的文章評論不同，南宋古文評點選本解說文章，基於指導讀者如何寫作文章的目的，專門討論文章寫作的篇章結構、行文技法、造語修辭等具體的、實踐性的內容。同時，不同於一般文學批評的「離事言理」，作為伴隨閱讀與文脈展開的批評活動，古文評點具有始終緊貼文本，利用具體例證闡說文法的批評特徵，從而使得讀者能夠迅速掌握文章寫作的規格化技法。正如劉克莊評樓昉《崇古文訣》云：「逐章逐句，原其意脈，發其秘藏。」〔註104〕

唐庚：〈上蔡司空書〉，曾棗莊、劉琳主編：《全宋文》（上海：上海辭書出版社、合肥：安徽教育出版社，2006年），第139冊，卷3008，頁310。祝尚書：〈論宋元時期的文章學〉，收入氏著：《宋代文學探討集》（鄭州：大象出版社，2006年），頁228～245。

〔註102〕 祝尚書：〈南宋古文評點緣起發覆──兼論古文評點的文章學意義〉，收入氏著：《宋代科舉與文學考論》（鄭州：大象出版社，2006年），頁284～301。

〔註103〕 故論者以為在南宋中期，中國文章學正式成立。關於中國文章學成立的時間，學界存在不同的意見。王水照認為：「文章學之成立，殆在宋代，其主要標誌在於專論文章的獨立著作開始湧現。」祝尚書進一步將之精確為南宋孝宗朝。吳承學則主張「中國文章學成立於魏晉南北朝」，尤以劉勰的《文心雕龍》作為文章學成立的標誌。參見吳承學：〈中國文章學成立與古文之學的興起〉，《中國社會科學》，2012年第12期，頁138～156。王水照：〈文話：古代文學批評的重要學術資源〉，《四川大學學報》（哲學社會科學版），2005年第4期，頁63～67。祝尚書：〈論中國文章學正式成立的時限：南宋孝宗朝〉，收入氏著：《宋代文學探討集續編》（上海：復旦大學出版社，2019年），頁275～291。學者關於文章學成立時間的意見分歧，源自對於文章學的學術定義不同，本書採取王水照、祝尚書的意見。

〔註104〕 〔宋〕劉克莊，辛更儒箋校：〈迂齋標注古文序〉，《劉克莊集箋校》（北京：中華書局，2011年），卷96，頁4049。

　　但是儘管如此，在南宋中期，論文者中仍不乏重內容而輕技法者。如南宋中期頗享文名的陳亮，在所作〈書作論法後〉中，明確主張作文：「大凡不必作好語言，意與理勝則文字自然超眾。」〔註 105〕在陳亮看來，作文僅須注重義理，義理勝則文字自然超眾；言下之意即結構、技巧、語言等形式特徵都是沒有意義的，體現出明顯的「重視義理而輕視技法」的論文取向。

　　與之類似的是，南宋中期的古文評點選本雖然已經頗為重視文章寫作技法層面的解說，但一時風氣所及，仍未完全擺脫重視內容的論文傾向。

　　如呂祖謙《古文關鍵》作為「評點第一書」，於選文「各標舉其命意布局之處，示學者以門徑，故謂之關鍵」，〔註 106〕且在文章學的結構論、行文論、修辭論、造語下字論、文章風格論等諸多面向都有重要的拓展。〔註 107〕但不可否認的是，該書論文仍未偏廢文章命意，而是主張命意與技法並重。該書卷首〈總論看文字法〉言：「先見文字體式，然後徧攷古人用意下句處。」〔註 108〕又言：「第一看大槩主張，第二看文勢規模，第三看綱目關鍵，第四看警策句法。」〔註 109〕此處的「文字體式」大抵可以理解為「文勢規模」、「綱目關鍵」、「警策句法」等語言形式，而所謂「古文用意」即是第一看的「大槩主張」。可見，呂祖謙仍然是將「大槩主張」、「用意」視作文章閱讀與寫作時須首要關注的內容。〔註 110〕呂祖謙言：「有用文字，議論文字是也。」〔註 111〕可見呂

〔註 105〕　〔宋〕陳亮著，鄧廣銘點校：《陳亮集》（北京：中華書局，1987 年），卷 25，頁 287。

〔註 106〕　〔清〕永瑢等撰：《四庫全書總目》（北京：中華書局，1965 年），卷 187，頁 1698。

〔註 107〕　今人一般將結構論、行文論、修辭論等作為文章學的內涵，參見祝尚書：〈關於文章學研究的幾點思考〉，收入氏著：《宋代文學探討集續編》（上海：復旦大學出版社，2019 年），頁 292～304。

〔註 108〕　〔宋〕呂祖謙：〈看古文要法〉，《古文關鍵》，收入黃靈庚主編：《呂祖謙全集》第十一冊（杭州：浙江古籍出版社，2008 年），卷首，頁 1。

〔註 109〕　〔宋〕呂祖謙：〈看古文要法〉，《古文關鍵》，收入黃靈庚主編：《呂祖謙全集》第十一冊（杭州：浙江古籍出版社，2008 年），卷首，頁 1。

〔註 110〕　羅書華引葉適針對呂祖謙《皇朝文鑑》的評價言：「苟其義無所考，雖甚文不錄，或於事有所該，雖稍質不廢。……大抵欲約一代治體歸之於道，而不以區區虛文為主。」認為呂祖謙推舉的古文，是以八家為代表或標竿的文章類型或文體，既有「文字體式」，又重「義」重「事」，為「道」而作的文章。見羅書華：〈從文道到意法：呂祖謙與散文學史的重要轉折——兼說《古文關鍵》之「關鍵」的含義〉，（長沙）《中國文學研究》，2013 年第 3 期，頁 73。

〔註 111〕　〔宋〕呂祖謙：〈看古文要法〉，《古文關鍵》，收入黃靈庚主編：《呂祖謙全集》第十一冊（杭州：浙江古籍出版社，2008 年），卷首，頁 3。

氏論文，稍重技法之餘，依然強調文章之於社會教化與國家治道的「有用」之處。

同時，該書評論作家時特重與經典的淵源關係，〈看古文要法〉中論韓文稱「一本於經」，論柳文稱「出於國語」，論歐文「祖述韓子」，論蘇文稱「出於戰國策史記」，這些都是指古文作品的思想內容與經典之間的承繼關係，而非語言修辭層面的相仿。〔註112〕

此外，在《古文關鍵》書內的隨文評點中，亦在在可見關於「立意」、「本意」、「大意」、「主意」、「意新」、「意勝」等評語，並且將之作為評騭文本的重要標準。故羅書華指出在《古文關鍵》中，「呂祖謙論文最重『意』」，「從作文角度看，『意』和『立意』是古文的『關鍵』」。〔註113〕

二、晚宋古文選本與法度觀念的強化

在此前的基礎上，晚宋古文選本針對文章的解說向更加精細化、可操作性強的方向發展，對於規格法度的重視更進一步。這主要表現在以下三個方面。

一者，直言強調文章寫作依循規格法度的重要性。

晚宋人陳嶽在為晚宋古文選本《文章百段錦》所作的序文中，曾駁斥「或者且謂『風行水上』善矣，何必規規執筆法學為如是之文也」的觀點，肯定了「筆法學」之於作文的重要性。〔註114〕

所謂「風行水上」，乃是出自《周易》之「渙」卦，而以「風行水上」論文的說法，最早出自蘇洵〈仲兄字文甫說〉，〔註115〕其云：

> 故曰：「風行水上渙。」此亦天下之至文也。然而此二物者豈有求乎

〔註112〕〔宋〕呂祖謙：〈看古文要法〉，《古文關鍵》，收入黃靈庚主編：《呂祖謙全集》第十一冊（杭州：浙江古籍出版社，2008年），卷首，頁1～2。

〔註113〕羅書華：〈從文道到意法：呂祖謙與散文學史的重要轉折──兼說《古文關鍵》之「關鍵」的含義〉，（長沙）《中國文學研究》，2013年第3期，頁72～77。按：當然《古文關鍵》評點重視命意，大多仍是從指導文章寫作的角度出發，即關注「如何立意」的問題，可以歸入文章學「立意論」的範疇，與傳統論文者重視抉探文本思想內容已經大不相同。

〔註114〕〔宋〕陳嶽：〈麗藻文章百段錦序〉，〔宋〕方頤孫：《麗藻文章百段錦》（中國國家圖書館藏明嘉靖元年〔1522〕刻本），卷首，頁11b～12a。

〔註115〕在蘇洵之前，田錫〈貽宋小著書〉中便借用「微風動水」、「太虛浮雲」等語論述「無定文」、「莫有常態」的理想文學型態，可視作「風行水上」創作論的先驅。見〔宋〕田錫著，羅國威校點：《咸平集》（成都：巴蜀書社，2008年），卷2，頁33。

文哉？無意乎相求，不期而相遭，而文生焉。是其為文也，非水之
文也，非風之文也，二物者非能為文，而不能不為文也。物之相使
而文出於其間也，故曰：此天下之至文也。今夫玉非不溫然美矣，
而不得以為文；刻鏤組繡，非不文矣，而不可以論乎自然。〔註116〕

蘇洵藉為他人取字的機會，論述自身認為理想的文學創作形態：創作文學時，
進入一種「無意乎相求，不期而相遭」的狀態，文章自然且自發地流出、生
成。與之相對的，則是一種在文學創作時刻意依循規格法度，追求「刻鏤組
繡」的創作態度。蘇洵認為後者是「不可以論乎自然」，無法創作出「天下之
至文」。

　　與蘇洵意見十分類似的，尚有蘇軾〈書辯才次韻參寥詩〉中所言：「如風
吹水，自成文理」。〔註117〕以及南宋初張元幹（1091～1170）的〈亦樂居士文
集序〉，其言：「韓、杜門庭，風行水上，自然成文，俱名活法。」〔註118〕張
元幹〈跋蘇詔君贈王道士詩後〉亦言：「文章蓋自造化窟中來，元氣融結胸
次，古今謂之活法……又如風行水上，自然成文。」〔註119〕張氏的觀點更加
明確，他反對在創作時恪守規格法度的作法，轉而藉「風行水上」之語用以象
喻「自然成文」的創作態度，主張創作主體應該憑藉「意與境的會合」，靈活
地運用技法，即所謂「活法」。

　　另外，葉夢得《石林詩話》言：「今人多取其已用字模倣用之，偓僜狹陋，
盡成死法，不知意與境會，言中其節，凡字皆可用也。」〔註120〕《王直方詩
話》載黃庭堅教人作詩文：「不可鑿空強作，待境自生則自工耳。」〔註121〕其
中所謂「意與境會」、「待境自生」，意涵都大致與「風行水上」的象喻相近。

<hr>

〔註116〕〔宋〕蘇洵著，曾棗莊、金成禮箋注：《嘉祐集箋注》（上海：上海古籍出版
　　　　社，1993年），卷15，頁412。
〔註117〕〔宋〕蘇軾：〈書辯才次韻參寥詩〉，孔凡禮點校：《蘇軾文集》（北京：中華
　　　　書局，1986年），卷68，頁2144。
〔註118〕〔宋〕張元幹：〈亦樂居士文集序〉，曾棗莊、劉琳主編：《全宋文》（上海：
　　　　上海辭書出版社、合肥：安徽教育出版社，2006年），第182冊，卷4005，
　　　　頁402。
〔註119〕〔宋〕張元幹：〈跋蘇詔君贈王道士詩後〉，曾棗莊、劉琳主編：《全宋文》（上
　　　　海：上海辭書出版社、合肥：安徽教育出版社，2006年），第182冊，卷4006，
　　　　頁418。
〔註120〕〔宋〕葉夢得：《石林詩話》（北京：中華書局，1991年），頁14。
〔註121〕〔宋〕王直方：《王直方詩話》，收入郭紹虞：《宋詩話輯佚》（北京：中華書
　　　　局，1980年），上冊，頁4。

　　總之可以明確的是，「風行水上」的創作觀點反對摹擬前人與依循規格法度，主張創作主體與外在景物自然興會，在意與境會的狀態下，自然靈活地創作出詩文作品。〔註122〕

　　但顯然，以《文章百段錦》為代表晚宋古文選本，並不認同這種「風行水上」的創作觀點，轉而從對立面立論：主張從「筆法學」──即文章的語言形式層面入手，揭示謀篇佈局、造語下字時須遵循的一般性準則，歸納總結出規格化的技法，供讀者摹擬研習。

　　關於這個觀點，該書的編者方頤孫在跋文作出了解釋：

> 嬰兒習步，必先徐行；嬌孩學言，必先曰唯；童子之學文，必先示以蹊徑，未能徐其步而遽欲效慶忌之奔，則不數步而蹶且僵；未能學唯而遽欲教之以蘇秦之辯，則將期期而口怯；未能為文之蹊徑而遽欲造歐蘇之堂奧，且將不得其門而入。今吾之為文章蹊徑也，是必先徐行學唯也，由行而奔，由唯而辯，由蹊徑而堂奧，安知異日之不慶忌、不蘇秦、不韓柳歐蘇爾？其勉乎哉！〔註123〕

方頤孫的意思很明白，人的稟賦有高下之異，學文亦須有先後之別。蘇洵、張元幹等人主張「風行水上」的觀點，預設創作主體的藝術心靈只要與自然會合，便能創作出優質的文學，實際上高度依賴於創作主體的才性稟賦。這個觀點雖然很高明，但問題是並非人人皆是韓柳歐蘇，並非人人皆具有高明透徹的藝術心靈，因此當這個富有精英色彩的創作觀點，落實到一般大眾的學文者時，並不能提供一個可以遵循的普遍性準則，反而使得一般讀者茫然而不知所從。方頤孫貶之為：「未能為文之蹊徑而遽欲造歐蘇之堂奧，且將不得其門而入。」與之相反，方頤孫編纂的《文章百段錦》就是面向一般大眾的學文者，提供最具體的語言形式層面的指導，揭示具有可操作性的規格化技法，使得藝術解悟能力不高的一般讀者也能有章法可循。故方氏將之稱作「文章之蹊徑」。

〔註122〕侯雅文認為這屬於「以意與境會的藝術心靈，作為作家得以靈活運用技法的依據」，將之作為宋人討論「創作主體如何靈活運用技法」的四種觀點之一。參見氏著：〈李夢陽以「和」為中心的詩學體系（之二）──以「二元對立調和」的法則為基礎而規劃的詩歌創作理論〉，收入氏著：《李夢陽的詩學與和同文化思想》（臺北：大安出版社，2009年），頁174～178。

〔註123〕〔宋〕方頤孫：〈繡藻文章百段錦跋〉，〔宋〕方頤孫編：《繡藻文章百段錦》（中國國家圖書館藏明嘉靖元年〔1522〕刻本），書首，頁13a～14a。

　　陳嶽、方頤孫在序跋中直言批評「風行水上」的創作觀點，強調文章寫作依循規格法度的重要性，從中可以略窺晚宋古文選本中法度觀念的進一步強化。

　　二者，文章解說趨向細密化，聚焦於寫作實踐的指導，在篇章結構、行文手法、句法字法等方面都有所拓展與深化。

　　相比南宋中期的古文選本，晚宋古文選本針對文章的解說更加細密化。以《回瀾文鑑》為例，該書的評點對於篇章結構與行文方法尤其看重，在解析文章時往往拆解作首、中、尾的三段式結構，依次述評。整體來看，此書的評點傾向於文首簡要立論，切中事情；文中則鋪敘議論，豐贍而委曲變化；結尾則須簡單有力、有精神。這種三段式的篇章結構論，來自於南宋時文的程式，〔註124〕作為一種有效的分析工具，使得針對古文的解說具體化、條理化，從先前原則性、整體性的提點，落實到細部的段落評說。正如祝尚書所言：

　　　雖曰「古文評點」，實際上是用時文的程式和方法去反觀古文大師的
　　　代表作，試圖讓時文向古文看齊，並從古文名作中找出時文的寫作
　　　規律，以提高時文的寫作水平，並使時文寫法由但憑朦朧的「感覺」
　　　或手授心傳，進入到有「章」可循、有「法」可依的新階段。〔註125〕

　　同時，晚宋古文選本在解說文章時，更加偏重於寫作實踐的指導。再以《回瀾文鑑》為例，該書往往在文首揭示文章的「綱目」。如前集卷十三張耒〈秘丞章蒙明發集序〉「士固有其才，可以有為，不幸不及施與，既施而中奪者，何可勝數」句旁批曰「立一篇綱目」。張耒此文是應友人章邦老的請求，為其父親的文集寫作序文。章氏終生不得志，淹留於低級官職，張耒全文即圍繞「不遇」為中心展開立說。《回瀾文鑑》利用評點揭示出文章的「綱目」，使得讀者迅速、準確地掌握文章主意；但更重要的是，利用評點指導學文者模仿

〔註124〕如陳傅良講解時文程式的著作《論訣》設立「破題」、「原題」、「講題」、「使
　　　證」、「結尾」六項程式，其中「原題」、「講題」、「使證」為文章主幹部分，
　　　實與《回瀾文鑑》所論首、中、尾的三段式結構接近。參見〔宋〕陳傅良撰，
　　　〔宋〕方逢辰批點：《論訣》，《蛟峰批點止齋論祖》（濟南：齊魯書社，1997
　　　年，四庫全書存目叢書影印中國南京圖書館藏明成化六年〔1470〕刻本），頁
　　　2a～4a。
〔註125〕祝尚書：〈南宋古文評點緣起發覆──兼論古文評點的文章學意義〉，收入氏
　　　著：《宋代科舉與文學考論》（鄭州：大象出版社，2006年），頁299～300。
　　　另可參考祝尚書：〈論宋代時文的「以古文為法」〉，收入氏著：《宋代文學探
　　　討集續集》（上海：復旦大學出版社，2020年），頁90～104。

學習在文章冒頭立下「綱目」，全篇以此為中心反復申說議論的行文方法。

在謝枋得選評的《文章軌範》中，此種細密化的解說趨向亦頗為顯著。該書卷一「放膽文」選錄韓愈〈後二十九日復上宰相書〉。韓愈該文的首段行文頗奇詭，歷來是韓文評點之尤為關注者。《文章軌範》將首段析分作八句，且依次評曰：「九字句」、「十二字句」、「六字句」、「十五字句」、「十四字句」、「十七字句」、「六字句」、「十七字句」，揭示出各句的形式結構之不同。同時於段後評曰：

> 此一段連下九個「皆已」字，變化七樣句法。字有多少，句有短長，文有反順起伏頓挫，如層瀾驚濤怒波，讀者但見其精神，不覺其重疊。此章法句法也。〔註126〕

評點全然撇下文章的義理內容不論，而是聚焦於語言形式的層面，指出該文的首段疊用九個「皆已」字，通過調整字的多少、句的長短，錯綜變化七種句法，最終達到「如層瀾驚濤怒波」，「但見其精神，不覺其重疊」的藝術表現效果。

再如同卷選錄韓愈的〈上張僕射書〉，該文乃是韓愈上書張僕射乞請改換幕僚之職而作，其中第二段的行文尤其奇詭，韓愈從主客兩方面評價張僕射與自己，從而為自己的請求確立正當性，其言：

> 天下之人，聞執事之於愈如是也，必皆曰：執事之好士也如此，執事之待士以禮如此，執事之使人不枉其性而能有容如此，執事之欲成人之名如此，執事之厚於故舊如此。又將曰：韓愈之識其所依歸也如此，韓愈之不諂屈於富貴之人如此，韓愈之賢能使其主待之以禮如此，則死於執事之門，無悔也。〔註127〕

韓愈評價張僕射稱「好士也如此」，「待士以禮如此」，「使人不枉其性而能有容如此」，「欲成人之名如此」，「厚於故舊如此」，評價自己又稱「識其所依歸也如此」，「不諂屈於富貴之人如此」，「賢能使其主待之以禮如此」。謝氏於此兩句下，評點言：「連下五個『如此』字，句法長短錯綜，凡四變化，此章法也。」又言：「又連下三個『如此』字，長短錯綜變化，此章法也。」〔註128〕謝氏的

〔註126〕〔宋〕謝枋得選評：《疊山先生批點文章軌範》（北京：北京圖書館出版社，2005年，《中華再造善本》影印中國國家圖書館藏元刻本），卷1，頁3b。

〔註127〕〔宋〕謝枋得選評：《疊山先生批點文章軌範》（北京：北京圖書館出版社，2005年，《中華再造善本》影印中國國家圖書館藏元刻本），卷1，頁8a。

〔註128〕〔宋〕謝枋得選評：《疊山先生批點文章軌範》（北京：北京圖書館出版社，2005年，《中華再造善本》影印中國國家圖書館藏元刻本），卷1，頁8b。

評點聚焦於韓愈行文的句法章法，敏銳地指出該段句子形式的長短錯綜變化，使得文章呈現出如「狂瀾浩波」一般的文勢，而最後僅僅一句「無悔也」，使得文脈陡然截斷，呈現出「頓挫」、「跌宕」的美感效果。

再以韓愈〈後十九日復上宰相書〉的首段為例，為方便說明，茲將原文及謝氏評點謄錄於下，括號內為謝氏的評點：

> 愈聞之，蹈水火者之求免於人也（字法），不惟其父兄子弟之慈愛，然後呼而望之也（字法）。將有介於其側者，雖其所憎怨，苟不至乎欲其死者，則將大其聲疾呼而望其仁之也（字法）。彼介於其側者，聞其聲而見其事，不惟其父兄子弟之慈愛，然後往而全之也。雖有所憎怨，苟不至於欲其死者，則將狂奔盡氣（句法），濡手足（句法），焦毛髮（句法），救之而不辭也。若是者何哉？其勢誠急，而其情誠可悲也（章法）。愈之彊學立行（字法）有年矣，愚不惟道（字法）之險夷，行且不息（字法），以蹈於窮餓之水火（以「蹈水火」譬喻「彊學力行」、「愚不惟道之險夷行且不息」，此是下字巧處），其既危且亟矣，大其聲而疾呼矣，閣下其亦聞而見之矣。〔註129〕

從以上引文可知，謝氏在短短二百字內，連續多次施以「字法」、「句法」、「章法」、「譬喻」的評點，可見謝氏的評點目光始終聚焦於下字、構句、修辭，以及篇章佈置之間，注重從這些細部的語言形式解析韓愈行文之妙處所在。

據統計，謝枋得《文章軌範》一書的評點，用到「字法」凡十四處，「句法」凡五十處，「章法」凡十八處，數量遠遠超過《古文關鍵》、《崇古文訣》等南宋中期的古文選本。

不惟《文章軌範》，事實上在晚宋古文選本中，以上所舉這種針對古文的章法、句法的解說評論在在可見，已然成為晚宋古文選本評點的主體部分。這相比於南宋中期的文章評點，無疑是一種新的變化趨向。

三者，晚宋古文選本將古文寫作的技法進行規格化，總結歸納出「文格」，與文本實例緊密配合，供學文者摹擬研習。

唐五代時期，「詩格」類著作風行一時，張伯偉《唐五代詩格彙考》輯錄現存唐五代詩格著作二十九種，散佚存目者二十一種，蔚為大觀。詩有「詩

〔註129〕〔宋〕謝枋得選評：《疊山先生批點文章軌範》（北京：北京圖書館出版社，2005 年，《中華再造善本》影印中國國家圖書館藏元刻本），卷 1，頁 9a～9b。

格」，文亦有「文格」，〔註130〕「文格」的流行顯然要遠遠遲緩於「詩格」。一般認為「文格」類著作的流行，肇始於「後古文運動時期」的南宋。「文格」是為了因應古文經典化與普及化的課題，在技術層面吸收與改造詩歌格法，在政治層面受到科舉考試的刺激，從而產生的一種著作。〔註131〕

南宋時的「文格」是指根據文章寫作的實際經驗，歸納出來的規格化技法，具體細密，且擁有高度的可操作性。

在南宋中期的《古文關鍵》中，即出現了少量以「文格」論文的評點內容。綜觀全書，以「文格」論文者有三處，分別為評韓愈〈諫臣論〉曰：「意勝反題格」，評韓愈〈答陳商書〉曰：「設譬格」，評歐陽脩〈春秋說下〉曰：「此一篇是反題格，與韓文〈諫臣論〉相類」。以「法」論文者有兩處，分別為評柳宗元〈封建論〉曰：「此是鋪敘間架法」，評蘇轍〈三國論〉曰：「此篇要看開闔抑揚法」。樓昉《崇古文訣》的情況亦與之類似，據我的統計，該書以「文格」論文者有八處，此處不一一列舉。

呂祖謙、樓昉論文雖然已經稍稍重視規格化的技法，偶爾在隨文評點中總結「文格」，藉此「以教後學」，但《古文關鍵》等書凡提及「文格」，均分散在各篇文章的隨文評點之中，完全憑興之所至，而未形成系統性。

系統性地總結古文寫作中的規格化技法，在古文評點中時時予以揭示，以此作為主要內容指導後學作文，要一直等到晚宋時期的古文選本。

晚宋時期的《回瀾文鑑》、《文章軌範》等書，在評點時聚焦於下字構句、謀篇佈局的法度，時時提點字法、句法、章法等，在上節中已有詳述，此處暫

〔註130〕據彭國忠的考述：「在宋代，『文格』有四義，分別指文章體格骨力，文章風格，詩歌之格，以及文章作法、方法。」此處所取的是文章學意義上關於「文章作法、方法」的「文格」。參見彭國忠：〈宋代文格與《黼藻文章百段錦》〉，《安徽大學學報》（哲學社會科學版），2013年第6期，頁31。

〔註131〕祝尚書認為「詩賦格法是文章格法的學術資源與得以建立的基礎」，提出三點例證：「首先，發育較早的詩賦格法（包括篇法、章法、句法、字法等），以及江西詩派句法，既是解析詩賦也是解析文章的方法」；「其次，詩賦格法為文章學提供了現成的研究範疇和術語群，如認題、破題、立意、佈置、造句用字等等，在詩格、詩話、賦格中常見，而也見於文章學著作之中」；「再次，詩賦格著作，對詩賦的立意、造語、字法、病犯，以及格、體等等進行條分縷析，精確入微」。參見祝尚書：〈論中國文章學正式成立的時限：南宋孝宗朝〉，收入氏著：《宋代文學探討集續編》（上海：復旦大學出版社，2019年），頁275～291。另參考祝尚書：《宋元文章學》（北京：中華書局，2013年），頁45～50。

且不論。更值得注意的是，晚宋時期出現了專門以「文格」為中心而編選、評點文章的古文選本——《文章百段錦》，使得古文選本在系統總結規格化技法的脈絡中，極大地向前邁進了一步。

前文已經論及《文章百段錦》是以「文格」作為綱目編次的體例。全書設立十七格，分別為遣文格、造句格、議論格、狀情格、辯折格、說理格、妝點格、推演格、忖度格、用事格、比方格、援引格、佈置格、過度格、譬喻格、下字格、結尾格。每一文格下另設立若干條目，如造句格下細分諸如「造句宏大」、「造句豪放」、「造句有輕重」、「造句有難易」、「下張本句」、「互照前句」、「句多寡要自然」、「粧花蠟句」、「啄鶯棲鳳句」、「騎鯨捫虱句」、「春城草木」、「瓶水乾坤」、「互辭見意」、「一句中用四著力字」、「以四著力字作句」、「疊用外字」、「疊用不能字」、「疊用可以不以字」、「學史句法」、「句中等閒用譬」等二十種條目。每個條目下，選錄某位作家文章全篇或片段，作為格式的例證與供研習的範文。

《文章百段錦》歸納規格化技法，輔之以範文及解說，從而指導學文者研習摹擬。以書中卷二「造句格」之「互辭見意」為例，該條目節錄了蘇軾〈子思論〉中的一段文字：

> 若夫子思之論則不然，曰：「夫婦之愚，可以與知焉。及其至也，雖聖人亦有所不知焉。夫婦之不肖，可以能行焉。及其至也，雖聖人亦有所不能焉。」聖人之道，造端乎夫婦之所能行，而極乎聖人之所不能知。造端乎夫婦之所能行，是以天下無不可學。而極乎聖人之所不能知，是以學者不知其所窮。莫或非焉。然後知子思之善為論也。〔註132〕

該書於文後評說曰：

> 文字間援傳子史語下必道自己兩三句繳出，方始分曉，須換變得別與上面文犯重。東坡於中庸上兩句，撮出「聖人所不知」，下兩句撮出「夫婦所能行」，互換來使意義自見。若還把可知不知、可能不能對說，便是依舊畫葫蘆，此正是文章關鍵。〔註133〕

〔註132〕〔宋〕方頤孫：〈觿藻文章百段錦跋〉，〔宋〕方頤孫編：《觿藻文章百段錦》（中國國家圖書館藏明嘉靖元年〔1522〕刻本），卷2，頁16a。

〔註133〕〔宋〕方頤孫：〈觿藻文章百段錦跋〉，〔宋〕方頤孫編：《觿藻文章百段錦》（中國國家圖書館藏明嘉靖元年〔1522〕刻本），卷2，頁16a～16b。

《文章百段錦》歸納出行文中常用的技法之一「互辭見意」，且以蘇軾〈子思論〉為例，指出該文援引經典文句後，延展出「聖人所不知」與「夫婦所能行」兩重意義，為使文字表達條暢，而不顯得重複累贅，故將之分散在兩個句子之中，對舉分說，使得前後意義互見。這種行文手法類似於今日所謂「互文見義」，方頤孫頗為推崇，許之為「文章關鍵」，亦是指導讀者摹擬該技法，將之移用至自己的文章寫作中。

從編次體例而言，《文章百段錦》的由「文格─條目─範文」組成的全書架構，可以稱得上頗為條理系統、周全細密。從解說方式而言，藉由歸納出的規格化技法，配合節錄文本的示範，使得文章解說細緻具象，擁有高度的可操作性，利於讀者摹擬與習作。這與《古文關鍵》等書偶爾隨文提點「文格」的情況，決不可同日而語。由此可以得見，至晚宋古文選本，重視規格法度的認識已經得到了高度的發展。

這種法度觀念的強化，雖然是功利閱讀目的下的產物，但使得「古文之學」朝向更為細密具象、易讀易得、高度可操作性的方向邁進，最終成為以一門獨立學問的姿態屹立於中國的文學格局之中。

第伍章　俗化一大厄？：科舉參考書所見晚宋理學的向下傳播及思想變容

第一節　前言

　　前文針對晚宋時期古文選本的編輯、出版及閱讀的「交流迴路」進行探討，同時考察了以「古文」為核心的觀念、知識等在晚宋時期的流衍與新變。本章試圖擴大研究視野，進一步抉探古文選本與晚宋時期思想文化之間的關係性，尤其是與逐漸成為社會主流學說的理學之間的關係性。考慮到理學影響的廣泛性，本章研究對象的範圍不再局限於古文選本一類，而是涵括所有種類的科舉參考書，亦即探討晚宋科舉參考書與理學之間的關係性。

　　關於理學在宋代的興起與發展，學界有著一種以思想精英及其「創造性的思想」為描述對象的典範性敘事。[註1] 然而，這些思想雖然在觀念史上具有突破性，但未必是當時知識界的主流觀點，而是有待一系列篩選、積澱與普及化的過程，方得以在知識階層間廣泛流行，成為普遍接受的「妥協性的思想」。[註2] 但是關於這種思想如何向下傳播，傳播過程中發生怎樣的變化等

〔註1〕這種典範性敘事具體表述為：自北宋周敦頤、邵雍及張載的首倡理學始，嗣後經二程的繼承與發展，至南宋由朱子集前賢之大成，將之體系化。較具代表性的如錢穆：《宋明理學概述》，收入《錢賓四先生全集》第九冊（臺北：聯經出版有限公司，1998年），頁32～157。〔日〕楠本正繼：《宋明時代儒学思想の研究》（千葉：広池学園出版部，1962年），頁29～277。陳來：《宋明理學》（上海：華東師範大學出版社，2004年），頁33～145。

〔註2〕此處所謂「創造性的思想」與「妥協性的思想」的言說，參考了伊佩霞（Patricia

問題，時至今日仍未得到足夠的重視與有效的推進。〔註3〕試析箇中緣由，或許是因為在前近代中國，一般知識階層自身留下的文獻記載頗為稀少，使得近乎不可能直接重構其閱讀圖景和思想接受活動，自然也無從論起理學在此階層間傳播及發展的情況。不過，以古文選本為首的科舉參考書作為當時龐大的士子群體所普遍閱讀、廣泛接受的書籍，可以認為是反映了士子群體閱讀及思想接受的傾向，〔註4〕因此可以作為探究理學在晚宋一般知識階層間傳播的材料及線索。

本章重點關注的是晚宋科舉參考書與理學之間的關係性，試圖探討理學在南宋晚期（1208～1279）被奉為官方學說與考試標準後，如何憑藉科舉參考書向一般知識階層傳播、滲透，以及當理學進入科舉參考書後，其思想發生怎樣的篩選及變容。〔註5〕

Buckley Ebrey）教授提出的「Creationary Ideas」與「Transigent Ideas」的概念，參見氏著："Neo-Confucianism and the Chinese Shih-Ta-Fu", American Asian Review, 4, no.1 (1986).

〔註3〕 周良霄對此一過程曾有粗線條的描述，見氏著：《程朱理學在南宋金元時期的傳播及其統治地位的確立》，《文史》第 37 輯（北京：中華書局，1993 年），頁 139～168。Linda Walton 和 Ellen Neskar 曾分別從書院教育、先賢祠建設的角度探討南宋中晚期，理學在地方社會的擴張與傳播，見 Walton, Linda A. *Academies and Society in Southern Sung China*. Honolulu: University of Hawaii Press, 1999: 173~198; Neskar, Ellen G. *Politics and Prayer: Shrines to Local Former Worthies in Sung China (960~1279)*, Cambridge, MA: Harvard University Asia Center, 2001.近年，從「地方史」視角觀察理學在地方社會中傳播及發揮作用的相關研究亦取得頗多成果，其中最具代表性的是 Peter K. Bol. "Neo-Confucianism and Local Society, Twelfth to Sixteenth Century: A Case Study". In *The Song-Yuan-Ming Transition in Chinese History*. edited by Paul Jakov Smith and Richard von Glahn. Cambridge, MA: Harvard University Press, 2003.但該文著眼的對象為何基、王柏、金履祥、許謙等個別留存有文集、且忠於理學原典的地方精英們，未能從整體上探討更廣大士子群體的思想狀況。

〔註4〕 這一論說建立在如下預設的基礎上：即科舉參考書的編輯、出版與閱讀等諸環節，構成一個互相聯通、互相影響的「交流迴路（The Communications Circuit）」；由此，科舉參考書的編輯者與出版者為了把握市場的好尚，建構一個「預期讀者」群體，想像讀者們可能持有的閱讀需求、期待，從而調整書籍的形式與內容，以迎合讀者。在此前提下，我們可以通過針對書籍形式及內容的分析，重構當時讀者的閱讀活動。類似的研究進路，參見〔美〕何谷理著，劉詩秋譯：《明清插圖本小說閱讀》（北京：生活‧讀書‧新知三聯書店，2019 年）。〔美〕何予明著譯：《家園與天下：明代書文化與尋常閱讀》（北京：中華書局，2019 年）。

〔註5〕 在南宋科舉參考書領域，〔比利時〕魏希德（Hilde De Weerdt）教授已有卓越的研究成果，見胡永光譯：《義旨之爭：南宋科舉規範之折衝》（杭州：浙江大

第二節　選粹與類編：科舉參考書對理學文本的選錄與改編

晚宋時期，隨著科舉社會的成熟、讀書人群體的擴增以及商業出版的活躍，科舉參考書在士人群體間廣泛流行。岳珂《愧郯錄》在提及科舉參考書時，直言「此等書遍天下」，「充棟汗牛」，以至於「百倍經史著錄」，「不勝其禁目毀者」云云，〔註6〕可見此類書籍在當時盛行之況。根據現存實物及書目著錄，宋代的科舉參考書，除《禮部韻略》等工具書外，大致可以分為兩類：一是選本類，其中又有時文選本與古文選本之別，前者如《論學繩尺》、《策學繩尺》等，後者如《文章正印》、《古文集成》、《回瀾文鑑》等；二是類編類，如《歷代制度詳說》、《永嘉八面鋒》、《羣書會元截江網》等。以下圍繞這三種類型，探討晚宋時期科舉參考書對理學文本選錄與改編的情況。

一、時文選本對理學學說的吸收

時文選本是指專門選錄詩、賦、策、論、經義等科舉考試文體的選集，其中由於策、論考試在北宋中期以後的場屋取士中佔據重要地位，故以策論時文選本的刊行最夥。此處以《論學繩尺》、《策學繩尺》兩部晚宋時文選本為例，探討其對理學學說的吸收情況。

甲，《論學繩尺》。該書由林子長箋注、魏天應選編，最早刊行於宋末開慶元年（1259），選錄一百餘篇南宋場屋試論作品，今存三種明刊本及四庫全書本。〔註7〕據魏希德統計，該書共有四十四篇選文採錄周敦頤、張載、二程等的理學話語，其中以引用朱子學說的情況最為常見。〔註8〕而且尤值得注意的是，這一趨勢愈至宋末愈為明顯，至十三世紀六十年代，超過四分之三的選文都有吸收朱子思想的痕跡。〔註9〕

學出版社，2015年）。對本書的構思與立論都頗具啟發，不過氏著探討的重心在於理學如何在科舉場域取得統治地位、成為命題標準的過程，相比之下本書更關心的是理學在進入科舉參考書後，在多方因素作用下其思想所發生的妥協性的變化。

〔註6〕〔宋〕岳珂：《愧郯錄》（北京：中華書局，2016年），卷9，頁123。

〔註7〕參見慈波：〈《論學繩尺》版本問題再探〉，《文學遺產》，2015年第4期，頁94～102。

〔註8〕〔比利時〕魏希德，胡永光譯：《義旨之爭：南宋科舉規範之折衝》（杭州：浙江大學出版社，2015年），頁303。

〔註9〕〔比利時〕魏希德，胡永光譯：《義旨之爭：南宋科舉規範之折衝》（杭州：浙江大學出版社，2015年），頁244。

　　乙，《策學繩尺》。該書是另一部成書於宋末的時文選本，與《論學繩尺》專選論體文不同，該書專門選錄南宋場屋試策作品，目前僅存中國國家圖書館藏清鈔本。〔註10〕據統計，該書收錄十九篇策文中，有十篇涉及理學思想，其中有七篇更是直接引用朱子學說。〔註11〕此外，編者還在書中直言：「聖朝崇聖學，晦翁先生之說盛行於世，對策者多引用為話頭」，並指出其中一篇策文「皆引晦翁之說為證」，「可為格式」。〔註12〕由此可見，晚宋時期的時文選本不同於此前同類書籍對經史的偏好，轉而偏重理學，尤其特重朱子學說，積極將其採錄、吸納入科舉參考書中。

二、古文選本對理學文本的採摭

　　所謂古文選本，是指選錄科舉文體（時文）以外的古文作品的文章選集，書中施以圈點、評注，以助士子研習場屋時文。〔註13〕值得注意的是，在南宋中期古文之學曾與理學呈現為分立而不相容的態勢。朱熹就曾嚴厲批判古文，認為其與時文都會使人捨本逐末，有害於學道，稱「所喻學者之害莫大於時文，此亦救弊之言。然論其極，則古文之與時文，其使學者棄本逐末等爾」。〔註14〕當時的古文選本如《古文關鍵》、《崇古文訣》等，也幾乎不見選錄理學家的作品。至晚宋時期，古文選本則開始頻繁採錄理學文本，尤其是朱熹的文章尤其受到推崇，佔據了選文的主體地位，甚至超過韓、柳、歐、蘇等傳統古文家的作品。此處以《文章正印》、《古文集成》、《回瀾文鑑》三部晚宋古文選本為例，探討其對理學的採摭情況。

　　甲，《文章正印》。該書由劉震孫、廖起山選編，成書於晚宋咸淳九年（1273），今存臺北故宮博物院庋藏宋刻本，本書第陸章對此書版本及選文有所考述。這是一部以文體為綱編次的文章選集，共計收錄十六類文體，五百八十餘篇文章。其中入選文章數量最多者為朱熹，共計五十六篇，其餘理學諸

〔註10〕該書的版本情況，詳參慈波：〈問對之術：《策學繩尺》與宋末科舉策試〉，《文學遺產》，2021年第4期，頁107～119。

〔註11〕〔比利時〕魏希德，胡永光譯：《義旨之爭：南宋科舉規範之折衝》（杭州：浙江大學出版社，2015年），頁303～304。

〔註12〕〔宋〕佚名編：《策學繩尺》（中國國家圖書館藏清鈔本），卷8，頁11a。

〔註13〕參見祝尚書：〈論宋代時文的「以古文為法」〉，收入氏著：《宋代文學探討集續集》（上海：復旦大學出版社，2020年），頁90～104。

〔註14〕〔宋〕朱熹撰：〈答徐載叔〉，《晦庵先生朱文公文集》，卷56，收入《朱子全書》第二十三冊（上海：上海古籍出版社、合肥：安徽教育出版社，2002年），頁2648。

子，如張栻入選三十篇，呂祖謙九篇、程頤八篇、胡宏七篇，至於周敦頤、邵雍、張載、黃榦、劉子翬等各有若干篇入選。就篇目而言，理學家諸多闡發心性學說以及理學修養工夫的經典文本，都被該書納入閱讀、評析的體系之中，如張載的《西銘》、《東銘》，朱熹的《中庸章句序》、《大學章句序》、《皇極辨》、《仁說》，張栻的《主一箴》等都悉數入選。

乙，《古文集成》。該書由王霆震選編，大致成書於與《文章正印》同時，二書之間存在文獻因襲的關係，今存中國國家圖書館藏宋刻本以及《四庫全書》本。這部書同樣以文體為綱編次，共計收錄文章五百餘篇，其中對於理學家的作品也頗多採錄，如收錄朱熹文章四十一篇、張栻二十二篇，其餘如真德秀入選十篇、程頤五篇、黃榦三篇、張載二篇，不一而足。

丙，《回瀾文鑑》。該書由虞祖南、虞夔選編，大致成書於理宗朝中後期〔註15〕，今存中國南京圖書館庋藏刻殘本、天一閣藏明鈔本以及日本靜嘉堂藏鈔本等三種版本。該書雖有闕佚，但後集的目錄得以完整保存，據此可以管窺該書的選文傾向。該書後集以作家為綱編次，收錄二十家一百篇文章，其中朱熹、張栻、呂祖謙等人的文章入選最多，共計有二十五篇，其餘劉子翬、林之奇等理學名家亦有若干篇入選。

要言之，在晚宋古文選本的選文中，以朱子為首的理學家的作品佔據了主導地位，甚至遠遠超過韓、柳、歐、蘇等古文家，體現出理學成為此一時期社會的主流學說，且向其它學問門類漸次滲透的情勢。

三、類編書籍對理學著作的改編

類編書籍，即上引岳珂所謂「編類條目、撮載綱要之書」，是宋代新興的一種科舉參考書類型，因其「便觀覽、便檢閱」的特點，極受南宋士子歡迎，「士子遂謂場屋之計可取具於類書」〔註16〕。在北宋至南宋中期，科舉類書主要以經史著作、時務奏議為對象，如蘇軾所言即「纂類經史，綴緝時務」〔註17〕，現存如《東萊制度詳說》、《永嘉先生八面鋒》、《山堂先生群書考索》

〔註15〕參見祝尚書：《宋人總集敘錄（增訂本）》（北京：中華書局，2019年），頁456。
〔註16〕〔宋〕章大醇：〈重刻通鑑紀事本末序〉，曾棗莊、劉琳主編：《全宋文》（上海：上海辭書出版社、合肥：安徽教育出版社，2006年），第338冊，卷7784，頁16。
〔註17〕〔宋〕蘇軾：〈議學校貢舉狀〉，孔凡禮點校：《蘇軾文集》（北京：中華書局，1986年），卷25，頁723。

等皆屬此類。殆至晚宋，隨著理學漸次為朝廷認可、成為考試標準，社會間開始出現以理學著作，尤其是朱熹著作為對象的類編考試用書。此處以《類編標注文公先生經濟文衡》（以下簡作「經濟文衡」）、《文場資用分門近思錄》（以下簡作「分門近思錄」）兩部晚宋類編書籍為例，探討其對理學著作的改變情況。

甲，《經濟文衡》。該書由馬栻等人編選，最早刊行於晚宋淳祐十一年（1251），今存一部中國清華大學圖書館藏的元刻本以及若干部明清刻本。〔註18〕這是一部選取朱子語錄、文集分類編次並加以批點注釋的類編考試用書。全書分為三集，《前集》主要為朱熹存在論及道德論方面的論述；《後集》則為朱熹對歷代君主名臣、學者著述的評論；《續集》則纂輯朱熹關於政治經濟、禮樂刑罰方面的論述。

乙，《分門近思錄》。該書的編者不詳，今存臺北國家圖書館庋藏宋刻本，根據莫友芝、阿部隆一的版本定，該書刻印於南宋末，〔註19〕從書名中的「文場資用」可知，這是一部改編自《近思錄》的類編考試用書，其目的是為舉子提供一部便於檢閱、應對科試的參考書。該書將朱熹原本十四卷的《近思錄》改編作二十卷，調整了原書的結構次序，並對條目文字多有刪節，每卷內新立若干類目，共計有一百二十一項。

除去以上列舉的兩部外，晚宋社會間應當還流行有更多類似的分類編輯理學文本而成的科舉類書，只是由於文獻闕佚，如今不得而見。例如常挺編纂的《諸儒性理文錦》，該書見《四庫全書》「總集類存目」著錄，但如今已經佚失。《總目》該書解題謂：「其書全錄宋儒性理之文」，「分六十四類，文以類附，蓋專為科舉之用」。〔註20〕可知其書亦是選錄理學家的性理學文章，依類編次而成的科舉參考書。其六十四項類目，與《經濟文衡》每一集的類目數量接近，這當是晚宋考試用書出版之慣例。

要言之，時文選本、古文選本與類編書籍代表了晚宋科舉參考書對理學文

〔註18〕關於這部書的版本情況，參見呂振宇：〈《經濟文衡》版本述考〉，《歷史文獻研究》第33輯（上海：華東師範大學出版社，2014年），頁213～227。這篇文章中也提及清華大學圖書館藏元刻本中，保存了南宋淳祐十一年版本的內容。

〔註19〕莫友芝：《宋元舊本書經眼錄》（上海：上海古籍出版社，2009年），卷1，頁38。〔日〕阿部隆一：〈中華民國國立中央圖書館等藏宋金元版解題——中国訪書志三〉，《斯道文庫論集》第16期（1976年），頁125。

〔註20〕〔清〕永瑢等撰：《四庫全書總目》（北京：中華書局，1965年），卷191，頁1736。

本選錄與改編的兩種類型，前者為「選粹」，後者為「類編」。時文選本與古文選本原屬與理學對立的學問體系，罕見引用理學思想、選錄理學家作品，但至晚宋時期，二者開始頻繁引用朱子學說，選錄以朱子文章為首的理學文本。而類編書籍原本多以經史時務為對象，至晚宋時期則將目光投向以朱子著作為首的理學文本，打亂原書體例、結構，重新分類編次。這三種書籍在形式上有所不同，但其本質皆是在晚宋時期理學成為官方學說及考試標準的背景下，以理學文本為對象，通過選錄及改編從而形成一部便於觀覽、檢閱，利於舉子準備科試的參考書。

第三節　刊刻流布：科舉參考書與理學的向下傳播

在南宋晚期，理學著作雖獲官方推廣傳播，但尚未在境內普及。即使是在文化發達的浙江地區，據奉化出身的戴表元（1244～1310）回憶稱，十三世紀前期「朱氏書猶未盛行浙中」〔註21〕。而與之相較，科舉參考書則較早在全國範圍內廣泛地流通，在南宋中期便已「遍天下」、「充棟汗牛」，以至於「百倍經史著錄」、「不勝其禁且毀者」。〔註22〕據舒岳祥（1219～1298）記載，當時即使在偏僻鄉下的山間，也可見專門販賣供科舉參考書籍的書肆，〔註23〕可見其流播之廣遠。

科舉參考書的廣泛流通，首先是由於南宋以降科舉競爭的激烈與官學教育資源的有限，使得研讀科舉參考書成為考生不可或缺之事〔註24〕。其次是受惠於福建建陽書坊的商業出版模式，據岳珂記載，此類舉業用書在刻印與銷售環節上，分別具有「日輯月刊」與「速售」〔註25〕的特徵，由此極大地提升流通的效率。復次是銷售價格的低廉，雖然沒有宋代的具體數據，但根據明代的情況推測，舉業用書相比其他類型的書籍，尤其是大部頭書籍，售價要相對便

〔註21〕〔宋〕戴表元：〈于景龍注朱氏小學書序〉，《剡源戴先生文集》（臺北：臺灣商務印書館，1983年，景印文淵閣四庫全書本），卷7，頁4b。
〔註22〕〔宋〕岳珂：《愧郯錄》（北京：中華書局，2016年），卷9，頁123。
〔註23〕〔宋〕舒岳祥：〈重建台州東掖山白蓮寺記〉，《閬風集》（臺北：臺灣商務印書館，1983年，景印文淵閣四庫全書本），卷11，頁9b。
〔註24〕關於宋代士子閱讀參考書的情況，可參考劉祥光：《時文稿：科舉時代的考生必讀》，《近代中國史研究通訊》第22期，頁49～68。劉祥光：《印刷與考試：宋代考試用參考書初探》，《政治大學歷史學報》第17期（2000年5月），頁57～90。
〔註25〕〔宋〕岳珂：《愧郯錄》（北京：中華書局，2016年），卷9，頁123。

宜得多。〔註26〕售價的低廉，則意味著更多的人有能力購買，這為科舉參考書向更廣大的中下層士人群體間傳播提供了現實條件，而理學文本也憑此加速了向下傳播的進程。

下面以成長於宋末的大儒吳澄（1249～1333）的讀書經歷為例，呈現宋末士人因科舉參考書接觸理學文本的實態。吳澄雖十歲時偶得朱熹《大學章句》、《中庸章句》等書，但當時尚未用力於此。他自稱：「幼時習詩賦，未盡見朱熹之書，蓋業進士者不知用力於此也」。〔註27〕據《年譜》記載，晚宋景定二年（1261），吳澄在閱讀各種舉業用書時，接觸到收錄有頗多理學文本的《古文集成》：

　　十三歲大肆力於群書應舉之文，盡通。公於書一覽無不盡記，時麻
　　沙新刻《古文集成》，家貧，從鬻書者借讀，逾日而還之。〔註28〕

吳澄既然將《古文集成》全書記誦，則該書中收錄的程朱文章想必一定也研讀精熟，受其影響。

吳澄於十五歲作《敬銘》，自稱「以續朱子《敬齋箴》之作」，這是他自科舉之學轉向理學的標誌性事件。朱熹《敬齋箴》原是受到張栻《主一箴》的啟發而作，《古文集成》庚集卷八正收錄有張栻的《主一箴》與朱熹的《敬齋箴》二文。此外，從另一部舉業用書《文章正印》中亦收錄此二文來看，這兩篇文章當是晚宋舉業用書中的常見選文。吳澄續朱熹《敬齋箴》的行為，雖是為表明棄舉業而從理學的決心，但卻與其曾閱讀舉業用書的經歷不無關係。

吳澄是少數有文集材料留存，表明其曾有閱讀科舉參考書經歷的例子，但我們可以推測除吳澄這樣的大儒以外，當時還有更多的士子也曾通過科舉參考書中接觸到理學文本，且在思想上受到其影響。

除了古文選本在晚宋普遍流行，參與到士子接受理學的過程中以外，理學類編書籍亦在當時頻繁刊刻、廣泛流播。例如前文所舉《經濟文衡》，書前所附黃昆的序文稱：

　　文公先生之文，析經之微，探道之賾，皆鑿鑿精實語，……其間以

〔註26〕〔美〕周啟榮：〈明清印刷書籍成本、價格及其商品價值的研究〉，《浙江大學
　　　　學報》（人文社會科學版），2010年第1期，頁5～17。
〔註27〕〔元〕危素：《年譜》，〔元〕吳澄：《吳文正集》（臺北：臺灣商務印書館，1983
　　　　年，景印文淵閣四庫全書本），附錄，頁4b。
〔註28〕〔元〕危素：《年譜》，〔元〕吳澄：《吳文正集》（臺北：臺灣商務印書館，1983
　　　　年，景印文淵閣四庫全書本），附錄，頁5a。

意次葺而資場屋之用者，不知其幾家矣。季機馬兄所編《經濟文衡》
乃其一也。〔註29〕

　　此間明確提及，當時與《經濟文衡》性質類似、專門纂輯朱熹文章以供場
屋考試之用的舉業用書「不知其幾家矣」，數量極多且廣泛流行於晚宋社會
間，可以說是當時舉子頗為常見、容易接觸到的案頭書。

　　晚宋時期反映類似情狀的材料尚有不少，在稍早的端平元年（1234），根
據徐僑（1161～1237）所言，當時「熹之書滿天下，不過割裂掇拾，以為進取
之資」。〔註30〕由此處的「割裂掇拾」、「以為進取之資」等語可知，當時流行
的應是與《經濟文衡》類似，在朱熹著作的基礎上去取刪選、分類編輯而成，
供舉子應考的科舉參考書。此外，羅大經《鶴林玉露》記載當時士子的閱讀風
尚與理學讀本的編纂情勢：「近時講性理者，亦幾於捨六經而觀語錄。甚者將
程、朱語錄而編之若策括策套。」〔註31〕宋代的「策括」「策套」，特指將經史
著作根據文意分類編纂的一類書籍，在晚宋時期，二程、朱子的語錄著作也同
策括等一樣，被拆解析分、重新編排，其目的也同樣是為資場屋之用。可見當
時理學類編書籍盛行於世之情勢。

　　綜論之，無論是選本類，抑或是類編類，晚宋的科舉參考書在社會間都
頗為流行，而其中選錄的理學文本也憑借該類書籍流播廣遠的特性，而得以
「四方轉致傳習」〔註32〕，特別是得以滲透至中下士人階層間，有效地實現了
向下的傳播與普及化。

　　事實上，這種借科舉參考書以促進理學傳播的思路，早已被晚宋的理學家
所意識到。歐陽守道（1208～1272）雖然對科舉之學多有批評，但也不得不承
認由於「國家以科舉取士」，「士不敢不為者，勢驅之也」〔註33〕的現實，故而
希望絪合理學與科舉之學，使得閱讀科舉參考書與研習性理之學不致兩相衝

〔註29〕〔宋〕黃塈：〈序〉，載〔宋〕馬梏等編：《類編標注文公先生經濟文衡》（北京：
　　　　北京圖書館出版社，2005 年，《中華再造善本》影印清華大學圖書館藏元泰定
　　　　元年（1324）刻本），卷首，頁 1a～1b。
〔註30〕〔元〕脫脫等，中華書局編輯部點校：《宋史》（北京：中華書局，1985 年），
　　　　卷 422，頁 12615。
〔註31〕〔宋〕羅大經撰，王瑞來點校：《鶴林玉露》（北京：中華書局，1983 年），卷
　　　　6，頁 333。
〔註32〕〔宋〕岳珂：《愧郯錄》（北京：中華書局，2016 年），卷 9，頁 123。
〔註33〕〔宋〕歐陽守道：〈李氏賦編序〉，《全宋文》（上海：上海辭書出版社、合肥：
　　　　安徽教育出版社，2006 年），第 346 冊，卷 8008，頁 440。

突。於是，他在為一部科舉參考書作序時指出：「然則刊刻流布，傳於同試場屋之士，使得吾說者皆有以告有司，如此而應科舉，亦何負科舉哉。」〔註34〕即是希望通過舉業用書的刊刻流布，將性理之學在場屋舉子的群體之中傳播普及。這一思路也從側面印證了科舉參考書所具有的傳播效力，以及其在理學向下傳播過程中的正向作用。

第四節　俗化一大厄？──科舉參考書與理學的思想變容

　　前文討論了晚宋科舉參考書對以朱子為首的理學著述的採摭與改編，以及對理學思想向下傳播的助力。但正如王汎森所指出：「思想、觀念的下滲都有一個篩選的過程，而篩選的過程是有重要意義的」〔註35〕，晚宋科舉參考書對理學文本的選錄同樣伴隨著「篩選」。這一「篩選」的過程實際就是一種再創造，亦即理學思想在此一過程經歷轉化與變容，其中某些思想被摒棄、遺漏，某些思想則得到強化，由此塑造著閱讀者對理學思想的認知與接受，對晚宋及後世思想的動向產生了影響。以下從文本的篩選、結構的改造、文學性的評點三個方面，探討理學在晚宋科舉參考書中所呈現的思想變容。

一、文本的篩選

　　首先，晚宋科舉參考書在選錄理學文本時，存在明顯的傾向性。前文述及古文選本在選文方面以朱熹的作品為最多，而類編書籍亦皆以朱熹著作為對象，顯示出朱學在科舉場域所擁有統治般的影響力。

　　此外，即使是朱學文本群內部也存在篩選的過程。島田虔次曾將朱熹學問分為存在論、倫理學、方法論、經史學、政策論等五項〔註36〕，這種劃分雖然略顯粗糙，但可以直觀反映出篩選的傾向。若依據這種劃分方式，可以認為在晚宋科舉參考書中，反映朱熹政策論、經史學方面的文本幾無選錄。這些原本可以成為考生寫作策、論──政策建議與歷史評論時的重要參考，但卻出乎意

〔註34〕〔宋〕歐陽守道：〈擬解試策序〉，《全宋文》（上海：上海辭書出版社、合肥：安徽教育出版社，2006年），第346冊，卷8009，頁442。

〔註35〕王汎森：《思想是生活的一種方式──中國近代思想史的再思考》（北京：北京大學出版社，2018年，頁39。

〔註36〕〔日〕島田虔次：《朱子學と陽明學》（東京：岩波書店，1967年），頁79。

外地很少入選。

　　與之相對，反映朱熹存在論的文本則多數入選。以《文章正印》、《古文集成》為例，這兩部書的選文存在一個不容忽視傾向，便是所謂「易學圖」的大量入選。《文章正印》、《古文集成》書中都選錄有數量頗多的易學圖，圖後則附有大量抄蒐自朱熹《周易本義》、《易學啟蒙》等書的文字。這類文本將太極與先後天八卦及《河圖》、《洛書》結合，借助象數卦爻，推演宇宙的本原及生成變化。這些易學圖的入選，反映出晚宋舉業用書編者及中下層士人在接受朱熹的思想學術時，對於其中宇宙本體的問題，特別是對利用圖式象數推演宇宙生成變化，格外熱衷。甚至在《文章正印》卷首所收序中，編者劉震孫毫不隱晦地指出朱熹所繼承的是邵雍，而非二程的學術傳統。這種獨重象數的篩選傾向以及連結邵、朱的學統論述，偏離了朱熹本人的學統論述，也破壞了其易學原本貫通義理、象數的體系，〔註37〕使得其中重術數的面向特別凸顯出來，而貫通義理、切於人事的面向則被在一定程度上被遮蔽了。

　　在《分門近思錄》一書中也可以看到類似的篩選傾向。該書改編自朱熹與呂祖謙合著的《近思錄》，原書首卷及末卷論道體，卷二至五論內聖修身工夫，卷六至十二論理政處事之方，全書綜合內聖與外王、貫通形上與形下，體系完備。〔註38〕但改編後《分門近思錄》二十卷，其中前十三卷專談心性修養工夫，如「性」、「心」、「氣」、「仁」、「義」、「誠」、「敬」、「中和」等；卷十八至二十則是有關宇宙本體及生成的問題，如「天道」、「陰陽」、「濂溪太極圖」等；只有卷十四至卷十七則稍涉「治道」、「禮樂」、「兵備」等政策論的內容，而且多數類目下皆只有一二條內容。該書的重編使得原書思想中道之體（存在論）及內聖修養（倫理學及方法論）的面向得到強化，道之用及理政處事（政策論）的面向則遭到隱沒。換言之，原本貫通內聖與外王的《近思錄》，

〔註37〕關於朱熹的易學，余敦康認為其對象數、義理二派易學均有批評，主張折衷調和二者，亦即「熔象數義理於一爐」。參見氏著：《漢宋易學解讀》（北京：中華書局，2017 年），頁 468～499。

〔註38〕學者一致認同《近思錄》一書的「最大特色即在於它的體系性」。參見李祥俊、賈極劍：〈《近思錄》與中國傳統哲學的體系結構〉，《哲學研究》，2014 年第 9 期，頁 40。朱漢民亦認為《近思錄》的編排結構實蘊朱子苦心，該書統合周、張、二程的學問，構建恢弘龐大的思想體系，形成了「一套包括形上道體、心性工夫、禮樂刑政、超然境界的體系化道學」。參見朱漢民：〈《近思錄》的道學體系與思想特色〉，《北京大學學報》（哲學社會科學版），2022 年第 3 期，頁 5～13。

在經科舉參考書改編後，被轉化為專尚內聖言說之書。〔註39〕

科舉參考書中所見的這種篩選傾向，與晚宋時人對當時士子學風的記載，可以相互印證。如歐陽守道曾描述當時士子：「讀四書數葉之書，則相逢語太極矣。」〔註40〕黃震則稱當時士子：「揣摩圖象，日演日高」，〔註41〕「高談性命，揣摩圖象」，〔註42〕又稱「因講造化性命之高遠，反忘孝弟謹信之切近」，〔註43〕「掇拾緒余，增衍浮說，徒有終身之議論」。〔註44〕由此可見，科舉參考書中的篩選傾向，與當時一般知識階層的思想趨向是一致的。若進一步言之，可以認為科舉參考書在一定程度上形塑了士子對理學的思想接受活動，推動了這種思想趨向的發展。

二、結構的改造

其次，晚宋科舉參考書基於編者自身的理解及讀者的需求，對理學著作的結構進行破壞性的拆解、改造。〔註45〕

如《經濟文衡》一書，將朱熹文集、語錄的結構次序打亂，重新分類編次，存在論及道德論的內容被置於書首《前集》的位置，列有「太極圖說」、「兩儀四象」、「河圖洛書」、「先天後天」、「陰陽」、「乾坤」、「道體」、「性命」、「性情」、「心」、「氣」等五十五項類目；《後集》是對歷代君主名臣、學者著述的評論，列有「堯」、「舜」、「禹」、「文王」、「武王」、「孔子」、「孟子」等七

〔註39〕 本章旨在揭示科舉參考書所見思想的篩選、變容之現象，至於這種篩選傾向生成的原因，則無力顧及，或者說要從紛雜的歷史語境中，歸納出一個明確的原因本就是不切實際的。作為一種推測，或許可以認為在考試競爭的機制中，存在論等深奧幽隱的內容被認為是傳習理學者最顯目的身分標誌，最容易為考官所注意、辨識。

〔註40〕 〔宋〕歐陽守道：〈送黃信叔序〉，《全宋文》（上海：上海辭書出版社、合肥：安徽教育出版社，2006 年），第 346 冊，卷 8005，頁 388。

〔註41〕 〔宋〕黃震：《黃氏日抄》（開封：大象出版社，2019 年），卷 6，頁 119。

〔註42〕 〔宋〕黃震：〈三省齋序〉，《全宋文》（上海：上海辭書出版社、合肥：安徽教育出版社，2006 年），第 348 冊，卷 8047，頁 185。

〔註43〕 〔宋〕黃震：〈撫州辛未冬至講義〉，《全宋文》（上海：上海辭書出版社、合肥：安徽教育出版社，2006 年），第 348 冊，卷 8049，頁 235。

〔註44〕 〔宋〕黃震：〈餘姚縣學講義〉，《全宋文》（上海：上海辭書出版社、合肥：安徽教育出版社，2006 年），第 348 冊，卷 8049，頁 241。

〔註45〕 此類書籍大多刊刻於福建建陽地區，其編纂亦與當地的商業書坊關係密切。建陽書坊刊書素來有擅改原書的情況，《雲谷雜記》云：「近時閩中書肆刊書，往往擅加改易，其類甚多，不能悉紀。」參見〔宋〕張淏：《雲谷雜記》（北京：中華書局，1958 年），卷 4，頁 69。

十一項類目；《續集》內容主要為政治經濟、禮樂刑罰方面的論述，列有「紀綱」、「賞罰」、「用相」四十三項類目。《續集》在元刻本中被置於最後，但事實上成書最早，屬於淳祐十一年馬楥自編的版本，而這部分的內容也較符合這部書「經濟文衡」的書名。與之相對，《前集》、《後集》則成書較晚，當是宋末書坊改編增入的，從此處也可以看出愈至宋末、愈是向下傳播，其宇宙本體及心性存養的內容愈是突出的篩選傾向。

在該書「類編」與「標注」的結構下，書中類目接近於一種索引，由此讀者可以不必翻閱朱熹文集、語錄的原書，僅根據類目，便可以找到所需的文段。而且每一文段的首處，都以「論……之義」、「此段專言……」的形式概括了這部分的主要內容，使得讀者無需進行完整、深入的閱讀，便可迅速掌握文段內容，將之化用至考場作文之中。

但朱熹主張的是「逐段、逐句、逐字理會」、「首尾貫穿」的讀書法，〔註46〕即通過逐篇逐句式的精讀進而把握思想的整體性，同時認為正確的讀法將保證正確的意義理解。〔註47〕科舉參考書卻如此將朱熹的著作拆解成各類目，意味著朱熹的思想是可以拆分開來，依據關鍵詞而分別理解的。這無疑背離了朱熹為後學所預設的讀書方法及學習進路。同時通過書中標注的形式，使得對文本的理解被限制在編者所概括、提示的方向之內，而不再是讀者虛心涵泳、切己體察後的結果。如此一來，讀書變成了一種純粹的知識性閱讀，不再具備朱熹所說自我體會、涵養生命的道德實踐的意味。

像這種拆解原書結構的情況，也見於另一部晚宋類編書籍《分門近思錄》。該書改編自被尊為「我宋之一經」〔註48〕的理學經典《近思錄》，但根據書名中「文場資用」等語，可知這部書的定位不再是通往聖賢之學的「四子之階梯」，而是有利於舉子應對考試、提升作文能力的科舉參考書。

《分門近思錄》將《近思錄》原書十四卷之結構打亂，重新編為二十卷，冠以新的類目，共計有一百二十一項，遠遠超過朱熹原書十四類目之數，而且將各卷中的條目調整先後次序，多有刪削去取。這種體例上的改造，破壞了

〔註46〕分別見於〔宋〕黎靖德編：《朱子語類》，卷139，收入《朱子全書》第十八冊（上海：上海古籍出版社、合肥：安徽教育出版社，2002年），頁314、328。

〔註47〕關於朱熹的讀書法及學習進路，參見 Daniel Gardner. *Learning to be a sage: selections from the Conversations of Master Chu, Arranged Topically*, CA: University of California Press, 1990. 35~56.

〔註48〕〔宋〕葉采：〈序〉，程水龍校注《近思錄集解》（北京：中華書局，2017年），卷首，頁1。

《近思錄》原書的思想體系。其中最重要的一點是，該書將朱熹原書中依工夫次第而建構的階梯式結構，轉變為以關鍵詞為中心的平面式結構。同時也形塑了相異的閱讀方式：讀者不再依先後次序研習精進，而是根據自身所需，檢索特定詞彙以求速覽、速記。

元初儒者程端禮在《讀書分年日程》中主張讀書應「不以一豪計功謀利之心亂之」，[註49] 但科舉參考書所形塑的閱讀方式，就恰恰與之相反，處處都流露出「計功謀利」之心，也就是說，朱熹以道德自覺為核心的聖賢之學，在這裏被轉化為一種以功利實用為取向的學問。

三、文學性的評點

最後，我希望指出的是晚宋科舉參考書首次將「評點」引入對儒學經典及理學文本的詮釋之中。此處的「評點」，包括「點」與「評」二者，前者是指在文章行間施加的圈、點、抹等符號，標記內容重要、文辭優美處；後者是指在文章首尾或行間施加的評語，圍繞文章的立意觀點、章法結構及字句文辭等進行點評。南宋中期以降，將這些符號與評語作為引導讀者理解的「副文本」，與正文一併刊印的情況頗為流行。

這種評點文化，肇始於南宋中期呂祖謙的《古文關鍵》，最初僅限於古文的閱讀，至南宋晚期則開始向古文以外的文本類型彌散，儒家經籍諸如《春秋》三傳、《禮記》、《孟子》等，以及理學文本等，都被從原先的文本脈絡中拆分出來，納入至選本評點的體系之中。[註50] 這意味著這些文本不再作為一字不易的經典，而成為可以被評騭優劣的對象，其權威性與神聖性遭到了消解。而且更為重要的是，在評點的體系下，作者、思想家對於文本詮釋的專斷性有所鬆動，評者、編者掌握了引導讀者如何去閱讀、如何去理解文本的權力，甚至可以自己個人的詮釋取代作者的原意，參與到文本意義的創造活動之中。

在《文章正印》、《古文集成》、《經濟文衡》等晚宋的科舉參考書中，我們可以看到理學文本被普遍施加點抹符號及評語。如《文章正印》別集卷十六

〔註49〕〔元〕程端禮：《讀書分年日程》（上海：商務印書館，1934 年，四部叢刊續編影印常熟瞿氏鐵琴銅劍樓藏元刊本），卷 1，頁 25a～b。

〔註50〕最早採摭《左傳》、《國語》等經史著作進入文章總集的應是《文章正宗》，該書於淳祐元年（1241）初次付梓，但初刻本不存，是否附有評點不得而知。臺北國家圖書館藏有該書的宋末元初刻本，附有評點符號，且卷首有題為「用丹鉛法」的凡例。此外，晚宋時期尚有題《蘇批孟子》、《謝枋得批點檀弓》等書，但成書年代尚有爭議。

收錄朱熹闡述政治哲學的重要文本《皇極辯》，並在行間施加細密的圈、點、抹等評點符號，如「皇者，君也；極者，至極之標準也」句旁便被施加短抹，根據南宋評點符號的慣例，這句話被認為是「主意」、「要語」，即體現文章核心思想的重要句子。這句話以「人君當以身作則」詮解「皇極」二字，突破了《孔傳》、《正義》等以「大中」解「皇極」的傳統解釋，確實是朱熹論述的核心。不過其它處的點抹就未必如此契合了，例如「上則流於老莊依阿無心之說，下則溺於鄉原同流合污之見」句旁也被施加圈點。但這兩句顯然與文章主旨並非緊密相關，此處的圈點更多的是為了提示這兩句是工整藻麗的對句，可供學習作文造句之法。由此可見，通過這些符號，編者可以將自己（而非作者本人）的理解、好尚雜糅入文本之中，隱秘地改變原有思想家論述的重點與方向。

再如另一部舉業用書《回瀾文鑑》，該書後集卷六收錄朱熹《克齋記》，文末有編者的評語：「此篇以克己為仁，議論起極有意味，中間辨天理人欲之私，末說程門學者所見之差，尤為切當，至於鋪敘名齋亦盡佳。」這則評語對朱熹文章主旨的概述雖然不差，但其重點在於將文章的結構拆解為「起」、「中」、「末」三部分，評析其章法結構之妙處。這種三段式的結構，實則是宋代時文寫作的固定程式，換言之是在以時文文法的眼光審視理學家的義理文本。另如同書卷五在張栻《道州重建濂溪周先生祠堂記》「元氣胥會」句旁評「善造語」，「尤所當先者」句旁下評「末敘事佳」；《三先生祠堂記》「良材美質，何世無之」段旁評「文勢圓轉」，這些行間夾批都暫時撇開文章的思想內容，專門圍繞字句章法、開闔關鍵、文脈辭氣等諸面向展開評析。

像這樣著眼於字句、章法、文脈等作文技術的評點，朱熹本人對其多有批評，稱其是將文字「來入箇腔子做」。〔註51〕就更深層處而言，這種對於作文技術的重視，體現出這樣一種認識：文章是需要刻意學習的，而非道德充足後自然流出的。這種認識全然有悖於朱熹對「文」的定位以及「文」與「道」關係的論述。如《回瀾文鑑》在朱熹《徽州婺源縣學藏書閣記》的尾評中提及「精微曲折之際，非記於文字亦不能以自傳其說」，此處特意強調了「文字」之於「傳道」的工具性作用。這是來源自中唐、北宋的「古文運動」的觀點，類似的表述尚有「文以貫道」、「文以明道」等等，但這顯然與朱熹「道外無

〔註51〕〔宋〕黎靖德編：《朱子語類》，卷139，收入《朱子全書》第十八冊（上海：上海古籍出版社、合肥：安徽教育出版社，2002年），頁4317。

物」、「文皆是從道中流出」的觀念大相異趣。朱熹批判這種觀點時，曾有一個形象的說法：「文自文，道自道，待作文時，旋去討個道來放入裏面」，〔註52〕認為是將文道割裂開來，倒置了二者的本末關係。

儘管朱熹本人嫌惡評點這種形式，但在身後，自己的作品卻被作為評點的對象，不得不謂是一種反諷。同時也反映出南宋晚期的理學追隨者，並沒有循著朱熹預設的正確的學習進路，而是以一種相對變形、異質的形式來理解、接受他及先賢們的思想。

事實上，關於科舉參考書對於理學文本的篩選及其思想的變容，早在朱熹身後便為其門人所意識到。陳淳《讀高齋審是集》便曾嚴厲批評當時流行的一部舉業用書。這部書從朱熹著述中截取、類編「道德」、「仁恕」、「性情」、「心志」、「才氣」等相關言論，以供舉子場屋考試之用，但陳淳指出這些文本「若合符節、不容更易」，即在朱熹著述中與前後語境相互關聯，具有整體性，而一旦如舉業用書般拆解成各類目，便是割裂、曲解聖賢之原意，「其亦誤矣」。〔註53〕

南宋晚期，這種科舉參考書所帶來的思想變容，更引起理學精英的憂慮。歐陽守道曾親睹此類科舉參考書在晚宋社會間極為流行，稱其「有銅錢數百即可得」，「編類整整，欲言性，性之言千萬，欲言仁，仁之言千萬」。他清楚地意識到這種書籍對於朱熹正學的割裂與曲解，以及對士風、學風的影響，於是發出感慨：「嗚呼，其不為俗化一大厄歟？」〔註54〕

「俗化」，在作為思想精英的歐陽守道看來，顯然是頗具負面性的，意味著背離與曲解先賢本意，故稱之為「厄」。但若考慮到文本自身具有的「能動性」，則其內容與性質脫離原初的脈絡所發生的變形，乃是為了適應新的閱讀受眾。事實上，「俗」字包含著「下層的、大眾的」之意，而「俗化」一語則

〔註52〕〔宋〕黎靖德編：《朱子語類》，卷139，收入《朱子全書》第十八冊（上海：上海古籍出版社、合肥：安徽教育出版社，2002年），頁4314。

〔註53〕〔宋〕陳淳：〈讀高齋審是集〉，《全宋文》（上海：上海辭書出版社、合肥：安徽教育出版社，2006年），第295冊，卷6725，頁209。此外，陳淳在一封與友人的書信中，也提及經舉業用書改編後的文本與朱熹思想之間存在的距離，稱「同是書也，同是語也」，但「事同而情異」、「意趣甚相判」。見〔宋〕陳淳：〈答蘇德甫書二〉，《全宋文》（上海：上海辭書出版社、合肥：安徽教育出版社，2006年），第295冊，卷6716，頁82。

〔註54〕〔宋〕歐陽守道：〈送黃信叔序〉，《全宋文》（上海：上海辭書出版社、合肥：安徽教育出版社，2006年），第346冊，卷8005，頁388。

明示了理學向中下層知識界傳播時所發生的思想變容，換言之正是在這種「俗化」的變容中，理學思想得以為更廣大的受眾所接受。這一點也為歐陽守道所明確地意識到。因此，若拋開思想精英的立場，不妨將晚宋科舉參考書所帶來的思想變容視作是元明以降「文化的下移與普及」的重要組成部分，其中亦不乏積極的一面。

第五節　餘論

　　此前論及朱子身後理學的發展，往往列舉若干知識精英的思想觀念，止步於論述知識界上層的思想趨向。至於構成知識界基層、數量更為龐大的科舉士子群體，他們如何接受與理解理學，其思想呈現出如何的狀況，則往往付之闕如。基於此，本章以科舉參考書為線索，探討晚宋士子群體對理學接受活動的一個面向，並由此尋繹出理學在一般知識階層傳播、發展的軌跡。晚宋時期，理學得到官方認可並逐漸影響科考出題標準，科舉參考書亦因應此一變化，開始積極選錄與改編理學著作。由於舉業用書借助建陽書坊商業出版之便，有著刊印頻速、數量龐大、流布廣遠等特點，使得理學文本隨之在中下層士人群體間廣泛傳播，成為宋元時期理學向下傳播進程中的重要一環。同時舉業用書也發揮了將知識體系化、一元化的作用，促使朱子建構的道統、理學譜系成為知識界的共識與常識，即所謂「人無異端，家無異說，士無異學」。〔註55〕

　　然而另一方面，以古文選本為首的科舉參考書多出於建陽商業書坊，其編者能動地改編了理學文本，使其思想多有篩選與轉化，綜合而言可以分為文本的篩選、結構的改造、文學性的評點等三個方面。這些多為後世所繼承，構成南宋與元明「近世」之間的連結。例如針對儒家經籍、理學文本進行文學性評點，在南宋晚期雖是潛流，但經元、明則發展成一種不容忽視的文化現象，特別是在明代中晚期，《五經》、《四書》及理學文本（甚至是佛經等宗教文本），都被納入評點的範圍內，以作文技術的眼光審視、分析。〔註56〕如

〔註55〕〔宋〕佚名編：《羣書會元截江網》（臺北：臺灣商務印書館，1983年，景印文淵閣四庫全書本），卷36，頁36a。

〔註56〕對此，郭紹虞有一個很形象的說法：「假使說清代人對於六經看作都是史，那麼明代人也不妨把六經看作都是文。六經皆文，所以不妨加以批評。」見氏著：《中國文學批評史》（北京：商務印書館，2010年），頁206。

本書第肆章所述，晚宋時期隨著理學成為國家意識形態並向社會流佈，在其「道外無物」觀念的強勢籠罩下，其他文化因素逐漸被邊緣化，特別是十一世紀古文運動所確立的古文文體的價值與獨立性被逐漸模糊。但正如本章所指出的，與邊緣化的同時，因古文的閱讀而興起，著眼於字詞、章法結構、行文方法等作文技術的評點文化，也被引入至經籍及理學文本的解讀之中，參與了經籍及理學文本意義的形塑。可以說，文學以另一種形式參與了近世思想文化的生成。